守望者
The Catcher

作为社会建构的人权
——从乌托邦到人类解放

Human Rights as Social Construction

[美]本杰明·格雷格（Benjamin Gregg）著
李仙飞 译

中国人民大学出版社
·北京·

2020年度教育部人文社会科学研究规划基金项目（20YJAZH058）

2020年度教育部哲学社会科学研究后期资助项目（20JHQ028）

2019年度福建省社会科学研究基地重大项目（FJ2019JDZ008）

厦门大学“双一流”重点建设学科“马克思主义理论”项目

关于本书

以往大多数人权概念依赖形而上学或神学的假设，这实际上破坏了人权。因而，本书设想了另一种选择：人权可以由普通民众创造，在本土发育并被其适用的群体接纳。作者旗帜鲜明地提出应把人权看作社会建构的产物，由此铺筑从乌托邦到人类解放的“人权之道”：其一，通过开掘现实理论资源（包括文化资源和神经生物学资源），将人权的建构视为一个学习过程；其二，在具有自我批判能力的共同体（也可以是民族国家）之内哺育“坚定而自信”的个体，并创造条件使二者互哺；其三，进行“互惠主义和利他主义”的情感教育，并鼓励采取积极的“剧作者”立场。

关于作者

本杰明·格雷格（Benjamin Gregg），供职于美国得克萨斯大学奥斯汀分校政治学系，现为牛津大学哲学系客座教授。本科毕业于耶鲁大学，在普林斯顿大学获得硕士学位，分别在普林斯顿大学和德国柏林自由大学获得政治学博士学位和哲学博士学位，擅长政治哲学和复杂现代社会的社会学理论研究。主要作品有：《浓厚的道德，稀薄的政治：贯穿社区信仰的社会整合》、《以不确定的规范处理政治事务：开明的地方主义理论》、《人权国家：主权国家之内与之外的正义》、《将人类的本性称为文化设计的生命伦理学：基因工程的政治挑战》（待出）。

关于译者

李仙飞，中共中央党校哲学硕士，北京师范大学教育学博士，厦门大学教育学、公共管理学博士后，澳大利亚新南威尔士大学哲学系访问学者。现任职于厦门大学马克思主义学院，致力于政治哲学和美学研究，擅长马克思、黑格尔与尼采比较研究。在《北京大学学报（哲学社会科学版）》《中共中央党校学报》《国外社会科学》《当代国外马克思主义评论》等刊物上发表论文和译文二十余篇，出版学术专著四部、译著三部，主持多项省部级科研项目。

谨以本书献给

科钦（Keqin）、尼古拉斯（Nicholas）和莎士奇亚（Saskia）

译者序

本著作系剑桥大学出版社 2012 年政治理论十大畅销书之一，同时被列入英国剑桥大学政治、心理学和社会学三个学科学士学位课程大纲。第一次精装印刷在出版后七个月内售罄；2012 年 8 月第二次印刷；此后，精装版又重印了两次。

作者曾因此受邀在国际大会（主要包括：俄罗斯政治科学协会 2013 年会、欧洲社会学协会 2013 年会、国际政治科学协会 2014 世界大会、第十八届国际社会学协会 2014 世界大会等）上进行主题发言，并受邀在国际范围内开设系列讲座（主要包括：英国格拉斯哥大学 2015、荷兰阿姆斯特丹大学 2015、捷克共和国科学院 2016、日本北海道大学 2016、德国慕尼黑大学 2018 等）。本著作在霍普金斯大学《人权季刊》、《当代政治理论》和《人权评论》等国际期刊上引起了广泛的学术回响。这些国际期刊分别揭示了本书如下几个明显的优势：其一，强调了人类的能动性，敦促我们“站在积极的命运创造者的立场”。其二，提出在人权政治领域进行“互惠主义和利他主义”的情感教育，有助于增进人们对他人利益和感受的认知。其三，对如何使本土文化更包容人权理念进行了许多明智的思考。理想情况下，本土化的人权解释将与当地文化产生共鸣，而不是与之发生冲突。

总体而言，格雷格的书充分地论证了关于人权的独特立场，他的人权观是世俗、务实、完全语境化的，通过社会学、人类学和进化生物学等跨学科领域对人权概念的贡献，将利于人类解放的人权政治付诸实践。

原版序

大多数人权概念都依赖形而上学或神学的假设，这些假设尽可能将人权的来源解释为某种现实生活之外的东西，这种东西独立于现存共同体。换句话说，大多数人认为人权来自自然、上帝或联合国。本书认为，对这种假定来源的依赖实际上损害了人权。本杰明·格雷格设想了一个替代方案——一个土生土长、得到当地社区忠心拥护并行之有效的人权构想，即：人权是面向普通人的，可以由芸芸众生创造，也只有在被其适用者接受的情况下才有效。以这种方式看待人权，更有可能增加全球范围内更多人接受人权的概率。

本杰明·格雷格，任职于美国得克萨斯大学奥斯汀分校，教授社会学和政治学理论。著有《浓厚的道德，稀薄的政治：贯穿社区信仰的社会整合》（2003）和《以不确定的规范处理政治事务：开明的地方主义理论》（2003）等。已在《政治学理论》《政治学评论》《理论与社会》《政体》《法理》《比较社会学》《国际社会学评论》等重要刊物上发表多篇学术论文。

致 谢

为何致谢？借此，“作者一改著书时那种严谨的风格，用特有的笔调，涂尔干螺旋式地吐露个人信息。仿佛为此书所付出的永不知足的劳作给了作者特权和义务。这种特权和义务让他公开自己不知疲倦、乐在其中的生活并希望所有促成这种生活的人也都得到认可。这让人想起当丈夫们为赢得选举而坦然地接受成功或失败时，妻子们的功绩无处不在”（Goffman 1974：298，n.68）。

秉此精神，我感谢凯瑟琳·希金斯（Kathleen Higgins）、加里·雅各布森（Gary Jacobson）、大卫·西乌利（David Sciulli）不吝赐教，尤其是罗斯·扎克（Ross Zucker），自几十年前在耶鲁大学相遇以来，我们就一直围绕政治学理论各抒己见。感谢瑞士伯尔尼大学、德国法兰克福欧洲大学、美国内布拉斯加州林肯大学和得克萨斯大学奥斯汀分校富有洞察力的听众慷慨提供的建设性意见。感谢美国政治科学协会、中西部政治科学协会和联合王国政治研究协会各次会议上的讨论者和“挑剔”的听众给予的批判性反馈。感谢审慎而明智的匿名评论员毫无保留地为剑桥大学出版社提供的修改意见。感谢柏林洪堡大学和克劳斯·埃德（Klaus Eder）在我致力于社会学理论研究的访问期间的热情款待。感谢科钦·格雷格（Keqin Gregg）对围绕遗传学展开论述的第八章所作的指导。感谢细腻且富有审美趣味的编辑劳拉·坦德勒（Laura Tendler）。感谢佩吉·罗特（Peggy Rote）耐心而高效的作品管理。感谢尼古拉斯·格雷格（Nicholas Gregg）为本书只可意会的叙事设计了一个恰如其分的封面。感谢布兰顿艺术博物馆的凯瑟琳·辛瑟（Catherine Zinser）为我提供荷兰版画方面的咨询，这些版画带有帕米吉安内斯风格的词汇。感谢善解人意、无微不至的编辑罗伯特·德雷森（Robert Dreesen）。此外，感谢以下篇章原版的授权：

第三章最初刊载于《法理》2010 年第 23 卷第 3 期第 289 页至 310 页。它的措辞与本书略有不同，在那里，我用的是“反帝国主义：从本土培育普遍人权”。原版版权归 Wiley-Blackwell 所有。本书第三章的使用得到 Wiley-Blackwell 授权。

第四章最初刊载于《理论与社会》2010 年第 39 卷第 6 期第 631 页至 661 页。题目略有不同，原题为“个体作为人权的剧作者：不止于接受者”。原版版权归 Springer 所有。本书第四章的使用得到 Springer 授权。

第六章最初刊载于《比较社会学》2008 年第 7 卷第 4 期第 415 页至 433 页。题目略有不同，原题为“用穆斯林方言传译人权”。原版版权归 Brill 所有。本书第六章的使用得到 Brill 授权。

第七章最初刊载于《比较社会学》2010 年第 9 卷第 3 期第 279 页至 307 页。题目略有不同，原题为“有效地利用认知社会学促进人权”。原版版权归 Brill 所有。本书第七章的使用得到 Brill 授权。

目　录

第二部分　作为社会建构的人权的现实理论资源

第三部分　促进人权思想的现实手段

第四部分 人权的未来式：人类本性与重构的政治共同体

引言　作为本土建构的、有限却收放自如的人权

杰里米・边沁（Jeremy Bentham）猛烈批判一种认为权利不依赖于 1
任何制度根基，也无须任何他人认可便不证自明地有效的观念。即使在约
170 年之后，他尖锐的批判依然火力十足：“自然权利纯属胡说八道；自
然而然且不受法令约束的权利，纯属痴人说梦——上不着天下不着地的胡
思乱想”（Bentham 1843：501）。针对 1789 年法国制宪会议通过的《人权
宣言》，他提出：权利是“法律之子”。“真实的法律产生了真实的权利；
虚幻的法则，亦即自然法则……产生了幻想中的权利”（Bentham 1843：
523）。这么多年之后，边沁的主张进展如何呢？一方面，神圣不可侵犯的
自然权利这一古董般的遗产如今仍保持着吸引力，它甚至依然是最有威力
的权利概念。也许边沁能感受到其中的些许道理，那就是，作为经验观
察，像往常一样，今天的世界也还无法就人权是否存在达成一致。如果存
在，源自何处？更不用说哪些权利可能是特别的，哪些是基本的，哪些又
是次要的。依我所采取的社会建构主义方法而言，人权的起源是历史性和
偶然性的，而不是可被人类发现的必然真理。[①] 作为一个偶然的事实，人
权没有公认的思想史，甚至没有人权运动史；相反，有许多争议史。举一
个最近的例子：塞缪尔・莫恩（Samuel Moyn）断言人权观念是在 20 世
纪 70 年代才出现的，至少就其目前在全球政治话语中的地位而言是如此； 2
并非产生于令人瞩目的原始宗教的道德直觉，也非在美国独立战争或法国
大革命中出现；不是随着 20 世纪 40 年代大屠杀后联合国的出现而出现，
也不在 1947 年联合国人权委员会召开第一次人权会议酝酿的《世界人权

---

① 我所说的“社会建构主义”指的是一种社会学和哲学传统，这种传统在伯杰和卢克曼（Berger and Luckmann 1966）以及瑟尔（Searle 1995）的著作中都有重要的体现。本书希望对这一传统有所贡献。

宣言》中出现。依莫恩看，人权随着早期各种乌托邦的枯竭（如果尚未失败的话）而成为下一个伟大的乌托邦，道德上缺乏自信的理想主义者正试图与之疏远。这样的乌托邦划过了相当长的一段弧线：从反殖民主义的民族主义到共产主义，到人道主义，再到民族国家充满希望的愿景。“源于超越政治的渴望，人权已经成为新人类政治的核心语言，削弱了左派和右派旧意识形态斗争的能量”（Moyn 2010：227）。

莫恩没有明辩，但他的论述（和其他最近的论述一样①）暗示人权的历史，甚至人权的观念本身，常常是对过去的投射。准确地说，是对当代道德、法律、宗教或哲学领域里各式各样的理解、假想或优先关注的事物之过往的投射。但是当莫恩仅把人权思想看作一种更加乌托邦式的政治并将其视为人权的软肋之时，我看到了一种人权政治的可能性。这种政治的实践和成就可能会沿着我在每一章中发展的维度被有力地扩展。

在每一章节中，我都将人权视为一种社会建构，把其建设性作为许可证，使本土培育的人权变得可被接受。如果可能，由人权受益人自发促成，最终让民族国家成长为人权国家。这一点，我远远超过了莫恩。他无法确定一个得当的人权政治，只得转而力促温和的改良主义：明智的政治应该建立在一小部分核心诉求之上，比如人权“不可能是所有人的一切”等等（Moyn 2010：227）。但这种带有极简主义特征的温和政治改良主义的核心没有提供任何实质性内容。特别是，它没有就以下问题提供指导：有哪些规范以及为什么要有这些规范？他们所预设的“美好生活”概念究竟意指什么？就其本身而言，核心在于无论是极简主义者还是其他人，都没有提到人权如何可能在无数信仰和实践各异的个体日常生活中得到实现。由于害怕一个有着不可能的目标和无法实现的期望的政治或在概念上被道德主义冲淡并在实践中被削弱，莫恩没有提供人权政治的任何一个模式，即使是他隐约喜欢的现实主义视角也没有触及。这种现实主义的视角
3 认为人们将“通过最低限度的道德规范来防止灾难”，而不是“通过最高限度的政治愿景来重建乌托邦”（Moyn 2010：226）——后者与其说是一

① 在之后的章节中，我将讨论夸特尔特（Quataert 2009）和亨特（Hunt 2007）著述的相关内容。

个通过“政治的道德超越来取代政治的药方”，不如说是一个“口号、世界观或理想”（Moyn 2010：227）。这本书拥抱政治，对政治的道德超越敬而远之，但仍然提供了一个独特的人权愿景。

人权：政治的而非神学的

我通过将人权视为一种社会建构来阐明这一愿景并认为人权最初只适用于接受它们的群体。人权可以由其接受者自身在本土“培育”。它们将具有一种特殊的激励力量，因为其有效性是内在的，而不是外部强加或内部强制的。我的看法与许多人权思想形成了鲜明的对比，这些人权思想坚持认为，只有当这种权利是立竿见影地普遍的（实际上是先验的），才可能有效。这种思想倾向要么是超脱世俗的，要么是形而上学或神学的。我对这些问题都进行了详细的分析，表明这样设想的普遍人权显然是不可能实现的。我的实事求是的、体恤本土民情的、小口径的、寻常的选择允许人权在不同的文化和政治团体中扩展其有效性，即使考虑到当地环境和具体场景的独特性时亦是如此。如果有效性被构造为寻常的、世俗的和随环境变化而变化的，那么人权就可能是普遍有效的：不是通过天定或神启那样的方式而获得的事物。通过拒绝诡秘的形而上学或神学假设，它避免了捣毁蜂巢所必然带来的麻烦。试想一下，生命权似乎是一种最可能在任何地方立即得到认同的主张。这是否意味着人类胚胎拥有生命的权利？“它所拥有的生命”是否意味着一种不受基因操纵的权利？如果生命权意味着获得渺茫和不稳定的生存机会的权利，以及获得进一步发展的条件的权利，这是否意味着体外胚胎有被植入子宫的权利？获得生存机会的权利（由体外胚胎所生）是否也意味着不受基因操纵的权利？在细胞进一步发育的哪个阶段，胚胎才可能拥有这种权利？正如我所揭示的那样，能够在21世纪被广泛接受的人权观念更有可能是社会建构的，而不是超自然 4
的。[①] 而神学或形而上学的假设为人权提供的不过是一种没有任何现实根基的基础。我们这些由自然进化而来、不可避免地受自然约束的有机体，

① 第九章讨论在基因操纵背景下的人权。

可能会强烈地倾向于把超自然的基础视为最强大、最客观或最可靠的基础，因为超自然的基础无须依赖作为它的接受者和适用对象的人类。这种思考方式很能说明问题，它暴露了人们对人类道德行为能力的深刻怀疑。由此，它质疑一种适用于人类却不是由人类创造的规范如何会比某些非人类、确实由超自然起源的规范“更好”“更强”或“更真实”。

我的反驳有两点：其一，先验的规范只可能是想象的；其二，如果规范不独立于人类文化和想象而存在，人类就不会在道德上随波逐流。事实上，人类的道德自尊，正是给予社会和政治行为规范的道德期许。而它恰恰是通过社会建构来实现的。人类的任务是跨越历史、文化、经验、社会经济发展水平等等的巨大差异，在各式各样的群体中建构令人信服的行为准则——随着时间的推移，创造出一个个超越自身的新亮点。这项任务要求我们与具有无与伦比的认知能力、细腻情感和脆弱心理的自然进化的人类所面临的艰巨挑战做斗争。这本书旨在探求就人权而言的后形而上学、后神学的道德自尊。这些术语指的是一种特别雄心勃勃的行为规范：一个最初只能在接受它的群体内获得，但渴望跨越认知上而不是地理上的种种界限的行为规范，这些深层的界限将人类各种群体分隔开来并局限在群体内部。我所拒绝的神学和形而上学的来源总是受到自然科学和社会科学（与日俱增）的挑战，虽然相对而言来自社会科学的挑战弱一些。自然科学和社会科学都提供了看待世界的方式，使我们能够向具有广泛有效性的行为规范迈进。例如，自然科学所理解的人类这一物种的成员间是如此相似，以至于任何特定成员的 DNA 都可以在生物学层面上代表所有成员，无一例外。这里我们有了一个可能的基础，在此之上得以构造一种规范的普遍主义：同一物种的所有成员都是平等的。与这种类型的自然科学完全不同，我的研究方法主要从哲学、社会学、人类学和法理学角度进行（有
5 一章甚至用了神经生物学方法）。这些方面为具有广泛效力的约束性规范提供了基础，这一点在每一章中都会明示。

“人权”

谈及“人权”，我通常指人权的概念。可以肯定的是，无论理论还是

实践，人权如何从个体或相互联系的群体维度进行规定都是非常重要的（例如，道德规范很可能总是到处与他者发生各式各样的冲突）。我把人权的概念发展成一种修辞手段，对不同内容开放，能够传达不同内涵，包含不同的基本和次要权利清单。人权的概念在许多方面都是依情况而定的，我建议用一种务实的方法来处理这些或然性。① 因此，我认为，最好从取得预期成果的现实必要性角度来理解人权，以此区别获取客观真理的认识论角度。例如，由那些可能受到广泛挑战的行为组成的人权清单是务实的；把大多数人不关心的行为包括在内，实际上影响甚微。

当我谈到人权概念时，读者至少应该把它想象成一些命题，其中有些比所谓的反现代民族国家的权利更为宽泛，如生命权、安全权、人身自由权、信仰权、表达权、良心权、隐私权和财产权等。我的主要意图并不是枚举某些同样宽泛的权利，而是提出一种不同的秩序：享有“体面的”生活水平的权利或者保护那些独特而脆弱的文化群体之完整性的权利。

当我提到人权的概念时，读者也应该想到消极权利，即受保护、不受他人干涉的权利。消极权利限制了国家（以及其他机构和组织）对待个人的方式。我的研究并不排除人权作为一种积极的权利，也就是对某些事物需要比不干涉更多的权利，例如享有体面生活的权利。尽可能广泛地发展有效性的目标，理想情况下最终是一个允许消极权利远多于积极权利的全球性目标，因为几乎所有权利都蕴含相应的义务。② 第一，有权反对的人或机构有义务不干涉这项权利。随着拥有特定权利的人数的增加，承担义 6

① 在其他著述里，我发展了一个实用的社会学理论，在这本书中，我借鉴它来处理社会规范的不确定性（Gregg 2003a）以及规范的多元的群体中的社会整合问题（Gregg 2003b）。

② 但义务很少意味着权利。尽管纳税义务可能被认为意味着对立法者投票的权利，照顾子女的义务不一定意味着一个人有权决定这种照顾的性质，即使许多群体把这种决定权留给父母或其他照顾者。约翰·瑟尔（John Searle）假定义务不包括履行者的权利。他谈到一种被他人帮助的普遍人权：“在极端的情况下，一个人处于无法自救”或“无法养活自己”的境地，“而另一个人恰好能够提供帮助时，前者理应得到相关帮助。因此，婴幼儿有权得到照顾、喂养和栖身之处”。同时，“由于受伤、衰老、疾病或其他原因而丧失行为能力的人也有绝对的医疗权利”，作为一项“维持任何形式的人类生命所必需的”权利（Searle 2010：193-194）。

务的人数也相应增加。普遍的人权制度将导致普遍的人类义务制度；今天，世界各地的每个人都要承担这种责任，并接受被追究，然而这仍然是一个无限遥远的目标。无论证明和实践消极权利多么困难，对积极权利的推断性辩护和实际应用都更为困难。细想如下情况：普遍的对生命和人身安全的消极权利将要求每个人有义务尊重所有其他人的生命和安全。这一义务比普遍享有某种生活水平的积极权利更容易实现，后者将要求所有人为他人合乎生活水准的需要提供保障。《世界人权宣言》第 25 条规定："每个人都有权获得足以使自己和家人健康幸福的生活条件，包括食物、衣服、住房、医疗和必要的社会服务。每个人都有在自身无法控制的情况下遭受失业、疾病、残疾、丧偶、年老或其他缺乏生计的不利境遇时获得保障的权利"。但每个个体行使这一规定的权利时会和谁产生冲突呢？

本书概览

我将从四个部分展开系统的阐述。第一部分包括前三章。前两章阐明了我为何（以及如何）拒绝传统人权概念的形而上学或神学基础。第三章则提供了自己的备选方案：作为俗世的规范，人权有效性最初是局部的，而不是普遍的。

第二部分包括第四章和第五章，探讨了两种尚未得到确认但前景广阔
7 的资源，由之构建人权的世俗基础：其一是促成具有人权能力的人格的文化政治动力学；其二是支撑人权情感的神经心理动力学。

第三部分包括第六章和第七章，都利用社会学的观点来展示人权理念如何在当地土壤中"生长"。

第四部分包括第八章和第九章，勾画出两个视人权为社会建构的长远问题。这两个关键的问题可能决定人权事业之未来：生物学角度民族国家可能发生的转变以及整个人类理解人性概念的潜在转换。

详述如下：第一章分析了两种相互竞争的人权观：一种将之视为超自然领域的神学表达（一种主要且影响深远的描述），另一种将之视为社会建构的产物。我从两方面反对神学表达：一方面，人类学对普世人权的神

学依据提出了质疑；另一方面，与宗教信仰相比，社会建构主义在文化上的排他性要小得多，它能更好地发挥个人权利承担者的道德作用。我的社会建构主义方法提供了一种审慎的互利逻辑，在尊重个体文化能力和在文化适应过程中形成的承诺方面，对所有人都是有效的。

第二章是对第一章的延伸，着手另一项值得尊敬的努力——挖掘、理解和解释人权。我发现这种方法存在严重的困难，并提出了一种政治上的替代方案：我们人类可以通过自己的规范性引导从道德上提升自己。这项工作的核心是格奥尔格·齐美尔（Georg Simmel）的“关系网”概念。我证明了非规范的“网”可以规范地整合成员之间的差异。这种联系仍然可以促进人权。

第三章主张人权应具有文化特殊性。只有在当地有效的情况下，人权的传播才能更好地远离文化帝国主义的阴影。认识到不同文化的不可通约性，因此不需要对任何事物都不加批判地容忍。承认实际上允许对其他社区或文化持批判、客观的态度：当地有效的人权**可以**具有批判性能力，并以允许多样化的方式增进社区的自我肯定。

第四章揭示人权如何可能“自主剧作”（self-authored）。“自主剧作”
有三个特点：通过集体政治行动产生；有批判性能力；可以由非特殊规范 8
来承担。要书写自己的人权篇章，既需要一种“自信的自我”作为人格结构，也需要一个“承认的领域”即支持“自信的自我”的社会结构。人格结构关注个体**内在**或心理的倾向，因为它能激发个人的政治行为，而社会结构涉及政治共同体的**外在**或制度性的安排。

第五章旨在运用神经生物学和发展人类学方法，从情感影响的角度，尤其是从一个富有情感的虚构亲属关系的角度，深化对人权概念的理解。由于人类普遍具有情感而且情感明显是行为的驱动力之一，虚构的亲属关系可以直接而有力地促进全球人权的两项核心要求：利他主义和互惠。

第六章以伊斯兰社区为例，说明跨文化工作者如何在本土文化中发展人权，即使他们提倡乡土以外的思想和做法。即使当地文化与人权理念之间存在重大冲突，跨文化工作者也可以如此行事，他们**必须**找到二者的共鸣以便开展工作，同时也对当地文化提出挑战。因为他们具有“双重身份”，转译世界文化和政治的跨文化工作者既可以是联结内外的中介，也可以是当地的参与者。

第七章为各式各样的社区准备了一种不同于规范的认知方法，它将人权作为任何特定社区文化的**内在力量**。人权可以通过“认知重构”内在地加以推进，正如我在非洲女性割礼和亚洲儿童卖淫两个实例中所展示的。

第八章认为，人的生命和社会的自然主义概念与建构普遍人权的可能性是一致的。自然主义概念从文化角度解释生物归属。本章还讨论了如此设想的人权可以从生命的哪个阶段“开始”的问题：是只有在出生后得到社会的认可，方能称之为“人”；还是精子和卵子到人类的发展道路上的任何一个节点都能分享人权的荣光？

第九章质疑一种普遍存在的信念，即人权必须建立在“人的尊严”的某种概念基础上。人权以实在法为基础，因为它们只能在具体的、特定的
9 政治共同体中获得。只要任何一个特定的政治共同体仍是偶然和特殊的，人权也就依然是偶然和特殊的。人权只能通过政治来获得，然而这种政治不太可能出现在当今世界的基本政治组织（民族国家）中。因而，我设想了“人权国家”这样的政治组织。它根据规范在地方层面得以承认和施行，以包容性逻辑为指导，区别于民族国家的排他性逻辑。也就是说，人权国家将“无误的人类”的地位分配给所有生物学意义上的人类，而现在是从政治意义上赋予个体人权。

结语部分简要总结了如下问题：采取社会建构主义的人权方法会失去什么？回答这个问题的同时也让我们得以概括践行此方法的收获。

我在早期研究形成的观点基础上，努力使人权与社会建构相得益彰。一种通过将争议性问题重新定义为“规范性稀薄”（normatively thin）而非“规范性浓厚”（normatively thick），可以改善异质社区内部以及不同社区之间达成规范性协议的条件。[①] 另一份报告显示，正义和权利如何能在地方性政治团体中产生，实际上采用的是某种对任何一个特定群体或

① 《浓厚的道德，稀薄的政治》（Gregg 2003b）。

亚群体具体情况的敏感方式。[1] 地方主义可以实现一些非常不同的方法的关键目标——正义被认为是普遍有效的——没有困扰所有普遍主义方法的那些严重和恼人的问题。本书应用上述观点探讨人权方案的困难和希冀，也推进了每一个争议性论题，使之超越早期的论辩状态。

---

① 《以不确定的规范处理政治事务》(Gregg 2003a)。

第一部分
俗世的规范：地方性而非普遍性

第一章　人权：政治的而非神学的

本书的第一部分分三章论述人权规范在当地和偶然情况下是有效的 13
（其中“有效”是指被社区成员认可）。传统观点将人权视为普遍有效的、先验的、源于神学的。而本章论点与惯常的方法相矛盾，认为人权规范具有明显的“政治性”，也就是说，人权是俗世的社会建构。第二章针对人权规范的形而上学根基对其超自然来源进行反驳。第三章接着说明了人权规范，即使最初仅在局部和偶然的情况下有效，但通过本书总结的方法可以渐进地走向一种无限接近于普遍性的有效性。这种有效性可以通过第三到九章中不同视角描述的各种政治来体现。

我首先提出一个关于规范之基础的问题：人权从何而来？（1）任何明确的回答是否会对人权的承认或做法造成实际后果——有利于或阻碍人权观念的传播？我的回答是肯定的，并比较了两种相互矛盾的对人权的解释：一种是超自然领域的神学表述，另一种是社会建构的文化产物。（2）然后我提出了几个反对神学方法的论点。在提倡普遍接受和践行人权上，神学论者比社会建构主义者的观点要弱，原因如下：（a）人类学对呼吁接受普世人权的神学理由表示怀疑；（b）社会建构主义不会像宗教信
仰那样具有很强的文化排他性；（c）社会建构主义更包容个人权利承担者 14
的道德能动性。（3）我将阐明我的另一种互惠互利的审慎逻辑，这是（a）考虑到文化能力和濡化过程的经验意义上的普遍性；（b）在任何给定的文化中都具有相对性；（c）随着时间的推移，这两个维度可以通过创造一种原本特殊的文化认同的普遍有效性而结合起来：作为政治的而非神学的人权。我将说明我的方法是如何以“政治”而非政治命令来确立人权基础的：作为一种能动的政治，而不是一种神学。（4）最后，社会建构的人权构成一种能动的政治，（a）对以命令行事的政治缺乏能动性的回应；（b）作为一种道德语言；（c）作为一种促进团体和社区给予自己权利的语言。

相互竞争的人权路径：区别于神学给予的社会建构

拥有抗辩权并不能保证不受虐待和压迫，但似乎减少了受害的可能性。是什么让一个权利可以辩护？在某种程度上，它被受它影响或关注它的人接受。要接受人权的概念，人们不一定需要追根溯源。如果一种解释比另一种解释更有说服力，那么关于人权何以有效的合理解释就可能具有实际意义。我认为有两种非常普遍的方法：对人权来源及有效性的超自然解释和社会建构解释。所谓超自然，我指的是某种超越自然、不受自然支配的力量（及其来源）。换句话说，人们可以从“神学”或“政治”两个不同的路径理解人权。① 一位基督徒在论述人权时可能宣称人类是作为神的形象或神律的反射而被创造出来的“映像”。这样设想的人权是标准地建立在对神的依赖上的，一个经常被认为拥有意识和欲望的神。宗教信仰通常唤起神圣的观念，神圣延伸到人类和基本人权。信奉宗教信
15 仰的团体可以提倡和批评专制主义的信仰、制度和做法，可能与受害者团结在一起与不公正做斗争。即使误解了使人权成为可能的那种规范基础，也不必妨碍他们对人权的接受。但有时这种误解可能会起到阻碍的作用，在这种情况下，我选择的解释方法更有希望，问题也更少。

从神学上说，人是神圣的，就是要维护他们天生的尊严或价值，并断言这种品质包括人权，且人权可以通过多种方式获得。他们都面临着理查德·麦基恩（Richard McKeon 1949：35）在起草《世界人权宣言》时提出的问题：“这些权利的含义，这些差异的含义取决于不同的基本假设，这些不同的基本假设反过来又使对经济社会矛盾的解释具有可信性和正当性，并最终导致对此宣言的执行提出相反的建议。”② 任何在意义和应

① 诚然，还会有很多其他的可能性，包括各种组合。出于分析的目的，我考虑两种截然不同的选择。此外，我在这一章和第二章分别考察了形而上学的形式和超自然主义的神学形式。

② 可以肯定的是，可能没有一份包含多种不同权利的清单（或一份最终的人类福祉清单）是不存在内部冲突的。自由的权利可能与平等或安全的权利相冲突；例如，私有财产权很容易与公正分配的权利相冲突。各种理论根据道德优先级排列不同权利的顺序，但没有一种理论是完全自洽的。

用方面不确定的规范都可能带来这样的问题。① 但是，对于社会建构主义者而言，不确定性问题并不比神学论者严重，因为没有人能让他或她自己确信言说者与接受者的意图相同。这些世俗主张提供了诸如实证经验等更多有助于让人消除疑虑的资源。

除了如何确保人们之间的有效沟通外，如何确保一个人在社会环境中采取切实行动也是一个问题。在这一点上，超自然现象也相当累人，绝不是重要行动（如实现目标）“最廉价”或“最有效”的手段。考虑一下效率：一个人与一个或多个神交流，他或她得不到任何保证。而且这些交流常常会让寻求回报的人失望，无论在经验语境还是非经验语境中，无论是现在还是将来；考虑一下紧张关系的“代价”：“一个宗教团体与‘外部’世界之间的区别、分离和对立的程度”可以被描述为一种紧张关系（Stark 2000：281）。个体之间社会文化环境的紧张程度越高，“归属于特定宗教团体的成本就越高”，相应地，“这个宗教团体要求更专一、更广泛以及更昂贵的承诺”（Stark 2000：282）。考虑到“费用和回报之间的关系”，信仰越“昂 16
贵”，“其成员承诺的平均水平就越高”（Stark 2000：282），而成员数量就越少。罗德尼·斯塔克和罗杰·芬克（Rodney Stark and Roger Finke 2000：281）也提出了同样的观点：教会与周围环境的紧张程度相对较低，而教派的紧张程度相对较高。教会比教派更大，也更稳定。与“教派”和“教会”的区别类似，神学对待人权的方式更像教派，而不是教会。作为一种不稳定、自我边缘化的传播人权思想的方法，它比社会建构主义更加让人劳心费神。

迈克尔·佩里（Michael Perry）关于神圣不可侵犯性的论述揭示了个中缘由。② 人权要求特定的神学基础，依据佩里的论证逻辑，人权遵循人类固有不可剥夺的神圣性。所有人的道德能力、彼此之间的道德平等以及道德义务都来自这种与神圣性相关的品质。也就是说，他们只有通过分享

① 我曾提出一种政治上应对不确定规范的方法（Gregg 2003a）。

② 佩里的研究重点比较集中：特定关注美国背景的辩论；联合国教科文组织最早的著作（1949）和格伦登（Glendon 2001）的著作关注的内容都更为广泛，但基于神圣不可侵犯性这一角度阐明论点，佩里的著作比其他著作更为直接且更有针对性。

一种神圣的感觉才能领会道德。这就是为什么佩里担忧他所感受到的那种世俗规范的道德真空："如果一个人既不相信上帝，也不相信……每个人的神圣性，但确实相信我们进化的本性是通过成为彼此相爱的人来实现的，那么一个人相信违背自己本性的行为是违反……什么？进化论吗？说到'违背'进化，当然是打个比方：一个人是如何'违背'进化的？"（Perry 2007：25）。违背一个人的"人性"，就是违背"每个人的神圣不可侵犯性"（Perry 2007：25）。道德价值不能被社会建构，因为世俗世界里的时间和空间、物质和力本身不能自然而然地产生道德主张。相反，这样的主张取决于一个超越世俗经验世界的维度。道德价值作为人权的基础，在教皇约翰二十三世（1961）关于人类超越"自然"的观念中有所体现。这样的论点不太可能与那些不分享其特定的神学前提的人产生共鸣——也就是说，它不太可能与世界上大多数人产生共鸣。

可以肯定的是，并非所有神学都被所谓的神圣不可侵犯性捕获。佩里的论述也不能代表所有人权的神学基础主义观点，任何单一的论述都不能
17 代表全体。但是，他的作品捕捉了相当多的神学方法。例如，杰弗里·墨菲（Jeffrie Murphy 1988：239）声称，"自由权利理论需要一个关于人的尊严的学说。我是说……那不可能。我是说……不可能脱离对上帝的信仰，或者哪怕是脱离一个在某种形而上学的深刻意义上被恰当地称为宗教的世界观。"同样，只有借助超自然力量，雷蒙德·盖塔（Raimond Gaita，1991）才得以宣称人类本身就是目的，值得无条件的尊重，拥有不可剥夺的尊严和权利。根据简·汉普顿（Jean Hampton，1998：120）的观点，"当一个人的固有尊严不受尊重——当一个人的固有尊严受到侵犯——所犯下的根本性错误，并不是我们当地（'欧洲中心主义'）的情绪受到了冒犯"；相反，"世界的秩序——世界的规范秩序——被违反了"。我对神圣不可侵犯性所做的批判超越了佩里的观点。

反对人权神学方法的论据

在倡导普遍接受和实践人权的过程中，来自神圣不可侵犯性的论据比社会建构主义的论据要弱，原因有三：（a）人类学对普世人权的神学理由

提出质疑；（b）社会建构主义可能比宗教信仰在文化上更不具排他性；（c）社会建构主义更包容权利个体持有人的道德能动性。

（a）人类学与其他社会科学一样，对人类文化采取一种社会建构主义的态度，包括规范的信仰和实践形式的文化。在人类学方法中，人权提供了一个规范文化如何对待历史偶然性的例子。文化人类学是一门研究差异的科学，尽管它有时可能面临着强调不同文化边界所共有的东西的政治必要性。1947 年，联合国起草了《世界人权宣言》，致力于研究深刻和持久的文化差异的美国人类学协会（AAA）对在所有文化边界内都有效的权利概念提出了不同意见（即使许多文化在某些方面是重叠的，所有文化在不同程度上都是混合的）。美国人类学协会因此设法劝阻起草委员会，询问起草《世界人权宣言》的联合国人权委员会：“拟议的宣言如何适用于所有人？它怎么可能不成为仅仅是根据西欧和美洲国家普遍存在的价值观设想的权利声明呢？”因为“在一个社会中被认为是一项人权的东西，可能被另一个群体认为是反社会的，或者被同一群体在不同历史时期认为是 18
反社会的”（AAA 1947：539，542）。这一批评的核心是：权利主张是一种文化主张，因为权利是文化产物；而作为文化产物，权利仅对其产生共鸣的文化有效，即仅对当地社区有效。换句话说，文化的“有效性”总是地方性的；因此，没有一种文化是普遍“有效的”。虽然也有例外，比如许多文物尽管起源于特定时代、特定文化区域，今天却已经或多或少地获得了普遍接受。这些例外还包括自然科学、现代医学、各种类型的工程和技术（但请注意：这些是非标准组织编织的人工制品，不同于人权和其他道德主张）。如果文化的有效性是地方性的，那么一些人权主张将与某些文化的某些方面发生冲突，而这些文化不同于对人权提出特定主张的特定文化。

五十年后，美国人类学协会正式接受了人权概念，发现这一概念符合“尊重人类具体差异的人类学原则，包括群体和个体差异，而不是西方传统抽象的法律统一性”（AAA 1999）。美国人类学协会 1999 年的声明与其 1947 年的声明相一致：不可减少的文化差异之间存在的紧张关系不亚于这些差异与任何规范规则体系的统一性之间的紧张关系（包括人权）。但现在它却认为，人权规范可以与不同社区之间不可避免的文化差异相协调。很明显，它忽略了说明人权规范如何与不同社区之间不可避免的文化差异相协调（很可能它无法说明）。

美国人类学协会的两次声明都暗示，文化差异可能被视为一项人权，因为它影响到个体和群体的身份。有两种方式这样做：第一，一种特定的文化可能声称其成员有权不受外国文化压迫。它也可能声称有权保留从过去继承而来的差异性文化。第二，一种特定的文化可能主张其成员有权不受内部文化压迫。它可能声称有权改变或消除继承的差异，并创造新的差异；这种差异权是开放的。我要强调的是，文化差异权的两种意义都与被理解为政治的而非神学的人权相一致。

问题依然存在：所有政治团体是否可能有一天就个体与生俱来的、自
19 我赋权的身份认同达成一致意见？在本章中，我比较了社会建构主义者与神学论者关于这一想法的不同解答。克劳德·列维-斯特劳斯（Claude Lévi-Strauss 1983：329）提出了一个具有历史影响力的社会建构主义版本。他断言，“对种族或文化不加以区分”的“包容性的人类概念”在历史上出现得“非常晚，并没有在全球范围内得到广泛的传播……能把地球上每一个人都包括在内的人类概念甚至几千年来都还不存在。人类这个名称还逗留在每个部落或语言群体的边界，有时甚至徘徊在村落的边缘。这种做法是如此普遍，以至于许多我们称之为原始民族的人们用一个意为‘人类’的词来指称他们自身”。换句话说，他们声称“其他部落、团体和村庄不具备人类的美德，甚至不能分享人类的本性”（Claude Lévi-Strauss 1983：329）。

可以肯定的是，今天的所有政治团体或多或少都准备承认其他所有“部落”都是人类的一员。这一章的问题是：他们这样做是出于神学的原因吗？我认为“所有人都是神圣的并因此都拥有人权”这一论点在文化上（依斯特劳斯的看法）比现代生物学主张更为奇特。毕竟，人类的基因组与黑猩猩的基因组有95%以上是相同的；此外，个体基因组之间也有99.9%是相同的。但是，自然科学的洞察力不太可能成为人们如何看待世界的主要决定因素。相反，持久的个体经验，比如在日常生活的各个领域（尤其是在更大的城市地区、全球市场和流行文化）中与截然不同的人增加互动（尤其是经济上），很可能比神学或自然科学更能说服人们相信“所有部落”都属于人类这个物种。

（b）如果社会建构的人权是一种文化狭隘主义，它们不可避免地构成一种非常特殊的文化理解。对人权的文化理解可以通过任何方式在社会上建构起来。有些方式可能与其他方式发生冲突。根据社会建构主义的理解，没有“自然的”“必要的”或“客观的”建构。但原则上，任何一种特定的建构都可能被普遍接受。

简言之，社会建构不一定是排他性的，但每一种宗教都是排他性的。
特定的宗教信仰只能通过排除世界上的许多人，即其他宗教信仰的人以及 20
没有宗教信仰的人来定义自身。即使佛教或唯一神教派对不同神学观点都很开放，也只有当它们在某些方面认识到自身与其他信仰不同时，才能确定自身身份。①

因此，在不断丰富和发展各种超自然概念的过程中，任何一种对所有人都客观有效的特定神学解释，从被排除在外的众多人的视角来看，都必定是伪装成普遍主义的文化特殊主义：作为一种声称独立于所有文化的造物。例如，佩里把他关于宇宙学和生物学的主张植根于一个非常特殊的神学基础之上。他认为这个神学是普遍真实的，具有文化上的超越性。他的论点前提是相信新约上帝是人类神圣不可侵犯的担保者。他大概认为这个特别的神在广泛的竞争对手中是唯一“真诚的”或“真实的”。

因此，任何一种关于人权的神学方法都会说服一些或者甚至很多其他信仰的信徒（如伊斯兰教和基督教所显示的）。这样的人权“基于启示的推理”，“包括证明与神交换条件的解释”，因为“沟通被认为来自神”（Stark 2004：14）。但是没有一个宗教能说服大多数人。② 在这里，我们看到任何特定信仰的特殊主义；特殊主义在试图说服不同文化和政治背景

---

① 对它来说，也要通过竞争巩固现有的追随者和吸引新的追随者。这样做或许是一个不利条件，因为“排他性宗教组织比非排他性宗教组织提供更有价值、风险明显更小的宗教回馈”（Stark 2000：283）。

② 可以肯定的是，包括基督教和伊斯兰教在内的一些宗教已经在各种各样的文化中扎根（基督教的未来主要在非洲和拉丁美洲，而不是在培育它的西方，更不是在孕育它的中东）。但这种扩散仍然是局部的。即使是几大主要宗教，也没有一个能被世界上大多数人民所信奉，从这个意义上说，每一个宗教对于其他信仰而言都是狭隘的。

下的人时，变成了狭隘主义。以神圣不可侵犯性的论点为例："假设每个人在客观意义上都是神圣不可侵犯的，那么，波斯尼亚塞族人侵犯波斯尼亚穆斯林时，就不仅是侵犯了一部分人所珍视的价值，而是破坏了共同创造的秩序"（Perry 2007：28）。在这里，形容词"客观"表示完全独立于人类文化之外，佩里认为这是一个可以用来说明神圣不可侵犯性不容置疑
21 的事实。谈论"创造的神圣秩序"赋予了人类一种超凡脱俗的气质。从某种意义上说，无论多么不定型，"奥斯威辛集中营"这个词已经不仅仅象征着对特定男性、女性和儿童的不公。它象征着"对上帝的侵犯，对宇宙的侵犯，特别是对我们人类的侵犯"（Perry 2007：27）。然而，人类文化从未就人类究竟是什么（更不用说上帝和宇宙）达成一致意见（无论是在哲学、人类学，还是生物学领域）。相比之下，社会建构主义对某些信仰的人来说可能是一种特殊主义，但这种特殊主义从来不像任何敌对性信仰那么特殊；这种特殊主义也不会像任何以启示为基础的论点那样特殊；这种特殊主义更不会像其他启示性传统中的任何论点那样特殊。

（c）权利的维护是为了更有效地发挥个体和群体的道德能动性。然而，未经自由授意而自行扩展的人权侵犯了接受者的道德自主权。这里的"自行扩展"意指"强制"，区别于"为……辩护"（仅仅替那些还没有为自己争取权利的人争取权利本身并不侵犯他们的道德自主权）。只有在其接受者同意的情况下，才应进行人权干预。而在造成严重且无法弥补的身体伤害时，接受者根本没有机会表达自己的意愿，这种时候例外规定是合理的，例如种族灭绝情况下，那些施害者只有受到胁迫才会停止伤害他人的举动。此时人权干预可以保护受害者的生命及其潜在的道德能动性。

人权干预困难重重。一方面，干预者从来都不是由受害者选择的；他们从来不会被那些愿意捍卫自己权利的人选中。目前还不清楚干预者基于何种权利代表其他人采取行动：何以代表他们。另一方面，干预者可鼓励或促进其所代表的那些人发挥自身的道德能动性，有针对性地反对一些阻止"受害"或"蒙昧"群体实现道德自治的**内部人士**。这一问题反映在《联合国宪章》中，它敦促各国自由地接受人权，但也反对外部对主权国家及其内政的干涉。历史事实表明，自联合国成立以来，没有哪一种干预获得国际共识，正如支持强制实施人权规范从来就不是一种共识。

共识就是协议，协议可以促进能动性。对某一个体或群体施加压力，可能意味着否认该个体或群体的道德能动性，即使所施加的影响是有吸引力的。例如，赋予其道德价值。约翰·斯图亚特·密尔（John Stuart Mill）提出："那些仍然野蛮的国家还无法跳过为了自身利益而被外国人 22
征服并自愿臣服的特定时期"（Mill 1984：118）。密尔暗示，一个"蒙昧"的群体，将从被外国征服中获益。直到有一天，当它变得和征服者一样，不再是"蒙昧"的群体时，被征服的"必要"最终就可能会终止。密尔笔下今天代表着当地人最大利益的外国人，显然可能仍然相信，当地人明天能够充分代表他们自己。但密尔无法承认殖民地人民可能更喜欢当地的政治和法律机构。这些政治和法律机构作为本土执行机构体现独立主权和原住民权利。他无法承认，殖民地人民可能更喜欢这些东西，而不是外部人士——甚至是以人权为导向的外部人士——提供的"保护性"代表机构。①

我在本章中所考虑的两种竞争性选择——神学路径和社会建构主义路径——尽管有不同之处，但可能仍然对下列问题做出同样的反应：我们如何知道什么时候应该遵从当地的惯例，什么时候应该推翻它？首先，以不构成迫害和可被受歧视者接受的方式差别对待某些成员的群体所做出的决定应受到尊重。那么，人权倡导者应该给予歧视妇女的地方文化多大的尊重，以及尊重多久？如果这里的"歧视"意味着"在宗教实践中被赋予一个从属地位"，并且如果受影响的人也接受这一立场，那么局外人是否应该尊重这种形式的不平等，即使它似乎违反了"平等的人权"。

此外，神学和社会建构主义的路径也可能对以下论断做出类似的回应：如果人们把人权理解为使一种传统文化大范围地失去其合法性，这说明他们对人权知之甚少。外部观察者认为是压迫的东西被当地参与者以不同的方式看待，认为不是压迫，而是在为某些群体或个体谋利益——例

① 一些善意的施行者可能把接受者理解为不能代表自身、只能被他人代表的人。哪怕是那些直接影响到他们的决定，这些接受者也不过是消极的旁观者。把"受害者"或"蒙昧者"描绘成没有道德自主权的人，就是假借代表的方式实现操纵的目的。这些自选的代表可能对被代表者采取一种居高临下的态度，就像局外人告诉当局者自身道德价值是什么，因为"他们不能代表自己"（"不能"意味着"无能"），"只能由他人代表"（Marx 1975：307）。

23 如，施行女性割礼的社区如此宣称。① 施行者将保留外来人权倡导者意欲终止的传统和惯例。神学和社会建构主义两种路径可能会一致认为：对参与者来说，某些形式的归属可能比个人自由更重要（例如言论、良心和集会的自由，婚姻伴侣的选择，生育问题）。

但是，这两种路径会在可接受和不可接受的干预之间划出相同的界限吗？前者是否能像后者那样只尊重那些与妇女健康、保健、教育、婚姻、工作和生活的福利相适应的文化因素？毕竟，这个论点需要与这些文化和宗教保持一定的距离（采取客观立场）。这种距离或立场可能会对某些宗教和神学构成挑战（对另外一些宗教和神学的挑战更大）。一些古老的宗教延续了各种形式的服从，这些服从强化了等级社会的安排，比如女性的系统性从属地位。世俗主义和相对主义都与社会建构主义兼容，较少被动地接受既定的风俗习惯。当被问及“如果某一特定行为的施行者不将其视为侵犯人权，那么该行为是否属于侵犯人权的行为”时，社会建构主义人权论者比神学人权论者更少地墨守成规，因而更少地受缚于传统。

政治的而非神学的人权

我主张人权是可从其他文明成果中获益并与之携手并进的特殊文化产物，这些文明成果包括不同的传统中发现的文化偏好。第一种是世界主义的政治思想，可以追溯到使徒保罗的书信。② 第二种是个人对可辩护的公民权利的文化期望。第三种是表达不同形式互惠的文化习俗，比如，若我不希望在精神或身体上受虐待，我可以设想别人也不希望。这种互惠是
24 一个非常谨慎的概念：任何不希望承受身体痛苦或社会羞辱的人，都会理解为什么其他人会拒绝痛苦和羞辱。谨慎的互惠激励着互利的行为。对于任何行为，我们都可以询问自己是否反对成为其接受者。没有人希望受到不公正的待遇，也没有人会自甘堕落，更没有人希望遭受酷刑或谋杀。很可能每个人，包括那些施暴者都认为这样的折磨对任何一方都是有害的。

---

① 一种非密尔式的、社会建构主义的方法，详阅第六章。

② 参阅詹宁斯（Jennings 2005）的著述。

谨慎互惠是一种实用主义，在具体情况下，它优先以特定个体的实际情况来构想人权。实用主义者认为人权是好东西，即使还没有一个足够令人信服的理论支持。毕竟，侵犯人权的人并不自认侵犯了人权，因为他或她认为人权缺乏规范基础（或特定的规范基础）。

这个实用主义观点并没有体现在神学主张中，如果人类仅仅被视为宇宙演变、化学变化或进化适应的偶然结果，而不是超自然的，那么“不管我是打你的脸，还是善意地支持你，宇宙对这一点就像今晚是否会有另一个星系爆炸一样漠不关心”（Prager and Glover 1993：4）。这种论点包含了一个不太可能的假设，即某个个体或群体不具备普遍的道德原则（无论其基础如何），因此对人类的苦难或不公遭遇漠不关心，但实际上没有人对他或她自己的身体疼痛或社会耻辱漠不关心。大多数情况下，任何人都可能对因痛苦或屈辱而受害的人感同身受（尽管这并不意味着施害者会因此不给他人制造痛苦或屈辱，而只意味着施害者知道他或她在做什么）。可以肯定的是，这种共同的见解，即使有其审慎的互利基础，也并不意味着所有群体或个体都恪守“己所不欲，勿施于人”的原则。但至少在某些时候，这种见解为人权的倡导提供了基础，允许人们谨慎地接受人权。

这种审慎的互利逻辑（a）在一个维度上是普遍主义的，（b）在另一个维度上是相对主义的。（c）随着时间的推移，可以将这两个维度结合起来，创造人权作为政治的而不是神学的普遍有效性，这两个方面结合起来可以创造出一种合法性，将一种最初只限于特定文化对人权的承诺转化为一种政治上普遍有效的承诺，而不是神学上的承诺。

（a）文化濡化（enculturation）是一种普遍现象，因为不同群体和社 25
会具有相似的濡化进程，生成特殊的群体。文化濡化是文化在人与人之间传播的主要方式。当人们或多或少地融入社会关系网时，某种程度上就自觉或不自觉地获得了群体的规范和视角。

文化濡化是社会化的产物。例如，文化认同部分源于个体融入特定文化群体的社会化过程。社会化是一种整合，它允许每个人“属于”自己的同时属于其他人，也就是属于共同体和群体。一方面，个体的意图、欲望和情感可能部分地来自个体化，因为个体化是通过社会化发生的；另一方面，通过社会团结，个体可以在政治共同体中“归属”彼此。由人权意识所激发的社会团结力量，似乎有可能激发与人权产生共鸣的信念和行为。在这种情况下，团结是指作为个人道德身份组成部分的人权意识；这将涉及个人的担当，即他或她必须满足社会的普遍期望。

每个个体对人权的接受度可以通过公共教育、大众文化或地方法令等制度来加强。在法律条文中，个体拥有的任何权利都来源于一种被特定社会承认和接受的法律地位（Michelman 1996：203）。这种地位出现在“特定的司法公民团体中，这些团体之间有相互的义务关系”（Benhabib 2002b：549）。然而，任何法律条文都不能使伦理关系制度化，要实现社会融合还需远超法律约束的社会团结形式。

（b）这种创造文化的普遍能力促使相应的具有文化有效性并引发共鸣的作品出现。一些文化的特殊性——构成一种文化的许多本土理解、实践和规范——在起源上并不是完全独特的，而是或多或少相似（或重叠）的文化相互融合的结果。这些社会和文化生产过程可被视为人类物种的一般属性，“与实用主义的文化相对主义一致，这种文化相对主义将特定的
26 文化差异理解为活动的产物。这些活动调节了人类适应不同环境的普遍能力”（Turner 1997：278）。

论及**相对主义**，我意指正当的信念或可证明的主张取决于你如何推理，如何推理取决于你所熟悉的推理模式：一个“理论或解释的好坏取决于你想要用它达到的目的”（Stout 1988：299）。社会建构主义认为文化的有效性是人为的，它将文化主张在时间、地点、环境和任何给定群体的有效性方面确定为相对的。从这个意义上说，自主的、支持人权的个体不亚于一种文化创造。

故而，每一种文化产品都是相对的，人权也不例外。这不排除批判性能力：“因为相对主义并不意味着宽容，道德批判仍然是相对主义者的可行选择”（Renteln 1988：68）。换句话说，即使缺乏某种普遍的前提，也不会使批判本身变得不可信或没有说服力。①

---

① 以下叙述记录了偶然的经验而非某种必然性或宿命：“在极端的邪恶面前，世俗的人道主义和古老的信仰要么是完全无助的受害者，要么是热情的同谋”（Ignatieff 2001：86）。

(c) 人权通过建构形成权威的社会化进程可能不同于借助神学形成权威的社会化过程（社会化可能会摒弃宗教，即使宗教无法摒弃社会化）。作为对他人权利的社会建构，人权权威的社会化总是容易引起争论和分歧。以宗教为导向的社会预设了永恒和普遍的人权；与此不同，社会建构主义者对人权的理解最终只对特定的个体或群体有效，他们基于自身的社会建构自由地接受人权。

在这一点上，人们可能会想：为什么称这些权利为“人权”？如果只对接受它们的个体或群体有效，是否“仅仅”是“部门权利”而不是“人权”？只有当人们坚持认为这里的形容词“人”只能指个体物种存在（individual's species-being）时，才可能是一种认为人类是神圣的神学方法。然而，对于社会建构主义者来说，形容词“人”指的是对人权思想的 27
潜在接受，是一项正在进行着的依情况而定的事业。如果社会建构的人权有一天被普遍接受，就会成为所有人共有的一种特殊主义。因此，普遍有效仅成了对历史事件的经验描述。从这个意义上理解，无处不在的共享将不再是种族中心主义、特殊主义或相对主义的。①

这种方法在实践中如何发挥作用？举个例子：

> 伊斯兰教人士对西方人权规范的通用文书提出了质疑。他们指出西方教会与国家、世俗、宗教权威的分离，与伊斯兰传统法理学和政治思想的格格不入。在伊斯兰政治思想的神权政治偏见中，《世界人权宣言》所阐明的自由毫无意义。结婚和建立家庭的权利以及自由选择伴侣的权利，是对伊斯兰社会当局的直接挑战。因为伊斯兰社会强

① 因此，在社会建构主义方法中，普遍接受的东西并不是必要的，也不是永恒的，而且与神学方法截然不同。诚然，第二次世界大战胜利者所设想的国际制度不太可能成为人类历史上的定局。相应地，永远不会有一劳永逸的《世界人权宣言》，而只有特定的宣言，且每一项都“困”在其表述的特定历史语境中。更好的是，从社会建构主义的观点来看，将有一个适应不断变化的世界的新宣言。人权是人类历史上特定时期的思想，有一天可能会被新的、更好的、更有效的思想所取代。从这个意义上讲，人权永远不会凌驾于政治之上；它们不是专门被用来评判“更低的原则”（正如一些宗教所宣称的那样）的“更高的原则”，也不是被用来裁决日常生活中道德矛盾和纷争的手段。

> 制要求在一定血缘或等级范围内选择配偶、一夫多妻制和妇女在深闺中生活。在伊斯兰教看来，普世化的权利话语意味着一个主权独立的个体，这是对神的亵渎（Ignatieff 2001：60）。

在这种背景下，作为政治的而非神学的人权，可能会聚焦于父权制的文化建构或女性对男性的系统从属问题，这些往往是践行人权的主要障碍。作为政治的人权可以反对这一文化建构，并引导一个全新的文化建构：普遍受教育的机会。伊斯兰信仰在社会层面上的父权效应可能会受到这种机会的限制。毕竟，最近的研究发现了父权价值观和宗教信仰之间的紧密联系：无论基督教、犹太教还是伊斯兰教（指信仰亚伯拉罕为始祖的三个世
28 界性宗教），学者们的研究都显示父权制和宗教信仰之间存在正相关。①

关于伊斯兰背景下的父权制，有人可能会问：伊斯兰教是否以如此普遍的方式使人们倾向于父权制，甚至在考虑到性别、年龄、教育和宗教信仰等其他关键区别之后，这种偏见是否仍然存在？此外，是什么更强烈地决定了父权价值观：因为恰好生活在伊斯兰社会，还是坚持伊斯兰教而不顾社会环境？首先，研究表明，穆斯林有助于增强父权价值观，而且无论伊斯兰教在社会中的主导地位如何，情况都是如此。② 穆斯林之所以更父权化，并不是因为他们更虔诚或受教育程度更低，而是因为他们是穆斯

---

① Burn and Busso（2005）；Paxton and Hughes（2007）；Peek，Lowe，and Williams（1991）. 这种观点几乎是无可争议的。莫加达姆（Moghadam 2003）认为父权价值观是伊斯兰教和其他宗教的外在价值观。罗斯（Ross 2008）将伊斯兰社会明显的父权制特征与他们的人均石油和天然气租金联系起来（这减少了妇女在劳动力中的数量，因此也降低了她们的政治影响力）。

② 世界最大的调查研究机构“世界价值调查协会”主持的“世界价值观调查”（the World Values Survey）旨在更好地了解人类信仰在重塑当今世界的大规模社会变革中所起的作用。利用这一渠道，韦尔泽尔和亚历山大（Welzel and Alexander 2009）研究了 65 个国家约 105 000 名受访者的父权价值观。他们在伊斯兰教的社会传播中寻找父权制倾向，不管这种倾向是否受到《古兰经》等伊斯兰经典的青睐。这项调查指出了不同领域中受文化支持的父权制，包括劳动力市场参与（“当工作机会稀缺时，男性应该比女性更容易获得工作吗？”）、教育（“大学教育对男人比女人更重要吗？”）、政治领导（“男性通常比女性更擅长政治领导吗？”）以及生活方式的选择（“你会赞成还是反对一个单身母亲不想和一个男人有稳定的关系却想要孩子？”）。

林。穆斯林并不仅仅因为他们中的大多数人生活在伊斯兰社会就更有父权倾向；即使在非穆斯林占主导地位的社会，穆斯林也比非穆斯林更有父权倾向。简言之，研究表明，在所有社会中，穆斯林都比非穆斯林更有父权倾向（Fetzer and Soper 2005；Buijs and Rath 2002）。

其次，伊斯兰教派的父权效应似乎会被个体教育成就削弱。研究表明，总的来说，受教育程度高的人往往比受教育程度低的人更宽容和平等（Inglehart and Norris 2003a）。父权价值观随着个体教育水平的提高而下降，较高的教育成就同样降低了社会的父权制取向。

再次，性别具有反父权效应。在伊斯兰和非伊斯兰社会，以及在穆斯 29
林和非穆斯林中，女性的父权倾向始终明显低于男性参照群体。① 父权价值观中的性别差距随着教育成就的提高而增加（Welzel and Alexander 2009）。

最后，年轻一代日益推动了社会对性别平等的重视（Inglehart and Norris 2003a）。

这些调查结果为改变父权取向提供了宝贵的线索，首先是重视正规教育，尤其应注重穆斯林妇女和女童的教育（不管是不是穆斯林，妇女和女童都比男性更容易受到教育的反父权效应影响）（Blaydes and Linzer 2006）。这些妇女和女童的教育（以及这种教育的数量和质量）可能产生一些促使差异与分化在群体内发展的机会，进而可能挑战以神学为基础的父权制。例如，一个重视和奖励知识与创造的经济体可以发展和调动两性的智力潜能，从而促进性别平等的构建。②

社会建构的人权作为一种能动性政治

在一些神学方法中，与其说信徒持有一种特殊的信仰，不如说信徒被

---

① 父权制与宗教信仰之间正相关的一项发现可能与另一项有关：“世界价值观调查”（the World Values Survey）发现，在穆斯林中，男性比女性更具父权倾向（Sullins 2006）。

② 强势民主是一种性别平等的结构。英格哈特和诺里斯（Inglehart and Norris 2003b）以及菲什（Fish 2002）认为，伊斯兰社会中的父权制阻碍了民主的发展。

神学所控制。相信人类是神圣的，本身不会阻止不人道的行为。实际上，不人道的行为既可能以更高的神圣性或某些神圣目的的名义施加，也可能恰恰因为一个人知道自己被上帝命令或觉得自己拥有绝对真理而施加。历史也是如此。但是，人们可以有意识地、自反（self-reflexive）地持有规范，而不是被规范所束缚。在这里，个人不是人权信息的被动接受者；他或她把人权作为一种政治形式来对待。要把人权纳入秩序的版图，就必须
30 自由地承认人权的道德权威。“自由地承认”标志着行动者自我决定的自主性。可以肯定的是，共同的身份本身并不能使任何符合人权的做法合法化。某些群体身份的某些方面侵犯了人权（正如我在一些伊斯兰社区的例子中所揭示的那样）。

此外，任何社会或政治中，被压迫的少数民族都需要有一个可以寻求保护的地方。这是普遍人权的一个核心目标：保护少数群体不受尚未接纳他们的社区的侵犯。如果少数人认为自己有权利但多数人不这么认为，那么少数人就处于危险之中。我认为有三种相互关联的方式来应对这种常见的情况。作为政治而非神学，人权积极回应（a）以法令行事的政治中缺失的能动性；（b）成为一种道德语言；（c）促进团体和群体给予自身权利的道德语言。让我们一一进行全面的考察。

（a）处理人权问题的一个非能动性路径是以《世界人权宣言》等国际文书的方式从事政治活动。这些文书一般不表明人权是如何存在的，无论是作为历史上偶然的文化产物还是作为先验的真理；这些文书只是假定人权是普遍有效的。可以肯定的是，联合国起草委员会发现，其调查对象（来自各种智力、精神和政治背景，但不包括土著或伊斯兰民族）都指出了“人的尊严”的概念传统（UNESCO 1949）。这些被调查者构成了一个数量很少的精英群体，他们无法完全代表，但不知何故被认为能够代表全世界的人民。① 一个无法完全代表全世界人民的群体能提供何种类型的代表性呢？在某种程度上，联合国对它所宣称的假定普遍有效的权利基础采取谨慎策略，寻求非代表的方式解决代表性问题。例如，它起草了一份世

① 在马里坦（Maritain 1949：10）的叙述中，《世界人权宣言》不是试图“肯定世界、人类和知识的同一概念，而是……肯定一套指导统一行动的信念”。

俗文件，并不是因为起草者是世俗主义者，而是因为世界上众多相互竞争的宗教传统排除了不包括神学依据的任何宣言达成协议的可能性。序言中没有“上帝”这个词，因为对于究竟哪一位神才是真正的神，信仰与无神 31
论二者究竟哪一方更为正确和真实等问题，人们都无法达成一致。委员会假定世界各国人民将无法形成一致意见，且无论如何，委员会还无法征求世界各国所有人的意见。

阿里·科恩（Ari Kohen）提出了一种不同的解读，将《世界人权宣言》视为“代表世界各地不同文化和不同政治群体的重叠共识”（Kohen 2007：134）。“草案的起草过程以及围绕其后各项人权文书的审议，是对他们所支持的人权文书具有普遍适用性的最佳证明”（Kohen 2007：134）。在谈到 1948 年起草和批准该文书的各种代表时，他断言，“每个人都能够同意一个共同的基础：**人的尊严**”（Kohen 2007：12）。这些自选的精英人士以数十亿人的名义发言和行动，但由于缺乏与后者的磋商，这种源于共识的世俗论点被驳倒了。

国际人权文书宣称个人的尊严“是一种直截了当的主张，是一种政治口谕，不需要进行漫谈式的辩论（接受者尚未被视为对话的参与者）”。即使某个国家作为联合国成员国或人权文书签署国，也很难预测它是否真正承认其公民是人权的承载者。因此，通过法令来行使人权可能无法真正获得理想的效果。①

起草委员会试图通过非代表性策略来解决代表性问题的努力是有争议的：法律规定的权利在某种程度上不可能价值中立，任何权利概念都必须有一些实质性的前提。《世界人权宣言》提出了许多前提，它在很多方面都具有文化独特性，它使个人享有家庭之上的特权，成为社会的主要组成部分；义务权利是人际关系的基础；法条主义凌驾于和解、悔改或教育之上，作为处理越轨行为的基础；世俗主义取代宗教成为公共生活的权宜

---

① “虽然已批准国际人权条约的国家其人权做法的评级通常比未批准国际人权条约的国家要好，但不遵守条约义务的情况似乎很普遍。”此外，“条约的批准常常与人权评级低于预期联系在一起”。海瑟薇（Hathaway 2002：1940）发现“似乎没有一个条约与更好的人权实践有可靠的联系，而有几个条约似乎与更糟糕的实践有联系”。

之计。《世界人权宣言》以个人权利为主，区别于经济、社会或文化上的
32 群体权利。（确凿无疑地，委员会不顾许多国家，特别是西方国家的反对，附议通过了《经济、社会和文化权利国际公约》。）

我的论点并不否认国际刑事法院（ICC）在这一政治活动中取得的某些重大成就，国际刑事法院允许公民将侵犯人权的案件提交到法律论坛，并努力处理利比里亚、柬埔寨、塞拉利昂、卢旺达、智利甚至澳大利亚和加拿大政府官员侵犯人权的行为。法令在政治方面取得的更大成就包括《非洲人权宪章》；在捷克共和国和南非新宪法中采用了人权用语；在人权文书里将自1948年以来处于边缘的群体纳入考量。最后，我注意到，世界各地的各种目标群体在感到危险时都可能会提及人权的概念。在这一点上，有人可能会说，权利的扩散——把那些没有得到充分代表或根本无法被代表的社区纳入视野——表明，联合国起草委员会很有先见之明地预见了数十亿人与权利相关的希望和偏好，尽管该委员会无法对这些希望和偏好进行民意调查。

这些成就虽受到欢迎，但并没有削弱这样一个问题，即在起草《世界人权宣言》时并非征得全世界人民的同意。这些成就也不表明世界上绝大多数人民现在同意草案的起草对他们是一件积极而有意义的事情。相反，它们表明，通过法令进行政治活动的具体事例为各种群体和个体提供了一种道德语言，以挑战那些本可能阻止他们发声的人的权威。可以肯定的是，社会构建的权利永远无法一劳永逸地摆脱权力分配不平等带来的所有问题。毕竟，政治总是与争论、分歧、战略和权力游戏相关。但是，在某种程度上，这些非理想因素可能更多地来源于当地参与者（自身权利的剧作者）的行为，而不是非参与者（遥远的精英）的行为。社会建构的规范最接近于实在法的理想：作为政治或其他群体的**自决**和作为个体的**自决**。

（b）作为政治而非神学的人权是一种道德语言，能够帮助保护个体
33 免受国家、宗教、家庭或传统的压迫、虐待和暴力。作为政治，这种道德语言没有特定的文化习俗；它规定了谈论和批判特定文化习俗的权利；它是一种世俗语言，不需要超脱凡俗的维度；它是创造的、偶然的，并非没有替代品（个人也可以用其他“语言”来捍卫），几乎不是凌驾于所有其他道德方法之上的终极王牌，但有时却可以允许发言者保护自己免受可能

的压迫；有时它会影响我们与他者彼此对待的方式："归属于一个荣誉语言占主导地位、人权语言没有地位的社会，就是成为某种了解自己在由家庭拓展而来的社会等级秩序中的地位、履行与该地位相适应的特定职责的人"（Stout 1988：71）。人权作为一种道德语言，有时可能赋予言说者与聆听者某种权力，尤其是那些在当地没有任何发言权或得不到被聆听机会的人。在这种情况下，人权会说服潜在的言说者拒绝那些否认这些权利的社会制度和习俗。以这种方式进行社会建构的人权可能来自当地文化之外，尽管不一定总是如此；没有一种文化是单一的，也没有一个人完全只是他或她自身文化的产物。

（c）因此，人权事业的一项中心任务是在当地创造条件，使处于社会底层的群体和个体、受压迫的少数群体和社会边缘群体能够利用人权作为一种道德语言，争取自己想要的权利。这就是我在这一章中所主张的：我们选择人权，而不是它们选择我们。

这种方法与神学方法不同，后者让人受缚于信仰而不是通过信仰获得**解放**。在这种社会建构主义方法中，如果一个群体或社区集体选择接受人权，其中的个体就拥有人权。人权作为一种道德语言，构成了自我赋权的道德主体之间的政治关系。这种语言可能在**人权承载者**之间达成社会团结。团结对于克服某些社会、政治和文化差异往往是重要的（团结的可能性在某种程度上受到这些差异的限制）。但是，不同的社区在不同条件下自我赋权的情况可能有很大差异，然而这一事实并不排除一种特殊的道德——人权——最终成为普遍的，即逐渐被越来越多各不相同的社区所接 34
受。人权事业是一项不同文化之间互学互鉴的事业，最终促进不同文化相互融通并认同。

社会建构主义概念具有鲜明的政治性，强调人的能动性。通过类比，我们想到了特定的场景中诉诸人权进行自我赋权的政治。当托马斯·杰斐逊在《独立宣言》中写到某些权利是"不可剥夺的"时，他始终没有发现一直以来已经存在的事实。相反，他和他的听众根据自己的意愿决定他们享有这样的权利，即作为一个新兴政治团体，首先由《独立宣言》（1776）、然后由《联邦宪法》（1787）构成的（而且是不同的）权利。美国的政体及其赋予成员的权利是偶然的，始于 18 世纪 70 年代，延续了

10 年甚至更长时间。在此之前，个人无法接受此类权利——因为没有任何社区认可。也就是说，《独立宣言》所呼吁的权利只能在它所追求的政治范围内得到承认；杰斐逊的文本主张只有在相应的政治范围内构建。在此之前，一个成员不能在其他社区成员中观察到同样的权利，因为使这样的权利成为可能的社区仍然存在于未来。众所周知，文本中提到自然权利是从“创造者”那里获得的权利，但在实践中恰恰相反，这些权利是社会建构的。

源于社会建构的论证表明，在承认任何权利的必要性方面，《独立宣言》如何能够前后一致。如果要在任何实际意义上成为一项权利，就意味着向政治团体的所有成员授予权利和豁免权，并对家庭、国家和宗教机构强制执行（这一想法将挑战一些传统文化的某些方面，但不会完全拒绝它们）。同样的论点也适用于人权。以政治而非神学为基础的人权很难成为文化共识的产物。当然，在原则上，关于哪些权利是人权以及如何在具体情况下——包括一项人权与另一项人权发生冲突的情况——完美地解释和适用这些权利，总是可以扩大和深化。这种偶然的可能性说明了一个事实，即人权政治从来就不是一项容易达成共识的工作。如何完美地解释人
35 权仍是一个悬而未决的问题。例如，从西方的角度来看，它们可以被理解为理查德·罗蒂（Richard Rorty 1989）的“作为隐形的团结感”，或者约翰·罗尔斯（John Rawls 1999a）的“基于重叠的共识”，或者尤尔根·哈贝马斯（Jürgen Habermas 1999）的“来自程序主义的合法性”。①

---

① 因此，罗尔斯比哈贝马斯在更广泛的意义上看到了一种主体间方法的前景，这种方法将人权与必要的民主程序联系在一起，从而使人们对人权信念一致认可。罗尔斯认为，至少某些非民主形式的政治自决也可能为其成员带来一些人权。哈贝马斯（Habermas 2003a：109）与罗尔斯或罗蒂不同，他认为神学方法在规范意义的产生方面起着持久的作用：“只有在世俗方面也对宗教语言固有的表达力保持敏感的情况下，才会寻求旨在获得普遍接受的理由，而不会导致不公平地将宗教排除在公共领域之外的情况，也不会将世俗社会与重要的意义资源割裂。”混合策略的前景在实际意义上可能很有希望，但超出了本章的范围。混合策略是一种可行的选择，这一论断不会削弱我的论点，即在任何情况下，人权的政治原因都比神学原因在寻找普遍可接受性方面有更好的前景。一个混合政治与神学的策略比一个纯粹的神学策略要好。

但在西方或任何一种文明或文化中，没有一致认可的人权解释，甚至没有解释的方法，更不用说全世界了。

但是，缺乏共识并不会使我们陷入道德狭隘主义。即使在长期存在分歧的情况下，群体和社区给予自己的人权也不能简单地矫正当地的信仰和偏好。我之前提到，社会建构主义方法比神学方法更容易对历史和传统采取客观性立场。从客观的角度来看，群体和社区给予自己的人权需要更规范地“稀薄”而不是“浓厚”，因为“相对稀薄的善的概念”可能是“人们能取得的最合理的共识”（Stout 1988：225）。[1] 如果人权曾经“获得普遍同意”，那么很有可能是因为它们“只是作为一种关于何谓公正的‘稀薄的’理论而得到支持”（Ignatieff 2001：56）。因为人权思想“如果脱离一些潜在的辩护，就会发展得更好”。当然，如果脱离一些浓厚的辩护，也会发展得更好（Taylor 1999：126）。相反，如果人权被当作一种浓厚的规范来追求——比如说，神学基础主义——那么，人权就会与其他浓厚 36
的规范对立起来，这会阻碍其在当地文化中被自由地接受。然而，如果人权被构造成稀薄的规范，那么可能是入世的而非出世的：无须用咒语来控制，而是受到当地文化信仰和偏好的约束。换句话说，人权是政治的而非神学的。

下一章探讨这一政治观点，但先要讨论的是另一种古老但仍有影响力的方法：形而上学。

---

① 关于“浓厚的规范”和“稀薄的规范”以及它们之间关系的进一步描述，请参阅格雷格（Gregg 2003b）的著述。

第二章　人权：政治的而非形而上学的

37 通常，有效性可以由主张、所有物或正当理由来表述，但不能由权利来表述。我挑战这种传统，即使我同样以此为基础。当谈到人权可能的有效性时，我指的是：人权是为人类**应该**如何被对待而辩护的**主张**。提人权就是把这种主张有效化，是对有效性的要求，所以，是一种对有效性的有效要求。从这个意义上讲，人权被广泛认为是一个普遍有效的先验现象，正如我们在第一章中所看到的基于神学的概念。在那里，我问道：有效的人权如何可能独立于历史偶然性、透视性以及人类理解、经验和信仰的语境依赖？在这一章中，我提出了同样的问题——人权如何有效？但现在先谈谈形而上学。① 形而上学的深入是从柏拉图开始的：沉思揭示某种更真实的存在、更深的真理、更高的规律，隐身在我们日常现象学世界的下面、后面、上面或在偶然、情境嵌入和纯粹的透视主义之中。② “更深”和“更高”等隐喻被用来象征“更真实的存在”。

38 在无穷无尽的时间里偏爱不变且无限的宇宙的倾向，反映在对事物、思想或价值永恒不变的形而上学断言中。直到二十世纪，没有人（甚至爱因斯坦也不例外）能够想象宇宙正在膨胀，这一事实可能反映了形而上学思维广泛而顽固的倾向。当代宇宙学是自然的而不是形而上学的，它告诉我们空间和时间是有限的（即使它们无边无垠），宇宙中的一切像其本身一样不断变化。从自然主义的观点来看，没有什么是永恒的，也没有什么

---

① 与神学一样，形而上学包含了各种各样的理解、方法和传统。

② 马克斯·韦伯（Max Weber）在一次政治讲座中恰当地描述了苏格拉底对形而上学概念的创见，“通过这个概念，人们可以把逻辑螺丝旋在某人身上，使他不得不承认自己一无所知，承认这就是真理，永远不会消失的永恒真理。……由此看来，如果一个人能找到美的、善的正确概念，或如勇敢的、灵魂层面的正确概念，或者诸如此类的概念，那么他就能把握灵魂的真实存在”（Weber 1958：141）。

是一成不变的。当然，（与人权相关的）法律、道德和伦理等文化范畴在非绝对宇宙中不太可能是一个绝对的领域。

在西方现代科技时代，形而上学的影响比大约500年前现代性开始以来的任何时候都要小。① 无论是作为立法来源、社会整合或公共行为的基础，还是作为公民信条和公共哲学的指南，它的影响都很弱。但它仍然揭示了一些当代世界观，其中包括一些针对人权的途径。我认为，西方现代性的一个特征——相信通过开明的政治机构和规范的引导，我们人类**能够**在道德上提升自己——在任何将人权的可能性和特征形而上地呈现出来的地方，都是迷失、被拒绝或被背叛的。我认为形而上学是通往人权的一条危险道路，是不可能也不可信的。这种选择在“社会建构”意义上是政治性的。② 也就是说，它不是“人性”固有的，而是由（一些）人促成的，其目的是将（部分或全部）人纳入政治共同体。我的论证围绕以下四个方面展开：（1）一种自然主义（**形而上学人格论**的替代）；（2）作为政治成就的尊严（**形而上学尊严论**的替代）；（3）通过差异实现社会整合（作为**形而上学同一论**的替代）；（4）综合探讨上述成就的政治潜力。

形而上学人格论的自然主义替代 39

追问人权的“人”，就是追问人权的“人格权”。我提出了一个非形而上学的、自然主义的解释。③ 我所说的**自然主义**是指：不包含任何规范性制度信息的自然世界。④ 因此，包括人权在内的规范性制度只能是社会建构的。我们可以利用自身生物肌体所拥有的道德能力来构建部分道德体系（正如我

---

① 宗教是另一种古老的思维方式，在今天继续对世界各地的政治团体产生影响，即使与早期相比有所减弱，但在许多地方的影响仍然非常大。

② 贝恩斯（Baynes 2009）继罗尔斯（Rawls 1993）之后，在相关意义上使用了“政治”一词。

③ 在第五章中，我讨论了一个与自然主义观点相关的人类行为特征，但在这一章中（为了降低分析的复杂性）将其简化为：非理性和不合逻辑的行为。

④ 不仅是因为“我们只通过感官感受器来获得关于世界的各种信息”（Quine 1992：19）。

在最近的进化人类学研究中所说的那样）。我所说的自然主义，也就是人权持有者的道德地位（或具有人权的生物的道德价值）既不是形而上学的，也不是天生的，而是人类**文化**的产物。论及**文化**，例如一条关于“胚胎是人而非财产（或者反过来说，实际上是财产而不是人）”的法律或其他公共决议。①

自然主义方法可以将人权与道德主体联系起来，而无须赋予其某种形而上学的地位。例如，只有通过道德主体参与立法或解释法律，人权才能被认为是不可剥夺的。② 这样建构的权利不仅可以保护个体免于过早死亡或不必要的痛苦，而且可以从两个方面促进他们的道德行为。第一，不可剥夺的权利通过权利所有人的合作或他人的默许确保了各种限制不致无效（Meyers 1985：7）。第二，权利包括行使权利的义务，因为权利所有人“不能拒绝或自行终止享有一项不可剥夺的权利所带来的好处”（Meyers 1985：
40 8）。这种道德能动性将个体整合到同一语言共同体的规范中。它确保了一种共享生活方式的规范，既适用于一般人，也同样适用于独特且“道德上不可替代的”特定个体（Habermas 2003a：35）。可以肯定的是，相互承认是一种主体间的协议，作为一种行为方式，无论正式的还是非正式的，它都依赖于社会机构和框架来执行其首选的行为。道德能动性依赖社会机构对某些主体采取行动，使其有能力拥有合法权利（Darby 2009：101）。

此外，自然主义方法可以将不可剥夺的人权与非形而上学的能力联系起来，这种能力的实现会给个人带来尊严。这里所说的**能力**是指玛莎·努斯鲍姆（Martha Nussbaum）所提的“人类最重要的功能，即如何定义人类生命的问题”（Nussbaum 1992：214）。在她的描述中，一组能力包括正确面对死亡、拥有健康身体、享受快乐和承受痛苦，以及认知能

① 一名妇女起诉她的前夫，要求获得冷冻胚胎的“监护权”，以便捐赠给没有孩子的夫妇。法院认为，胚胎发育前不是“人”，但也不是“财产”。这确定了个体在生殖选择上不受国家干预的权利，因而她的前夫有宪法赋予的不成为孩子父亲的权利（Tenn. 1992）。

② 17、18 世纪的“不可剥夺”意味着个人权利持有者不能将这些权利转让给其他人；今天，却通常意味着其他人不能剥夺这些权利或宣布它们被没收。旧的观点采用尊重权利的视角；在当代则采用的是尊重权利持有者的视角。

力（感知、想象和思考等）。[1] 这些是任何时间、任何地点、任何可能的人类生活方式的基本特征。另一组涉及个人在良好健康、营养、住房、自由行动、思想和共同体的基础上发挥作用的能力，这些都依赖立法和公共规划向公民提供。[2]

自然主义方法与社会建构主义方法产生了共鸣，就像我们在迈克尔·托马塞罗（Michael Tomasello）的作品中看到的那样。[3] 他描述了（生物学意义上理解的）“普遍的人性”的各个方面。我想表明，这些方面与社会建构的人权观产生了共鸣。人权的可能性取决于政治团体的谋划以及个人的心理倾向，因为这种倾向会激发个体的政治和道德行为。换句话说，人权的实践依赖于社会结构（如第六、七和九章所示）以及人格结构（如 41
第四和五章所示）。在人类文化（特殊的）和生物学（在物种中是“普遍的”）“相遇”时，彼此都得到了印证。托马塞罗提供了一个与人权相关的例子：利他主义“自然地”出现在非常年幼的儿童身上（因此并非最初或完全由文化传授）。利他主义至少部分是建立在幼儿最初不加区别地帮助他人的基础上的。这种乐于助人的态度是“孩子们在冲突中同情他人的自然的外在表现”（Tomasello 2009：13）。[4]

---

① 以及婴儿早期发育、实践理性、与他人的友好联系、与其他物种的关系、游戏和独处等（Nussbaum 1992：216–220）。

② 努斯鲍姆将这组相关能力构建为单一的。但各式各样的概念在任何共同体中都可能是复合的，而且不同的共同体和生活方式也很难是单一的。不过她承认，不同文化对不同的能力重视程度各异，解释也不尽相同。

③ 他研究的重点是人类儿童和类人猿的社会认知、社会学习、沟通或语言过程。

④ 自然主义和社会建构主义也以其他方式结合在一起。托马塞罗观察到婴儿“以合作的方式理解命令”（Tomasello 2009：19）。这些特征鼓励合作，随着时间的推移，合作可能会影响复杂的社会规范和制度。从更广泛的意义上讲，在人类以制度为基础的共同生活和运作中，对人类合作负有主要责任的过程不是利他主义，而是互利合作。这一过程是“我对你的利他主义……实际上，我也会得到帮助，因为你的工作有助于我们实现共同目标”（Tomasello 2009：52–53）。也许互惠主义为利他动机进化的最初阶段提供了一个受保护的环境，也许个体通过互惠、声誉、惩罚、社会规范和制度将他们乐于助人的态度扩展到早期环境之外：“内在化的社会规范，伴随着内疚和羞愧，确保个体与群体期望的协调不需要涉及任何公开行为”，其中规范“提供了信任的背景，在这种背景下，代理人中立的角色以及共享合作的实践活动使社会制度成为可能，这一实践活动有共同目标和共同关注”（Tomasello 2009：95–96）。

可以肯定的是，从自然倾向到制度化、规范化的社会角色，这条道路非常漫长。但人类可能会通过社会化获得一种独特的全人类认同感，一种“共享的意念 ”，这就产生了相互的期望，甚至权利和义务（Tomasello 2009：57-58）。虽然一种特殊的人类学意义上的“我们”既不能保证人权观念在任何特定文化中最终出现，也不能保证不同文化自愿持有同一种人权观念，但它确实表明了一种潜在的普遍基础，即关于人权的自然协议也许有一天会被起草出来。这种“我们”的感觉可能始于幼儿的自然利他主义和互惠主义，并通过社会化、教育和其他政治与文化机构得到鼓励、发展和强化。在这些层面，自然主义方法和社会建构主义方法是相辅相成的。

42 自然主义认为，人类只有在自我赋权的情况下才享有人权。人权归于人本身就是一种文化、想象、发明和政治的行为。人权政治的关键是我们如何理解“人”在承担人权方面的能力。自然主义者的定义规定非生物实体不能承担人权，如公司或国家，因为它们缺乏自我赋权的能力（如果公司被认为是某种实体而不是在其中起作用的人）。这是毫无争议的。但是当区分各种生物类别与能够赋予和承载人权的人类时，其定义容易引起争议。例如，有人可能会争辩说，人体组织是“人”，即使它本身可能还不是人类。在复杂性更高的生物学水平上，胚胎也是组织。关于“人类”的（定义性问题）范畴，作为组织，胚胎比移植的皮肤更有发言权。毕竟，胚胎的遗传程序决定了它会发育成人——在某个发育阶段，当然是在出生时——毫无疑问是一个人。对于一个胚胎，我们可以问：在拥有权利承载能力的意义上，它本身是否属于“人”？或它还不是“人”，但迟早会变成“人”？还是说它是“潜在的人类”？我们如何恰当地评估某些特定群体的“潜力”？这些群体明显是具有生物学特性的“人”，然而出于各种原因可能被认为缺乏权利承载能力，无论是永久性（脑死亡者），间或性（多重人格障碍者），还是只是暂时性的（比如说婴儿，他们的未来现在可以预见）。①

自然主义者的回答是：某物（无论组织还是婴儿、胚胎还是脑死亡

① 我将在第八章中回答这些问题。

者）只有被社会建构出具有承载人权的能力时，才具有人权。① 作为具有身体、思想、意识连续性和道德能动性的理性主体，人类**有能力**为自己构建社会规范（如人权）。请注意，一位自然主义者很难仅仅因为某种**生物学意义上**的“人”就赋予其人权。相反，它是**文化意义上**的“人”。但是， 43
在这个意义上，“赋予”究竟是如何被理解和如何运作的呢？在接下来的章节中，我将从两个常见的角度来分析这些问题：因为人类拥有某种“尊严”；因为人类在道德上是平等的。

作为政治成就的尊严（形而上学尊严论的替代）

所有人在拥有人权时在何种意义上可以**平等**？作为我在平等问题上立场的参照物，请考虑以下几种不同的方法。②

一种是我在第一章中提到的神学方法，包括人类与神或至高无上的存在之间关系平等的概念。《创世记》将人类描述为“按照上帝的形象创造的”（*Genesis* 1：27）：每个人都是上帝的映像。基于此而同等拥有今天（但不是写这本书的时候，也不是此后的几千年里）可能被认为是人权基础的品质。例如，如果宗教是自我一致的，那么一种认为流血是对上帝的冒犯的宗教（*Genesis* 9：6）就会以这种方式对待任何人的血液。在任何情况下，《圣经》的文本在这里都没有区分不同的个体或群体。③

另一种古老的方法主张通过自然法实现道德平等。在索福克勒斯的大戏中，安提戈涅以她“自然”的义务、以良心的形式，为她的兄弟举办一

---

① 因此，如果这样解释的话，公司和民族国家很可能拥有人权。然而，作为公司实体而不是人类的集合，它们不能如此赋权；与人类不同的是，它们自身不是主体。

② 在这里，我将重新思考人权问题，不是提出不寻常的想法，而是通过以一种新颖的方式重新考察那些已广为人知的思路。

③ 一种不同的神学方法引用了相同的比喻：所有人与神圣或至高无上的存在都是平等的。在这种情况下，作为一个由选择所组成的新阶级或群体的成员，“犹太人或希腊人、捆绑或自由、男或女，这之间没有本质的区别，因为在基督耶稣那里这些都是一体的”（*Galatians* 3：28）。当代思想家可能会考虑到群体成员之间的平等，从而为成员（如果不是非成员）提供平等的权利。

个合适的葬礼，来对抗国内的实在法（克伦国王的法令：国家的敌人将被拒绝下葬）。在现代，16 世纪的多米尼加修士巴托洛姆·德拉斯·卡斯从基督教自然法的角度批判西班牙征服者对美洲印第安人的野蛮对待。

在这些例子中，我们看到了玄学[1]上超脱尘世的界限，这些界限可能
44 被用来以一种容易受到侵犯和亵渎的"自然"秩序作为人权的基础。康德提供了一种现代的选择：一种关于人类尊严的世俗形而上学。根据他的观点，人（像每一个理性的存在一样）作为"目的本身存在，而**不只是作为一种手段**任由摆布；相反，无论是针对自身还是其他理性存在，他都必须始终被视为目的"（Kant 1998：38）。[2]

康德通过这种方式将形而上学与神学的人类尊严分开，但他没有再向前一步把人的尊严从形而上学中分离出来。基于对人的一种完全自然主义的理解，我往前推进了一步。[3] 人类可以观察和理解其自然因果关系的宇宙纯粹是以自然力（如质量和能量）为特征的，没有内在目的或意义。这种自然主义和苏格拉底之前的哲学家泰勒斯一样古老，随后得到了中世纪晚期经院哲学家的支持，这些经院哲学家包括让·布里丹（Jean Buridan）和尼科尔·奥里斯姆（Nicole Oresme）。在现代，伽利略和伏尔泰等许多人都支持它。

但与泰勒斯到伏尔泰及其他任何人不同的是，我将这一人权概念的阐述扩展到生物学领域。这种理解允许具有规范维度的文化建设，如权利、政治和社会制度。社会制度的范围从政治团体、财产权、法定货币到习俗、道德规范、友谊和婚姻。我的阐述只把人权当作文化建设来考虑。[4] 自然主义人权概念的前身从黑格尔（通过自然和历史进程看待个人自由的发展）到爱米尔·涂尔干（Émile Durkheim）（敦促现代社会创造人权，以应对城市、工业文明的道德失范），并延伸到托尔科特·帕森斯（Tal-

---

① 在某些情况下，形而上学带有神学假设。

② 康德提出了一个绝对律令："因此，无论是在自己还是他人身上，你都要同时视人为目的，而不仅仅是作为一种手段"（Kant 1998：38）。

③ 第八章将从生物学角度阐述这一概念。

④ 自然主义允许接受普遍主义的人权，或者是对人权理念的普遍接受，正如第三至九章以各种方式展示的那样。

cott Parsons）（现代社会对各种压力的反应趋向于普遍包容全体成员，并使其在这种包容中享有相应的权利）。

我的自然主义方法的独特之处在于将人的尊严从形而上学中分离出来。人权不能被某个政治团体的偏好、设计或目标击败，没有形而上学的性质[①]，可信性取决于对如下两个问题的回答：（a）为什么集体目标有时不足以作为拒绝期望的合法工具，或强加不需要的法律义务的理由？（b）为什么人类特殊的世俗品质——伸张正义的能力——会使对社会所有成员的平等关注和尊重成为必要？ 45

（a）从自然主义观点来看，集体目标本身不足以证明剥夺权利或强加义务是正当的。只有符合人类尊严的目标才能提供充足的理由。人类尊严的实质并不是某种被拥有的东西，而是一种相互尊重、平等归属的主体间关系。这种关系并不使个体隶属于集体（就个体的法律能力和义务而言）。相反，它是以对称的方式运作的：为每个人提供自主生活的机会，而且为每个人与他人平等互动提供条件。

自然主义方法允许政治团体赋予每个个体的生活以某种特定的分量。社区可以通过构建具有内在价值的个体来实现这一点，而不是诉诸某种形而上学的内在价值。政治团体的成员可以接受这种概念的尊严，但不是用经验主义那种不偏不倚的语言或宗教信仰那种满怀激情的语言，他们可能会接受格奥尔格·齐美尔所说的“从属网络”。毕竟这样一个网络

> 不是某种集体目标；如果所涉及的社会群体在自身目的和对个体的要求方面存在太大的分歧，就不会出现从属群体的共识。一个希望成员无条件投入其活动的群体，一定不容许自己的某一成员同时与另一个群体有密切联系（Simmel 1964：146）。

从属网络是一种以一般意义上（一种“形式上”的外环）的互动为标志的社会圈子，也是以某种方式联系的共同价值观（一种实质性的“密度”）。它反映了当前社会化的形式，也反映了影响个人行为的社会控制。任何特定网络在展示特定文化模式方面都不同于任何其他网络，不同网络 46

① 德沃金（Dworkin 1977：xi）也持有同样的观点，尽管只是尝试性的。

相互作用的形式也可能不同。①

(b) 在人权观念中，“某些人拥有尊严”② 的传统观念变成“所有人都拥有尊严”的后传统观念。尊严，传统上被认为与身份绑定，之后被视为与身份无关。尊严作为人权基础，被镶嵌在语言架构的生活方式之中，作为当地社区（也可能是跨社区）承认的政治、社会和法律范畴中形成的东西，无须援引道德本体论的某种形而上学的人性。这样，通往人权的道路就不再追溯到某些假定的人类“本质”，而可以追溯到为自我建构人权的人（以及同样为自身建构人权的他者）。在社会建构的视域下，每个人的尊严都是对等的。③ “人权”中的“人”是生物学意义上的，而不是形而上学意义上的。在接下来的篇章中，我即将阐述这一点。

通过差异实现社会整合（形而上学同一论的替代）

我从约翰内斯·莫辛克（Johannes Morsink）的著作中寻找当代形而上学人权方法的例证。莫辛克认为，人们一直以来都拥有人权。事实上，人权是一种本体赋予的东西，建立在“人的尊严”基础上，而这种尊严是个体固有的。但是莫辛克不能证明其观点的核心假设：人权是（a）先天普遍有效的，（b）仅仅通过直觉就能发现，（c）作为一种文化知识的先验形式存在，提供了指导人类行为的实用道德标准。莫辛克的理论是形而上
47 学的同一论，这一点我们可以从多个维度进行分析。首先，这一理论认为“我们的”良心是相同的，也许是“人类良心”的个体表达；其次，“同一性”是一种社会整合手段，至少在道德行为方面是如此；再次，我们的良心有能力愤怒，因为我们拥有人权（而不是相反）；最后主张所有人都要规范地融合在一起。这种说法意味着：基于固有常识，人权作为社会行为

---

① 参阅莱文（Levine 1999：1111-1112）的著述。

② 例如，中世纪哲学中的“尊严”一词“主要用复数形式，以此表明封建社会中，人们根据不同的等级、秩序和财产而具有不同的尊严”（Bielefeldt 2000：95）。

③ 人权在形而上学的基础上不会是不可剥夺的，但可在立法或司法解释中被构造为不可剥夺的。

在道德上必要，在文化上中立，我们在道德上是（或可以是）相互协调的，因为在形而上学的意义上是彼此相同的。

(a) 同一性的形而上学具有三个维度。第一，它是一个本体论："无论何时何地，人们拥有的权利不是后天人为的，而是从出生之日起内在固有的"（Morsink 2009：17）。"非人为"在如下意义上是形而上学的：仅凭人性而不是政治路径。当今最常见的政治路径是制度性的：权利是立法机关通过程序实现的结果，或者是法律司法解释的产物。第二，它是一种认识论："世界各地的人们一直都知道固有的人权"。人类在受到严重虐待和侵犯的情况下"尤其"清楚这一固有的人权（Morsink 2009：59）。① 第三，同一性的形而上学是一种政治：它一方面主张非常特殊和高度抽象的认知之间直接的、因果的、激发性的联系；另一方面强调同样特殊和原则性很强的行为（苏格拉底式的"知善即行善"的信念）。这样的主张意味着人权规范是"全球范围内反抗压迫和镇压的斗争的基本组成部分"（Morsink 2009：3）。莫辛克认为，一种非常特殊的效度——先验的普遍 48
效度——促进了侵犯人权的权力和制度的发展，其他形式的效度（比如事后效度）缺乏这种政治激励。

(b) 对于同一性的形而上学而言，人权是发现的而不是创造的。在我们对人权的认知中，只是通过沉思完全或部分地发现（或重新发现）我们已经知道的东西。沉思、直觉和被理解为客观道德知识载体的情感联系在一起："我们的道德情感确实帮助我们发现真理，并产生世界知识"（Morsink 2009：103）。通过情感，"人们发现"人权的"形而上学的普遍性"（Morsink 2009：59）。他们是通过认识到"人类是拥有与生俱来的道

① 在其他地方，莫辛克主张一种非常不同的人权知识，正如偶然获得的某些知识："我们从遭遇的错误中学到什么是权利"（Morsink 2009：58）。包括"极端邪恶的经历伴随的人权发现"（Morsink 2009：59）。那么，对于某些人来说，知识是在 Time=0 时获得的；而对于其他人，则是在 T>0 时获得的（我们单独或成群地**发现**人权）；或甚至在 T+T′>0 时获得的（在我们有了发现之后，再向他人证明这一信念的**正当性**）（Morsink 2009：58）。当然，如果一个人从来没有遇到过错误或极端的邪恶（尽管不太可能），他就永远不会知道莫辛克在其他地方宣称的**与生俱来**的知识：人权。但是，即使有人遇到了错误和邪恶，也可能不"知道什么是权利"。相反可能学会犯错和罪恶，残酷的经历会把一些受害者变成施暴者。

德权利的生物”而发现了这一点（Morsink 2009：103）。更重要的是，良心引发了沉思：我们的良心有愤怒的能力，**因为**我们拥有人权，而不是相反。因此，道德直觉，就像我们假定的固有人权知识一样，不是试探性、主观的预感，而是无须获取但始终拥有的客观知识形式。

(c) 在这个意义上，人权的道德认知源于直觉，是“先验的”或“非文化的”。道德认知不是由文化环境塑造，而是独立于文化和人为因素存在。在这种文化环境中，有知识的个体被社会化了。这类关于人权的道德认知是支撑联合国人权委员会起草《世界人权宣言》所做的“那种跨文化判断”的正当理由（Morsink 2009：101-102）。[①]

这些主张都经不起推敲。

补充（a）：也许求助于形而上学是一种焦虑，即道德行为的可能性需要某种道德客观主义。事实上，道德相对主义作为信仰的基础是足够的，这些信仰有能力激励道德行为（并且可以跨越文化、历史和经济的界限）。对每个人来说，无论在哪里，日常生活的各种特征都为人权提供强有力的支撑。想想人一生都依赖他人的关心和认可，身体面临疾病和其他伤害具有永久脆弱性，再想想心理攻击的持续可及性，或反思一个人的自尊和自
49 爱对名誉伤害的持久易感性，人们对关系网以及人际关系调节规范的崩溃所带来的可怕后果毫无抵抗力。大多数人都会承认他们的脆弱性与其他人的相似，并且很可能会接受这样一种观点：如果侵犯某个个体以上任一弱点在道德上是错误的，那么侵犯任何一个个体也是错误的。可以肯定的是，这种思路很难确证，但这并不令人感到难以置信，也不需要对人类同一性进行诡谲的形而上学分析。

补充（b）：形而上学的认识论——声称人权是被发现而不是被创造出来的——没有足够的资源来解决它提出的任何问题。在人的一生中，个体究竟何时能觉知或找回这种“先天知识”？一个人何时开始意识到自己本该一直知道的事情？也许是在母体受孕的时候？但是受精卵没有意识。也许作为一个婴儿？但婴儿并没有表现出人权思想中所体现的道德成熟。青春期吗？青少年很少有深刻的道德洞察力。

---

① 第一章批判了起草委员会所持有的这种观点。

补充（c）：经验观察不支持人权是先验的观点，没有关于非文化或超文化规范的经验证据。所有的规范都可以追溯到特定的文化（而且，经常是多个特定的文化）。规范在文化上有多种嵌入方式。最重要的是，没有任何一个社会、政治或法律规范在世界观方面是中立的。不仅因为这个原因，没有一种规范能被所有文化社区的全体成员毫无异议地接受。也许没有一种规范能够在描述时不带先入之见。

此外，现代人大约从二十万年前进化而来。① 在历史的哪个阶段，这些生物拥有先验知识？或者，如果人类总是先验地知道，那么他们何时在人类学的记录中、在以先验的方式知悉的意义上，变成了“人类”？为什么在超过十九万年的时间里没有这种知识的踪迹，在最后的一万年中也只有零星的踪迹？②

对形而上学同一性的替代性选择我借鉴了齐美尔（1858—1918）关于 50
“从属网络”的论证，我之前介绍过他的观点。这种替代性选择建立在我

---

① 仅限于一种人类。尼安德特人和直立人更为古老。科学家们统计了近千年来的约 20 种原始人。

② 此外，莫辛克无法从形而上学角度证明他对客观、永恒、绝对有约束力的规范的主张。想想他的断言：“当道德直觉正常运行时，会使我们接触到这个目标。我是说……普遍价值领域，‘客观’存在于我们自己的直觉或道德观念之外”（Morsink 2009：104）。他在假定的、非文化的客观价值中发现了“常态”。“常态”是指“使我们与自己的……直觉或对普遍价值观的……道德认知建立起联系”。有人想知道：我们究竟如何建立这样的联系？这种接触的性质是什么？怎么知道我们何时建立了它？鉴于不同的人和不同时代在某种程度上有着不同于其他人（包括其他时代的人）的普遍价值观，谁能以一种对所有参与者（或其他受影响的人）都可信的方式，在相互竞争的普遍直觉中做出判断呢？关乎“我们的道德直觉运行正常”时，问题变得更加尖锐，在莫辛克看来，“对法律的无知不是借口”这句格言转化为一种要求一个人服从内心深处人性良知的呼吁（Morsink 2009：100）。他的论点建立在经不起推敲的形而上学前提下，即为什么“对法律的无知”是站不住脚的。例如，“《世界人权宣言》第 5 条（‘任何人不得遭受酷刑或残暴、不人道或有辱人格的待遇或处罚’）假定确实有明显的酷刑案件和其他形式的不人道待遇违反了这一世界禁忌”——当然，除非做出这一决定的人对“正常的良心被外在或内在的畸形所阻碍或凌驾”（Morsink 2009：111－112）。一切都取决于对“正常”的定义。莫辛克的形而上学观点认为自己提供了非透视的定义。然而，对道德标准的理解只能根植于文化之中，必然具有文化上的独特性。

对社会建构的人权的主张之上，这种人权偶然地具有普遍效力。我采用了一种非常特殊的社会融合政治，即联系密度的**整合**。齐美尔称之为“从属关系”，即在个体社会关系网或网络交叉点上的整合。[1] 在这种说法里，个体并不是分离的、无联系的、自足的存在。但社区也不是统一的、包罗万象的或无所不包的。相反，“社会源于个体”，而个体“源于交往”（Simmel 1964：163）。一方面，群体关系网络是一种新兴的社会结构，是“社会圈子的一种省略化，在这个圈子里，个体创造并维持着一些长期的、许多暂时的和偶然的联系”（Pescosolido and Rubin 2000：70）。另一方面，网络来自“基于某些驱动力和为了某些目的”进行互动的个体，这种互动基于不同的规范或特定的价值观（Levine 1991：1104）。[2]

51 即使是非规范的从属网络也能在道德上整合成员，尽管成员之间存在分歧，也可以做到这一点。值得一提的是，可以将成员纳入（a）个体和（b）群体两个层级。

（a）要理解齐美尔的从属关系意在何指，请参考他关于儿童的例子。孩子被动地与家人或照顾者联系在一起，随着时间的推移，通过选择，他或她会有意识地影响并决定一些联系。这可能需要打破其中的一些联系，比如童年时代的狭窄界限（以及后来的成年生活）。而我认为从属关系是异构的。也就是说，每个从属关系都是由不同个体组成的，这些个体可能永远不会彼此相似。事实上，异质性的增加促进了个性化的增加：孩子越

---

① 对于多重从属关系的观点，一种是个人对极少数机构的完全认同，另一种是他或她对大多数机构的非常弱的认同。

② 齐美尔认为社会结构是由规范构成的，例如个人与社会团体的关系；他所理解的人类的联系是由规范引导的（Simmel 1896）。彼得·布劳（Peter Blau 1964：278-279）将从属关系按其主要功能进行分类，并将每种类型与关键值相关联。有些从属关系倾向于社会一体化（例如家庭、亲属关系或宗教团体），并使价值观念和社会稳定永久化；有些从属关系的目的是保存供生产和分配的社区组织（例如教育机构或经济制度）；还有一些从属关系侧重于资源的部署和协调（例如政治活动）。齐美尔了解到，“通过在个体价值观、规范和制裁之间创造多重拉力”，即“多个群体将个体拉向不同的方向”（Pescosolido and Rubin 2000：57），价值负荷或价值取向的关系也会产生社会问题：“外部和内部冲突是由群体关系的多样性产生的，这会对个人造成心理紧张甚至精神分裂症发作的威胁”（Simmel 1964：141）。

来越个性化，因为他或她越来越多地与他人交往，并与越来越多的其他人交往，包括遥远的他者。个性化是指孩子逐渐从自然或生物意义上的关系（例如与母亲的关系）转移到更多的社会关系中，例如与同事的工作关系。随着时间的推移，他或她越来越多地从“外部”决定的关联——家庭、文化、出生时所用的语言，以及最初的群体关系——转移到可以选择的关联，如职业、配偶、宗教团体、政治倾向等等。后者是由天赋、倾向、活动等实际相似性“相关”起来的组织。由于外部共存而形成的交往越来越被符合内部关联的交往所取代（Simmel 1964：128）。

在某些情况下，这些关联的术语可能非常广泛。例如，他们可能会从社会经济地位延伸到母语和职业。每个从属关系都是个体与他者“汇聚” 52
的点，交集是指某种程度上的共享身份。我们的身份至少部分地取决于团体从属关系，也就是说，取决于每个人独有的组合。①

对于每个所属团体，我们倾向于从以下三个方面或多或少地表现出从属关系。第一，个体“为自己的每一种倾向和努力找到一个共同体”（Simmel 1964：162），“同一个人可以在他所属的不同团体中担任不同级别的职务”（Simmel 1964：151）。第二，我们总是可以对每一个不同的关系或态度设想非常不同的视角。第三，我们的个性在每个人特定的从属关系组合中产生：“个体的特定品质是通过团体的不同组合而延续的，在每种情况下，团体可以是不同的组合”（Simmel 1964：163）。这种特殊组合产生、表达并保持我们的独特性。某个个体的从属关系越多，就越个性化。换句话说，我们每个人都是不同社会网络交叉点独特的文化组合。这种组合构成了我们个性的独特性；某个个体从属关系的数量越多，他的独特性就越强：“属于这些团体中的任何一个，都会给个体留下相当大的回旋余地。但是，某个个体所属的团体越多，其他人就越不可能表现出同样的从属关系，这使得个体与其他个体的从属关系再次‘交汇’”（Simmel 1964：140）。

某个个体的个性化正是通过其广度达到一定的平衡。其可以自力更

---

① 每一件事都有其多方面的属性，同时也包含着许多方面的内涵，因此它实现了自己独特的决定。个体和所属团体之间也有类似的关系（Simmel 1964：140）。

生，同时又可以广泛地联系在一起，而不是以狭隘的方式表现出偏狭的特征。与传统社会相比，复杂的现代社会在职业、政治取向、社会经济阶层方面提供了更大的可能性，而不是种族、民族或性别。

在对从属网络这一概念的解释中，我看到了一种产生共享人权意识的
53 可能，这种意识不需要同一性的形而上学，相关特征是同一个从属关系的成员相互影响或作用的方式。这种影响延伸到了这种或那种从属关系可能形成个体的方式，因此，一个从属关系可能通过同属于两者的个体而影响另一个从属关系。由于个体动机和兴趣的多样性，个体成为某个社会团体的成员，因此有意识地在更高的层次上表达和回报其所“接受”的（Simmel 1964：141）。随着越来越个性化的个体与每一个额外的团体相联系，他或她可能会将其他联系的某些方面带到新的联系中。

当然，人权意识需要特别关注他者。同一性的形而上学假定这样的关注总是存在的。但是，从从属网络的角度来看，更好的个性化可能会使个体不那么片面，更能够将自身置于他者的位置。齐美尔认为，“在天主教活动中被高度歧视的人，往往具有世界主义的信念；偏狭者只从自己有限的视野井蛙式理解人类这样一种总体概念，因为他们对他者缺乏同情心，不能从自身体验到所有人的共同之处”（Simmel 1964：179）。

我将把齐美尔的移情方法扩展到人权意识的概念上。这种意识需要对他者的同情心。尽管演员和受众之间存在差异，移情会逐渐演变为对群体、文化和个体之间某些类型差异的容忍。个体在他或她的关系网络中不需要因身份或道德能力之间的差异而困扰，或者至少不需要为所有这些差异困扰（有些可能在人权领域不被拒绝）。相反，有的个体很可能会因为其中一些差异而变得丰富和充实。如果是这样，那么恰恰是通过他或她与这些人的密切联系而实现的。

促进人权理念发展的要害之处在于个体发现他或她自己处于两个群体的交叉点，而这两个群体彼此之间处于某种紧张状态。某个个体甚至可能“隶属于两个彼此敌对的群体”（Simmel 1964：157）。这样，个体就可能成为从一个群体过渡到另一个群体的桥梁。原则上，有时个体可能作为媒介（携带着他或她从属的一个团体中所拥有的人权）向另一个不致力于
54 人权的团体传播人权思想。

促进人权思想的一种从属形式是团结，其中某个成员的痛苦或焦虑（或知足、满意、欢乐）可被该团体的其他成员感受到。这里可以发展和鼓励一种“人权人格”：一种能够给予（或承认）他者人权而无须援引某些形而上学之“尊严”（我在第四章中提出的方法）的人格。[①] 经由从属而得的团结可以真正关心与人权有关的福利，至少关注一些其他从属网络及其成员的福利。但即使沿着这些路线而达成的团结，也没有假定团体内部有某种不切实际的一致与和谐。毕竟，任何个体的从属关系都同时具有相互联系和“相互分离”的特征。也就是说，某个个体的任何从属关系都具有同一性和差异性。个体与所属团体分享一些事物，但几乎不可能分享所有的事物。例如，一个雇主与其他所有雇主有联系，而且不仅是形式上的联系，很可能与其他公司分享更多的利益。然而雇主之间的关系有时也表现为激烈的竞争，进而影响到公司的特定业务以及一般的商业环境。[②]
通过这种方式，从属网络方法允许团体**内部**的紧张关系。据推测，与人权 55
意识相关的个体也会经历各种内部紧张，包括对人权的理解（比如主要是个体权利而不是群体权利，或者更多的是政治权利而不是经济权利）。

（b）这种非形而上学的方法具有一种独特的认知品质：从属关系在一定程度上是一种精神行为、意识行为。个人的身份及融入社会的过程，也是有意识的行为。人类尽管有差异，但总是通过这样的行为联系在一起。在差异的海洋中，一些意识行为可能会发现主体之间的共同点。马克

① 至少与齐美尔在“荣誉”一词中所讨论的类似：“（基于利益的）联合体在多大程度上形成了一个紧密联系的团体，可以根据这样一个群体是否以及在多大程度上感到当任何成员受到侮辱或被剥夺荣誉时，群体的荣誉就会被削弱。在这个意义上，联合体具有集体荣誉感，其变化反映在每个成员的荣誉感中”（Simmel 1964：163）。

② 齐美尔将这种关系描述为“内在矛盾或紧张：一个群体内多个群体关联的典型例子是在其他方面表现出团结的人之间的竞争。一方面，商人共同组成了一个拥有大量共同利益的群体：关于经济政策问题的立法、商业的社会声望、商业利益的代表、联合行动是为了对抗普通大众，以维持一定的价格等。所有这些都与商业世界息息相关，让其他人觉得商人是一个统一的群体。另一方面，每个商人都与许多其他商人竞争。进入这个职业为其创造了联系和隔离、平等和特殊化。通过与那些为了共同利益而必须经常紧密团结的人最激烈的竞争来追求自己的利益”（Simmel 1964：155）。

思用他的阶级意识概念说明了这一点。对于工薪阶层，每个成员所做的具体工作是无关紧要的；重要的是除了出卖劳动力之外，再没有其他东西可出卖。对于那些拥有生产资料的人来说情况完全不同，这里重要的是购买劳动力而不是出售劳动力。每个阶级的个体成员在一定程度上由其与资本之间共享的特定关系来定义。但与马克思不同的是，齐美尔并没有将社会行动者缩小为社会经济群体中的成员。例如，当他谈到工薪阶层成员的“单一社会意识”时，意图远不止马克思所说的“阶级意识”。他从单个个体的多重从属关系中挑选出一种特殊的社会经济关系，专注于一种意识，但只是作为许多同时存在的意识中的一种，没有比其他意识更优先。①

对从属关系的认识尤其与沿人权路线产生的团结有关。除了这一特定
56 的维度之外，从属关系不要求成员之间的任何特定身份。在其他维度上，群体中的每个成员都可能与其他成员非常不同。人们通过**差异性**而不是同一性联系在一起，这种差异性并不排除或破坏群体的同一性或团结。群体可以是人权团体，一个具有共同人权意识的团体。这样一个群体仍然有可能在不同的主体之间以不同的方式建立起联系。一方面，“当某个个体加入一个社会群体时，就会屈服于它”。这种主观联系综合创造了一个客观意义上的群体。另一方面，每个成员也“重新获得了他的个性，因为他的参与模式是独特的。因此，多群体参与的事实反过来创造了一个新的主观要件”（Simmel 1964：141）。因为成员永远不会停止成为一个独特的个体，与此同时仍然可以通过“不受个人喜好影响的手段来达到客观的目的”，与其他个体合作（Giddens 1990：20），不断地在同一性和差异性之间移动。

虽然形而上学的同一性否认了人权倡导者之间深刻而持久的分歧，但我将这些分歧纳入对人权共同体的描述中。例如，一些从属关系可能会激发人们去寻找其他能起到“补偿”作用的从属关系，因为个体“既与他人

① “雇佣劳工的团结体现了一个群体的普遍社会意识。这种社会意识特别有趣，因为它以高度抽象为前提，超越了个人和群体的特殊性。无论工人个体的工作是什么，制造大炮还是玩具，为工资而工作这一事实使其加入了以同样方式获得工资的群体。所有雇佣劳工与资本的关系都是完全相同的，这构成了决定性因素，即在最多样化的活动中，雇佣劳动处于相似的状态”（Simmel 1964：172）。

惺惺相惜、步调一致，也与他人对抗”（Simmel 1964：155）。① 一些从属关系可能会为当前的公共身份和私人身份提供替代方案。特别令人感兴趣的是包括以人权为导向的信仰和行为在内的其他选择，尤其是当这些信仰和行为与个体的社会环境或整个群体的历史相抵触时。② 在这里，我们拥有从属网络的批判能力。因为如果个体置身“许多群体‘汇聚’之处”（Simmel 1964：141），那么他或她的道德人格可能会受各方的限制，但即便如此也只是部分地受到限制。在某种程度上，个体可能会因任何原因或 57
动机（包括接受人权理念）而挑战、重组甚至创造新的安排。

两种政治潜力

我的方法的政治潜力依赖于地方效力，即规范性地方主义。它为规范性普遍主义提供了可替代的选择——例如，在“人权指向一个只有在其中才能获得实现的普遍共同体”的主张中得到了体现（Moltmann 1977：135）。人权理念可能确实指向某种普遍的共同体，但规范性地方主义并没有指出普遍的共同体是接受和实践人权的必要条件。它至多指出普遍的共同体是人权理念的逻辑蕴涵或者可以建构一个普遍的共同体。③ 诚然，这样的建构并非易事，但在逻辑或经验上并非毫无可能。无论如何，我相信在当地实现人权的可能性，即使只是在某些地区和某些时候。作为一个实

① 例如，“一个人需要更清晰的表达和更明确的个性发展，这迫使他选择特定的群体。从这种结合中，个体获得了最大的个性——某个群体为其提供了社会化机会，另一个群体则为其提供了竞争机会。因此，一个竞争激烈的群体的成员会很乐意尽可能多地寻找缺乏竞争的其他群体”（Simmel 1964：156）。

② 一些实证研究（与人权主题无关）支持这一观点，即“网络结构为公共身份和私人身份提供了替代品”（Pescosolido and Rubin 2000：54）。

③ 同样的观点也可以用来反驳莫辛克对人权社会建构主义方法的批评：“建构主义者……有理由认为，在极端平等主义的现代之前，个人拥有的权利基于其所在社会政治等级中的特定位置。在他们看来，每个时代都可以自由地建构自己的正义理论，以符合其所处时代的道德直觉。这些古老的建构中有较好的，但没有最好的，因为没有跨越时代和文化的道德直觉或争论”（Morsink 2009：145）。但是优先级可以被社会建构，就像没有形而上学的普遍共同体可以被建构一样。

际问题，有限条件下的人权可能是目前倡导人权最有可能的结果。从属网络模型能够产生越来越多的联系，是实现这一长期目标的方法之一，其政治潜力就在于此。现实的手段不需要集体认同作为接受人权的条件，不需要形而上学来提供任何类型或程度的同一性，也不把所有假定的道德身份解释为普遍有效的先验规范的基础。从属网络模型试图表明，人与人之间
58 的差异不一定会排除或破坏这种关系，而这种从属关系可能会鼓励人们接受人权。让我们考虑一下齐美尔提供的例证：

> 道德生活与宗教息息相关。对于个体来说，宗教是唯一的，另外一种宗教是不可能的。他把自己的道德信念建立在宗教的特别戒律之上。随后，经验可能使其相信，其他个体的道德劝说和他自己的一样真实且有价值，但却是完全不同的宗教思想产物。只有在极少数情况下，他才可能得出这样的结论：道德只与一般的宗教情绪有关。也就是说，道德只与宗教情绪有关。这种宗教情绪是所有宗教的共同点。他更有可能得出一个更深远的结论：道德与宗教完全无关。在此基础上，他将得出这样的观点：道德是自主的。他不会将道德与一般宗教的残余概念联系起来，这在逻辑上是同样合理的(Simmel 1964：187)。

齐美尔想象的那种从属关系可能是社会团结式的，包括与遥远的他者之间的团结。团结一致的工作将是一项永久性的任务，每天都要重新开始。[①] 有了“作为日常政治活动的团结”这个想法，我提供了一个独特的选择，以取代形而上学预先设定的同一性概念（如“人人固有尊严”，或“仅凭人性每个人皆可得固有权利”）。在这里，我们从形而上学中剥离了同一性，因为它是世俗的、司空见惯的、参与性的。原则上，这些人工制品可以由任何人，在任何地点、任何时间建构，也可以由任何人、任何团体、任何文化共享、传输和复制。人权可以沿个体的政治生活和社会

---

① 这是一个与纯粹的国内团结情况截然不同的概念。政治共同体将一再重新产生厄恩斯特·雷南（Ernst Renan 1882）所言的集体特征：作为“每日公民投票”(daily plebiscite) 的“公民投票”(plébiscite de tous les jours)。因此，身份是一种政治产物，需要共同体成员不断重申，否则就会失去。

生活两个维度作为普通人日常生活的一部分。(a) 第一个维度：个体在政治团体中的成员资格，这关系到他或她可以根据个体的尊严要求获得人权的地位。(b) 第二个维度：个体之间的日常互动，加强主体对彼此尊严的尊重和承认。我拓展了这两个维度，并使用哈贝马斯最近的成果 59
辅助论证。

(a) 哈贝马斯设想人的尊严是一种“枢纽”。通过它，“平等主义和普遍主义的道德实体被引入法律”。人的尊严是“将平等尊重每一个人的**道德**与积极的法律、民主的立法联系起来的概念枢纽，通过这种方式，它们之间的相互作用可以产生建立在人权基础上的政治秩序”(Habermas 2010：469)。“平等尊重每个人的**道德承诺**”需要如“在**法定货币**中得到兑现”那样令人信服（Habermas 2010：470)。毕竟，除非诸如人权之类的道德主张以“可强制执行的主观权利”的形式出现，否则是无效的。这些主观权利是特定的、被赋予的自由权利和权利要求。这种特定的自由权利和权利要求“在判决中**逐案规定**”并“在违反的情况下强制执行”(Habermas 2010：470)。但我发现哈贝马斯的以下论述缺乏说服力。他认为只有通过“民主立法”才能阐明这种道德主张的具体条款。只有如此，人权才能“以有效民权的有力形式成为政治现实”(Habermas 2010：470)。这一观点使人权与民主共存，将人权视为自由宪政国家以民权立法方式通过民主程序制定的权利。

可以肯定的是，就民主国家大多数公民享有健全的公民权利而言，他们可能享有多种人权——如果这里的人权被理解为所谓的“第一波浪潮”，即个体的**公民和政治权利**，区别于第二波**群体**权利或第三波**经济**权利。但是民主国家只占世界民族国家的一小部分，因此哈贝马斯的人权观对世界上大多数人来说并不适用。如果每位公民都承认其他公民所拥有的尊严，那么所有公民“被视为具有平等可诉权利的主体”这一愿望可能会如愿以偿（Habermas 2010：472)。但是，要使人权得到更广泛的承认并最终被全球接受，需要达成一种“平等尊重每个人的道德”的共识，这在非民主的政治秩序中尤甚（Habermas 2010：472)。

尽管民主秩序比其他秩序更可能将其成员视为具有平等可诉权利的

60 主体，但它并不是唯一能够如此的秩序。① 至少在一些非民主秩序中，从属网络的方法同样可以。因为在大多数情况下，从属网络并不以政治从属为基础。即使是那些以政治为基础的从属网络，也无须特别地建立在**民主**的基础上。这里所理解的社会团结是在狭义上承认他人的人权（包括我在第四章中所提倡的自我赋权）。它可以采取许多不同的形式，而不仅仅是民主形式。

(b) 看似不可能的是，“内在化、合乎情理、以个人良心为基础的道德”可以与“为非民主统治者、精英和政府服务”的“强制性、积极、已生效的法律”相结合（Habermas 2010：470）。更重要的是，它可以建立在宪政国家框架之外。以我在上文中提出的人类尊严的非形而上学概念来考虑人权。② 哈贝马斯认为，人的尊严作为现代**法律**概念，“与公民在**自我创造**的政治秩序中的地位有关”（Habermas 2010：473）。我的反驳意见是：人的尊严可以与个体在共同生成的互动网络中所具有的地位相联系，也可以在许多方面或不同程度上联系，甚至远远超越政治秩序。我同意哈贝马斯的如下观点：“作为接受者，公民乐享那些保护其尊严的权利”，但我不同意他进一步的主张，即“只有作为建立和维护以人权为基础的政治秩序的剧作者”、首先团结起来的公民才能享有这些权利（Habermas 2010：473）。我不同意哈贝马斯用“**只有**”这一术语来做限制。本章认为，公民也可以通过日常互动的从属网络来享有这些权利。其中一些互动可能会发展成相互尊重，从而使其他人自由地接受人权。这种方法也许不能在世界所有的政治团体中都实现，但也不仅仅在民主国家才可能实现。

简而言之，形而上学设想的人的尊严不将人权视为人的本体论特征。
61 人权是一种社会建构，我们不可能有那种先验的认识。如果我们要求从形而上学的角度来认识有限的人权，就意味着对人权的构成过于苛求。人权

---

① 哈贝马斯呼吁将“国家边界之外的集体政治身份”扩展到“世界宪政社会的多级全球体系”（Habermas 2010：475，n. 21）。但是这种方法并不能解决大多数政治的非民主性质所带来的问题。

② 在前文第 39 页“作为政治成就的尊严”中，我提出作为政治成就的尊严来代替形而上学的尊严。

共同体不要求其成员彼此具有形而上学的同一性，因为人权可以是政治性的，而且是建立在自然主义基础之上的。

基于前两章的批判，我将在第三章中论述我的观点，即世俗的、政治的、本土有效的人权。

第三章　从本土规范中生成普遍的人权

62 在前几章中，我根据普遍有效的人权概念，预先确定和分析了若干问题。我认为，部分问题在于作者们**如何**试图确立一种最为雄心勃勃的形式使那种可想象的道德权威得以呈现。第一章指出了神学路径所固有的问题；第二章描绘了形而上学孜孜以求的本质。尽管它们有许多不同之处，神学和形而上学的方法都援引了超脱凡俗的来源。在这一章中，我致力于阐明替代上述两种方法的观点——一种完全世俗化、基于人权接受者自身的选择。因此，相关规范是有效的，因为它们由接受者创作。最终普遍有效的人权将是全球无限多样的共同体自身的产物，每个共同体都为自己制定了最初在当地有效的人权规范。我将在后文第三部分展示人权可能在当地得到有效推进的方式，这一方式使其有效性越来越普遍，这种普遍有效不是先验的，而是由普通人在其共同体中取得的。

神学和形而上学的方法可能会反驳我的选择不能使人权普遍有效，而只能使人权具有特殊性和狭隘性，因为那样的权利还不能上升到**人权**的水平。这两种理论的持有者可能会说，非普遍的规范无法发挥人权的作用。奇怪的是，这样的批评家们会从一个既非神学也非形而上学的观点中找到意想不到的支持：人类学。这并不是说人类学先验地寻求普遍有效的规范，它并非如此。恰恰相反，人类学或者至少是人类学中的重要分支认为地方规范不太可能适用于地方之外，当然也不可能具有普遍的适用性——除非它们在“文化帝国主义”的行为（一种信仰体系对另一种信仰体系的强行替代）中得以强制实施。

63 人类学家对文化差异问题特别敏感。他们唤起人们对实践的关注，许多观察家认为这些实践尤其是在非西方社会的实践，是不公平的。即使出于无意，一些人类学研究也招致了外部人士的含蓄批评，这些外部人士旨在保护那些被他们视为受害者的人。通过“将攻击性行为呈现在其完整的文化语境之中”，人类学家可能会揭示出这种行为“在其显性或声称的功能之外的潜在功能”，从而“提供有关如何控制或预防这种行为的有价值的信息”（Salmon 1997：61）。诚然，人类学家必须遵守职业行为准则。如果以人类为研究对象，他们有义务公开赞助者、研究目标和方法，以及保密程度；如果以物质文化为研究对象，他们则应当尽其所能地进行保存和维护。作为个体，人类学家可能感到自己不仅受到制度化规范的约束，而且也受到自身信念的约束，这些信念包括拒绝滥用其研究对象和拒绝殖民式地对待人类文明遗产等。

作为一种信仰体系，社会科学，特别是人类学，被认为是普遍有效的。社会科学是一种文化建构，对其他文化产物具有普遍的合理性。因为文化是人造之物，起源总是特定的：产物是特定群体在特定时间、特定地点的作品。许多文化表达只在当地可行，因此大多数都是相对有效的。文化相对主义包含道德相对主义。道德相对主义虽然在经验上是可信的，然而一旦涉及群体和个体的权利与义务，很容易引发政治和社会上的问题。与所有社会科学一样，人类学在面对文化规范的正面特征时，也要与相对主义做斗争。人类学家认为他人的信仰、实践、传统和物质文化具有内在的趣味性和价值，因而提倡尊重这一切。他们在道德上关心从文化和社会中所观察到的一切，然而有时还会被其发现的东西所排斥。六十多年前，当联合国倡导的普世人权与美国人类学协会解释的文化帝国主义发生冲突时，这种互斥得到了惊人的体现。当联合国在1947年起草《世界人权宣言》时，美国人类学协会——一个专业的致力于研究深刻而持久的文化差异的组织——拒斥那种能够跨越所有文化
界限的权利概念。因此，它设法劝阻起草委员会：“拟议的宣言如何适 64
用于所有人而不成为只根据西欧和美洲国家普遍存在的价值观念所设想的权利声明?”毕竟，“在一个社会中被认为是一项人权的东西，可能会被另一个人视为反社会的，或者被同一个人在其不同历史时期视为反社会的”①。

---

① AAA（1947：539，542）。

这种劝阻建立在两种假设和一种前提之上。假设：任何权利主张都必然是一种文化主张；文化“有效性”只能是局部的，因为没有一个单一的文化体系能被普遍地接受。① 前提：如果所有的权利都是文化建构，那么没有任何权利是文化无涉的。至少美国人类学协会在1947年是这么认为的。50多年之后，它改变了立场。它宣称，不论来自何种文化，每个个体作为人类一员都确实拥有某种普遍的权利，完全可以不考虑文化之间的差异，虽然这些差异是如此引人注目，以至于足以证明将文化人类学单独作为一门学科是多么正确。② 然而，美国人类学协会的声明并没有解释为什么所有人都拥有普遍的人权，也没有解释为什么1947年时它会认为联合国起草的《世界人权宣言》观点是错误的；无法告诉人类学家“他们的责任是否只是描述某种行为并将其置于文化背景之中，他们是否有义务保护某种行为不受外来干扰，或者他们是否应该帮助终止某种行为”；也不知道“他们是否同样必须考虑与自身文化成员合作的责任，这些成员正试图以侵犯人权为理由终止某种行为”（Salmon 1997：57）。美国人类学协会只是宣称这一切都依然不仅是一种哲学和法律难题，而且是一种政治难题，至少对人权倡导者而言确实如此。

社会科学和人文科学的解释试图为非特质的主张辩护：如果没有价值无涉的领域，那么即使是经过最严格审查的社会科学知识，有效性又能如
65 何呢?如果无法理解人类行为的道德中立或价值无涉，那么作为一种文化存在，我们对自己真正了解多少呢？同样的困惑也出现在法律实践和法理学中：在寻求法律公正的过程中，鉴于解释法律规则和其他规范的必要性，以及解释在其可能的有效性上是透视的，公正是否可能仅仅作为一种相对有效的东西而存在？如果是这样，当一项权利与另一项权利发生冲突时，我们应该如何公正地裁决？

政治难题源于这样一种论断，即人权只能是一个具有文化独特性的个体道德价值的愿景；还源于另外一种论断，即人权只能是对道德参数的一

① 我说的有效是指，在一种文化中，确立了一种思想、信仰或实践，而其成员在不同程度上认同这种思想、信仰或实践。

② AAA（1999）。

种特定裁定，它限制了政治团体对待个人的方式。① 问题在于，正如人们普遍理解的那样，人权概念本身就意味着一种普遍有效的主张，那么一个共同体如何只在当地实现文化建构的普遍有效性？可以肯定的是，不是通过胁迫：强制实施人权将与人权的理念相矛盾。那么，究竟应当如何理解？如何行事？对于这些困惑，我的回答有三点：（1）当地有效的人权可能是“相对稀薄的”主张；（2）具有临界潜力；（3）它们可以促进一个社会的自我表达，从而容许以文化帝国主义力所不逮的方式实现文化多样性。

排他主义：浓厚的与稀薄的

“人权”的概念引发了对普遍有效性的要求。但是，一个普遍有效的东西怎么变成了一个阐释性问题呢？作为文化产物，人权究竟可以是什么？我认为，关键在于“普遍有效性”的概念，不是先验的，而是偶然的，最初只是局部有效，随着时间的推移可以成为某种共识。一种局部有效的规范可以从“浓厚的”变成“稀薄的”，从而生成某种共识。②浓厚的规范和稀薄的规范都可以通过法律体系的编纂和执行，两者都为提倡某些特定的行为、信仰以及谴责其他行为和信仰提供了参考点。但是，稀薄的规 66
范可以广泛推广，而浓厚的规范则不然。如果将其推广到其他人身上，浓厚的规范会在完整性和自我理解方面侵犯身份认同、共同体和生活方式。侵犯就是所谓的“文化帝国主义”：一种信仰体系对另一种信仰体系的强行干涉。

鉴于这一区别，让我们回到半个世纪前联合国人权委员会和美国人类学协会之间的争端，一场以“人权恶性循环”形式出现的争端。一方面，强行干涉本身是实现传统人权概念提出的普遍有效性的一种手段。毕竟，如果人权不能对所有人都有效，而需要我们从“人类”或“人性”这样的限定语来理解的话，那么那些人权就不是**“人类”**的权利。那种理解认

① 在一个由公民组成的单一民族国家里，“人权”与“公民权利”的区别在于，前者即使对那些拥护它们的人来说也有着特殊的文化内涵，适用于每个个体，无论是公民、游客、难民还是无国籍人士。

② 对于“浓厚的规范”与“稀薄的规范”的一般理论，请参阅格雷格（Gregg 2003b）的著述。

为：如果人权的概念被许多共同体拒绝，或者被许多人以错误的方式理解，那么武力干涉似乎是实现人权传播的必要手段，尽管这是不幸的。与之不同，作为社会建构的人权必须在当地有效，至少从一开始是这样。把它们视为普遍有效的先验，就是以一种破坏性方式强行推进人权事业。把人权视为严格的规范，意味着一种强制手段，强行消除一切不一致。

我力图打破这一僵局，尝试将普遍有效性视为一种被广泛但只**偶然**接受的情况。**最终**普遍有效的规范可以从最初仅在当地有效的特定文化和实践中派生出来。从相对浓厚的地方规范中，我们可以析出相对稀薄的人权。这样解释的人权是可以推广的，超越了地方起源，但并不具有强制性。它们一开始是地方性规范的问题，其有效性可能超越地方性的规范，但不是立即具有普遍性。[①] 人权既不是被发现也不是被揭示，而是可以从深层的文化特殊性中抽离出来进行社会建构，即使它们自身在文化上是特殊的。[②] 不能完全摆脱特殊主义既不会使我们深陷其中，也不妨碍我们就这一套或那一套特定的规范达成一致。

67 我认为，相对稀薄的人权可以源于浓厚的地方规范：稀薄的可以源自浓厚的，也就是说，当地有效的浓厚规范（无论是公民、政治、经济、社会还是文化）可以变得稀薄，或者至少较稀薄些。[③] 这种从浓厚到稀薄的过程不太可能是线性的，而很可能是一串串短期或长远的目标之间的相互

---

① 人权可能涉及文化帝国主义方面的主张（参见 Bell 1996；Ghai 1994；Kennedy 2004；Mutua 1996；Rajagopal 2003）并不新奇；我将人权视为某种稀薄规范的主张则是全新的。

② 亨利·舒（Shue 1980：178，n. 13）提出了一种可能被认为是比较稀薄的人权文化，即“基本人权”。他假定普遍的安全、生存和自由是基本权利，没有这些权利，就不可能有其他的权利。这一概念在规范意义上是稀薄的，因为它规定了可能构成一个特定人权制度的大量次要权利条件（即三项基本权利）。但它不能一一罗列这些次要权利本身。

③ 实现人权的路径并非仅限于我提出的这一方式。但它并没有说要获得某种人权，必须首先预设某种“理想化”的规范，然后进行概念化或实证化，最后“实现”制度化（Drzewicki 1995：172；Eide 1999：602-604；Donnelly 2003：§6.4）。或者说某种规范经历了一个“逐步精确的进程，从一个广泛的、相当抽象的概念或理想开始——例如公平审判或社会保险——进而转化为更详尽的概念，最终获得精确的制度形式（包括但不限于被理解为可诉的‘实证化’）”（Donnelly 2007：49）。

作用。也就是说，各式各样的目标逐步得到实现。一方面，这些主张是非可诉的。它们之间的相互作用引导和矫正了政治与社会的发展趋势；另一方面，这些主张又是可诉的。由此产生的人权更有可能激励人们接受植根于当地文化和政治土壤的人权。

在尝试这个推导之前，我澄清三点。第一，文化和政治共同体不是同质实体。所有的文化和政治共同体都面对各式各样的内在紧张、分歧和矛盾（为了减少我分析的复杂性，暂不考虑这些）。第二，浓厚的规范并不限定于任何特定文化，而是存在于所有的文化之中。① 例如，它们并不携带特别的西方或非西方印记。第三，所谓“人权”，我指的不仅仅是美国和法国革命中显著倡导的自由个体的权利。1776 年和 1789 年的宣言都提出了人权是个体公民权利和政治权利的概念。② 这些权利现在常被称为人

① 即使人权像一些人认为的那样，是西方特有的产物。但确切地说，西方人权活动者多年来一直在为没有被代表的人争取权利（通过选举、言论自由等）。对人权的帝国主义指控通常由非西方政府精英提出，他们支持每一个政治团体自身不受外国侵略、统治和占领的权利，以及不受那些非本地的、多余的政治信仰、价值观和实践影响的权利。

② 公民权利和政治权利在 1776 年的《独立宣言》（美国）、1789 年的《人权宣言》（法国）以及美国宪法的某些修正案（特别是 1868 年的《权利法案》和《第十四修正案》）中都得到了体现。这些权利创造了一个与国家相对的个人自治领域：不仅享有私有财产权，而且享有个人的生命、自由和身体完整的权利；信仰和表达自由，通信、集会和行动的自由；免于被任意拘留和逮捕的权利。这些不同的权利加在一起，构成了所有公民在种族、性别、语言、宗教和国籍方面广泛享有法律平等的权利。1948 年，联合国大会全体会议通过《世界人权宣言》。前 23 条确认了 18 世纪革命所取得的许多公民权利和政治权利：平等；非歧视原则；生命、自由和安全；禁止奴役；禁止酷刑或有辱人格的待遇；在任何地方都有权享有法律人格；法律面前人人平等；当宪法和法律赋予的基本权利遭受侵害时，任何人有权要求合格的国家法庭对这种侵害行为进行有效补救；禁止任意逮捕、拘禁或放逐；凡受刑事控告者，在未经公开审判和依法证实有罪以前，有权被视为无罪（无罪推定）；任何人的私生活、家庭、住宅和通信不得被任意干涉，其荣誉和名誉不得被攻击；在各国境内人人有权自由迁徙和居住；人人有权离开任何国家（包括其本国在内），并有权返回；人人有权在其他国家寻求和享受庇护以避免被迫害；人人有权享有国籍；不得任意剥夺任何人的国籍，亦不得否认其改变国籍的权利；成年男女有权婚嫁和成立家庭，不受种族、国籍或宗教的任何限制，结婚期间或解除婚约时，应有平等的权利；人人有单独及共有的财产所有权；不得任意剥夺任何人的财产；人人有思想、良心和宗教自由的权利；人人有权享有发表意见的自由；人人有权享有和平集会和结社的自由；人人有直接或通过自由选择的代表参与本国治理的权利；等等。

权思想史上的“第一波”或“第一代”。紧随其后的是所谓的“第二代”
68 人权思想，在 19 世纪最后几十年和 20 世纪最初几十年里，这些思想催生了各种社会主义者和劳工运动。① 第二次世界大战之后，与非殖民化相伴出现了“第三波”人权思想：集体权利，如共同体获得社会经济发展、安全环境的权利（例如，不受疟疾或暴力影响）或政治和文化自决的权利。② 第一波人权思想并不是唯一被西方首肯的一类。美国承认第一波，也承认第二波人权思想的一部分；欧盟承认第一波，但更多地承认第二波人权思想。但是，今天没有一个国家完全承认第三波人权思想，也没有一个国家承认这三个都是同样真实的人权。此外，没有人把经济、社会和文化权利视为立即可执行的国内法，尽管有些人把它们视为指导公共政策的
69 规范。这种“不承认”阻碍了人权的实现，因为公民、政治、经济、社会和文化权利可能是相互依存，甚至是不可分割的。毕竟，人权概念是立体的、多维的。比如，人人享有基本平等的权利，涉及从多向度摆脱压迫的自由：政治、经济、文化，等等。③ 同样，出于降低复杂性的原因，我将

---

① 我指的是经济和社会权利，包括就业、住房、获得食物和各种福利（例如失业保险、医疗保健和教育）。《世界人权宣言》有 5 条论及上述权利：社会保障；人人有权工作、自由选择职业、享受公正和合适的工作条件并拥有免于失业的保障；人人有为维护其利益而组织和参加工会的权利；人人有享受休息和闲暇的权利；人人有权享受维持本人和家属的健康和福利所需的生活水准；人人有受教育的权利，教育应当免费，至少在初级和基本阶段应如此。如果说“第一波人权”把个人从公共暴政中解放出来（例如国家的压迫），那么“第二波人权”将保护个人不受私人暴政的侵害，特别是不受市场经济变幻无常的侵害。

② 《世界人权宣言》包括如下两种权利：其一，人人有权自由参加社会文化生活、享受艺术，并共享科学进步及其产生的福利。其二，人人对社会负有义务，因为只有在社会中、人的个性才可能得到自由和充分的发展。其他国际文书宣布增加集体权利，包括各国人民的自决（1945 年《联合国宪章》，1976 年《公民权利和政治权利国际公约》，1976 年《经济、社会和文化权利国际公约》），1960 年反殖民斗争的合法性（《给予殖民地国家和人民独立宣言》），以及免于种族灭绝的自由（1949 年《防止及惩治灭绝种族罪公约》）。

③ 人的道德存在的多维政治与默顿（Merton 1973：129）所捕捉到的人权认识论的多维性是一致的：“我们不再追问是内部人士还是外部人士拥有获取社会知识的垄断性特权；相反，我们开始考虑他们在寻求真理的过程中所扮演的独特角色。”一方面，观察者或局外人的观点并不优于参与者或局内人的观点；另一方面，一个人不需要“成为恺撒才能了解恺撒”（依据 Georg Simmel and Max Weber；参见 Runciman 1978：66）。

不再赘述这一点。

人权何以是一种文化特殊主义？通常只有相对效度的文化特殊主义是浓厚的，因为它只有局部效力，视野越宽广，就会变得越稀薄。如果它能变得特别稀薄，就可能受到全世界的欢迎。就人权而言，这种程度的接纳将是由多个政治团体进行的偶然建构，每个政治团体都有自己的局部规范。稀薄的局部规范可能在许多方面是一致的，一些局部规范可能会发展成为人权规范，就像它们被“稀释了”似的。有些可能需要以规范性的稀薄重新进行阐释，另外一些可能需要从规范性稀薄的维度去揭示其中蕴含的人权规范。

如果人权被视为一种规范的特殊主义，那么人权事业的任务就是在大不相同的文化和政治背景下就人权问题达成一致，尽力让所倡导的权利能恰如其分地适应各方的差别、特点和偏好。也就是说，人权的文化特殊性需要与目标群体的文化特殊性相协调。相协调意味着将规范性的稀薄作为一种特殊主义来追求，这种特殊主义成为一种（a）文化因而（b）不再狭隘。我的目标就是在这个意义上建构人权。

（a）浓厚的规范是文化特殊性（稀薄的规范本身当然也是，但它们比浓厚的规范传播得更好），但并非所有的特殊主义都均等地“特殊”。虽然稀薄的规范可以从浓厚的规范中提取出来，但浓厚的规范很难建立在稀薄的规范之上。注意这里明确的指向性：稀薄的规范可能会从浓厚的规范中获得支持，但是浓厚的规范不能绑定这一支持。的确，一些稀薄的规范可以从浓厚的规范中提取出来，但是它们不能一去不复返地远离浓厚的规 70
范。此外，一些稀薄的规范可以容纳一些浓厚的规范。程序主义就是这样一种稀薄的规范：它预设参与者的自由和平等，以及一个相对没有系统性排斥、恐惧、暴力环境和那些可能会破坏参与的主从关系。它是道德意义上的极简主义，甚至是非道德的，因为它不需要特定的结果。像国际特赦组织（Amnesty International）就提供了一个道德极简主义的个案，它呼吁一个专制政权释放某些政治犯，而不要求该政权接受其包容性的世界观。战略上的成功正是基于这种道德上的极简主义。

然而，一个又一个浓厚的规范可能会发展成一些稀薄的规范。在践行方面，一旦承认信仰某种宗教的自由，也有可能承认信仰所有宗教的自由：对**某个**宗教团体信仰自由的承认可以演变成对**任何**宗教团体信仰自由的承认。同样，一项“承认除妇女外所有男子都是人类一员”的规范，一旦赞同平等这一概念，就有可能承认男女都是“人类”。

从这个意义上说，在大多数特定的文化中，人权意识都是潜在的——如果人权观念本身可以被理解为一种文化上的特殊主义，但它是一种相对稀薄的规范，以及如果许多较浓厚的规范可以发展成较稀薄的替代品。特定的文化有特定的习俗、历史和记忆，也有非常特殊的社会公益概念。在这个意义上，“人性”的概念（把所有人类个体都考虑在内）并不是特定的。它也相对地稀薄。毕竟，即使每个人都已深深融入排他主义的规范，也依然是人性的一部分。人性的概念是一种文化产物，但相比西方文学、伊斯兰法理学或儒家哲学等的文化产物，人性的概念通常更稀薄，因此也更具包容性。

同时，某个团体的成员也总可能是另一团体的成员。人类物种的每个成员都融入种种特定的文化，即便没有全球性的文化，这些文化也可能都是浓厚的。一种浓厚的人权文化可以通过自愿接受来传播，但这似乎极不可能，因为这需要对世界文化和共同体进行广泛的同质化。即使倡导相对
71 稀薄的人权的人，也可能拒绝将地理区域及其居民缩小到单一的或内部无差异的文化、宗教或心理状态。同质化与其说促进人权，不如说破坏人权，因为被剥夺各种形式身份（包括文化身份）的人因此被剥夺了行使权利的能力。我在后面几页将阐述这一论点，在那里我提倡自我呈现和文化自决的人权。

(b) 人权文化虽然是稀薄的规范，但仍然是一种文化特殊主义。文化特殊性本身并不一定会挫败世界主义的目标。即使不同的文化理解有其各自的特殊性，也无法免除各自的偏颇和相互指责。正如爱德华·萨义德（Edward Said）所说：“东方主义的答案不是西方主义。学习某种新型的‘东方人’或‘西方人’，……没有一个昔日的‘东方人’会因为自己这样的努力而得到安慰”（Said 1994：328）。一个“昔日的东方人”可以克制自己不让他人（包括征服者）受他或她所屈服的事物的影响。也就是说，即使所有可能的观点在某种程度上都是以民族为中心的，那些可以变得不那么以民族为中心的观点最终可能发展成非狭隘的特殊主义。

一些超验的元观点不可能允许对两个或更多不同的观点进行完全非民族中心主义比较。然而，**如果**特殊主义可以是非地方性的，这种比较就没有必要，而且不太以民族为中心的观点可以是非地方性的，这样的观点不会也无须**普遍**有效。它作为规范性稀薄的人权文化的有效性可以溢出地方边界，这就足够了。公正的核心是互惠思想。在这个意义上，也许没有一种文化不包含一些与人权相适应的因素，因为所有文化都对人类的苦难敏感。此外，没有一种文化会让其成员对他人遭受的情感和身体伤害完全无动于衷。人权的受害者“通常对自己的遭遇感到愤怒”，而且“很少会承认：因为这种行为在其国家很常见，所以施暴者的行为是得当的”（Scanlon 1979：88）。

正如我之前所说，并不是所有特殊性都是均等的。即使作为一种特殊主义，人权思想也可以超越狭隘，因为与民族主义、资本主义或民主——这三个是最强大的现代性现象，每一个都有某种特定的文化根源——不同，人权思想实际上不是对特定历史时期的特定偶发事件做出的反应。

稀薄的规范如何可能既不囿于局部性又稍逊于普遍性呢？人权的特殊 72
文化根源及文化嵌入性不需要排除其最终获得的超越地方的有效性，甚至普遍有效性（再次强调，这是一种经验上可以观察到的、历史上偶然的，而不是先验的事物）。从浓厚到稀薄的过程是开放的，没有边界。也就是说，一些特定的文化规范可以变得不那么浓厚，越来越薄，或者变得越来越不狭隘、越来越世界性。而它们之所以能够如此，并不是以某种“绝对的稀薄”“完全的世界主义”为终极目标，也不以完全没有特殊主义为终点（无论如何，这些终点是令人怀疑的一致性概念）。动态工作没有固定、完美的终点，它总是务实的，从不是柏拉图式的。正如迈克尔·沃尔泽（Michael Walzer）所说，这一过程是开放的，即建筑师们“循环往复的活动”，他们的目标不是设计“完美”的建筑，从而使所有未来的建筑变得不再必要。“完美性与建筑场合有关：建筑所服务的对象、手头的材料以及主导的美学理想主义”（Walzer 1994：52）。每一位建筑师都可以尝试“完美”的建筑，但他那“完美”的建筑无须与别的建筑雷同，或者“完美”的方式无须与其他建筑一样。每一座建筑都不可避免地有不足之处（也许各有各的不足之处），“都立即成为批判性反思和辩论的对象——作为未来的模型被模仿、修改或拒绝。实际上，它们在循环往复的架构和努力中，得到了与众不同的成果”（Walzer 1994：52）。

自诩会有某种比从浓厚到稀薄这一过程更不受限制的地方性，只会掩盖或否认文化的特殊性。[①] 特殊主义可以被隐藏和否认，从而以霸权主义和帝国主义的方式发挥作用。它可以维护言说者的道德优势，从而使接受者的攻击合法化。相比之下，由浓厚到稀薄的过程并没有否定人权与文化的重叠关系，也就是说，没有否定人权的道德相对主义。然而道德的天空并没有坍塌在道德相对主义者身上。相反，相对主义允许人权建立在文化上的特殊性比本土的有效性更强，不需要像詹姆斯·尼克尔（James
73 Nickel）所说的：必须否认“跨文化道德批评的可能性，这种可能性呼吁国际通用的人权建立一个共同的辩论标准”（Nickel 1987：71），我在接下来的“本土规范的批判性能力”这一部分将讨论当地有效人权的重要潜力。相对主义可以创建共享的标准，因为它可以对文化共识持开放态度，只要这种共识是由参与者自己达成的。例如，不同的文化之间存在着高度的重叠和杂糅，有些文化主张很可能是“普遍的”，因为它描述了被广泛接受的文化现象——例如，自然科学主张的有效性至少作为一个信息源在当地学校被传授，并被当地工程师和医生所接纳。

人权作为一种文化特殊主义，如何能够在不受强迫的情况下有效地扩展？我认为，人权事业的目的并不像人们通常认为的那样，在人权的规范性普遍主义和某一特定政治团体的规范性特殊主义之间建立一种关系。如果人权是一种特殊主义，那么它倡导某种特殊主义能够克服其他特殊主义。它提倡一种日益普遍的特殊主义（人权），而不是出于某种原因无法自我反思和完善的特殊主义（想想那些文化上的特殊性，比如源于孝道的使贫困家庭支持女性割礼、童工或卖淫合法化的传统，我将在第七章探讨这些例子）。

如果要促进人权事业，就不能在这两类不同的特殊主义之间强加某种

① 谢和罗宾斯（Cheah and Robbins 1998）绘制了“新世界主义”的发展图表，他们自认为此图表经受得住我的批判，但我依旧坚持自己的主张。

关系。强行推进否定了找到最佳人权文化的规范基础。这一主张可以在反论中得到阐明。康德提出了一个间接的观点（这个论点之所以“间接”，是因为他在谈论政治团体，而不是人权，但他论述的结构可以适用于人权，这一适用丝毫不违背该结构的完整性），认为非强制性政体产生强制性并不自相矛盾。因为各国宪法一般均为众意的汇集，其本身并不能维持和平。因此他提出需要所有人的集体联合。这种联合不是以国家为基础，而是全球性的。它是一种广义的市民社会：“在如此困难的问题得以解决之前，**所有联系在一起的人们**（即公意的集体联合）都必须渴望达到同一目标。只有这样，**市民社会**才能作为一个整体存在。在共同意志产生之前，某个额外的一体化目标**必须整合所有个体的差异化愿望，**因为没有哪个单一的个体有能力创建”一体化的目标。“要在实践中实现最初的理念， 74
从而开创一种权利状态，可以想象出的唯一方法就是使用**武力**。公共权利将以其强制性权威为基础”（Kant 1997：117）。我计划从人权的角度重新表述这段话，但依然在康德论证的逻辑范围之内：以非地方层面最高一级的强制统一作为先决条件，在此之下，各式各样的共同体都可以成为人权共同体，虽然它们依然各不相同。也就是说，人权思想必须先行一步——必要时可能会使用武力——才可能成为这些不同共同体的地方性规范。

因此，按照康德的逻辑，将人权设想为某种替代性的浓厚规范需要一种强制方法。这正是**规范性浓厚**的人权所需要的：不同共同体的权利是统一的，因为它们将把自己的文化输入其中。相比之下，我把人权建构成稀薄的规范，允许不同的共同体将人权作为一种“开放的文化”来接受。作为一种开放的文化，人权可以有许多不同的具体形式，这取决于具体地点和执行这些形式的具体政治文化。① 简而言之，相对稀薄的人权不需要强制推行。在一个政治、权力和社会都存在着分层的社会里，也许需要督

① 当然，它们无法设想所有的形式。要做到前后一致，多元化的方法，包括文化相对主义在内，必须有限度，即使人们可能不同意究竟要在哪里进行设限。塔利班对妇女的系统性歧视与任何合理的人权形式都是不相容的，因为它有效地将人类的一半排除在“人类”定义之外，而人权的概念假定就是针对“人类”的。

促，但不是非自愿执行或强制执行。①

本土规范的批判性能力

这种批判能力是人权论点的核心，因为社会建构最初只在当地有效。批判的可能性意味着不同文化之间假定的不可通约性并不等于对任何事情都抱着不加批判的宽容态度——正如美国人类学协会在 1947 年宣称的
75 那样，它挑战了联合国关于普遍人权的概念。例如，它不会导致主体间性（intersubjective）的失效。② 跨社区和跨文化交流是主体间性的。诚然，“地方性有效的人权”这一见解确实包含了某种文化视野的**偏狭**主观主义、某种文化信仰的**偏狭**宗派主义，或某种文化主张的**偏狭**地方习气。③ 然而，重点是，主观主义、宗派主义和地方习气并不一定会打败人权事业，正如任何特定文化或政治团体的偶然性、文化嵌入性或背景特异性并不一定会打败人权事业一样。主观主义、宗派主义和地方习气允许一些地方意识的独立、批评，甚至反对。它们允许后者尝试某种自我纠正的规范视角。在接下来的论述中，我将这些特性描述为对其他共同体或文化的“客观化立场”。

当地有效人权的相对性并不排除建立共同辩论和判断标准的可能性，也不排除政治团体或文化之间善意的相互批评。这种可能性取决于当地有效人权内在的能力，我称之为“本土批判”。我所说的**本土的**是指一个共同体或文化内部的规范立场。如果规范总是根植于文化，那么这个或那个规范总是易受来自文化内在或外在的挑战。来自文化**内在的**挑战伤害了文

---

① 换句话说，一个帝国主义者和一个反帝国主义者立场肯定是完全相反的。反帝国主义者会站在一个相对稀薄的规范的立场上，反对强制执行人权，但并不反对非胁迫地促进人权。

② 很久以前利科（Ricoeur 1969）就已提出的观点。

③ 如果人权不仅仅是一种不具有世界性的狭隘文化，那么它就类似于帕尔克（Parekh 2000：113）的政治自由主义概念，这种自由主义的容量大到足以容纳非自由主义元素。把这个论点反过来看就会发现罗尔斯关于一个体面的等级制社会的态度：尽管是一个非自由主义的社会，依然是可以接受的。

化本身所承认的权利；来自文化**外在的**挑战只是损害那些原本不被该文化所承认的权利。就文化而言，内在因素很可能就是本土的。因此，内在违犯很可能是对本土的违犯。相应地，内在的批判是对所讨论的共同体或文化所固有的东西的批判。

如果以规范性稀薄的方式来解释，人权规范可以产生一种规范性稀薄的标准，通过这种标准来评价本土的做法正如我现在以某种客观化立场所表明的那样。同样的标准将允许人权立场把暴行确定为文化内在的行为。这种迫在眉睫的批判将寻求在当地（而非全球）促进人权，而且可以在没有外来干涉或帝国主义的情况下做到这一点。这样做，它将把人权作为地 76
方标准，而不是普遍标准。

一项权利主张可以通过某种稀薄的规范战胜当地习俗。例如，公众可能会因为遵守普遍接受的规章制度而相互问责，可能会要求对方对制定普遍接受的规则负责。世界各地的公众如果发现他们在某些方面与其他共同体有相似之处，可能会通过部分共同的政治理解、道德取向、生活方式，建立相互联系。为了避免外来干涉和帝国主义，每个共同体成员可能不要求所有其他成员承担责任，而只要求那些对同样享有规范性稀薄人权的成员。他们谴责那些缺乏人权的共同体，理由是任何人都不应该因为出生在一个狭隘、不包容的文化、政治或宗教的偶然环境中而被剥夺人权。

如果在规范相对主义的条件下，一个政治共同体能够进行**内在**批判，那么它也能够合乎理性地批判**其他**政治共同体。一种特殊主义可能对另一种特殊主义采取客观的立场。也就是说，任何一种文化都有自我反省、采取某种假想立场的能力。成员可以对其文化的传统、协议和成见采取这种立场。诚然，一种文化无法跨出自身范畴：它对自身的假想立场仍将是内在的；仍会自谋自划、自圆其说。但是，如果一个文化特殊主义可以对自己采取客观的批判态度，那么它也可以对其他文化特殊主义采取客观的批判态度。简而言之，一种规范性稀薄的人权文化并不排除一个政治团体对其他政治团体的客观立场。

客观的态度如何促进批判性能力？当一个人对另一个人做出反应时，他或她之所以能这样做，只是因为其在融入社会生活的过程中学会了对“广义的社会他者”做出反应。根据乔治·赫伯特·米德（George Herbert Mead）的观点，“个体以这样的方式体验自己，不是直接而是间接地，从同一社会群体中其他个体成员的特定观点出发，或者从其所属的整个社会群体的广义观点出发”（Mead 1967：138）。

广义他者的宽泛层面在于它的普遍性：它指的是所有人的他者。人类
77 经常从普遍性角度思考问题：例如，人本身或权利本身的概念（汇聚在“人权”概念中的定义）。话语形式的主体间性取决于我们将这些普遍性理解为共通意义的能力。“共享”需要每个参与者把别人对他或她的态度，以及“所有这些特殊的态度凝练成的一个单一态度或立场，统称为‘广义的他者’”（Mead 1967：90）。我们每个人都可以被任何一个特定他者的态度影响，因为我们都学会了被“这样的他者”影响。我们每个人都能在他者身上形成自己的态度，部分原因在于他者也通过社会化学会了采取“广义的他者”的态度。在相似的情况下，一个人和其他大多数人有相同的反应，或者会以同样的方式行事。例如，私有财产制建立在对财产权的相互承认之上。这种承认意味着社会中每个成员都采取了与所有广义的他者相同的态度。

社会合作需要一套共同的反应习惯。例如在不同情况下，一个共同体的所有成员对某物某事的反应可能是相同的——盗窃是同一种现象，无论是**这个人**还是**那个人**犯下的。但是，个体之间共通的成套习俗并没有消灭个人主义：“个体在特定环境下的行为方式体现了个体差异”（Mead 1967：198）。

个体的社会化是社会和文化共同推动的行为和信仰方式的反复灌输。其中一些模式是普遍存在的，比如将他人视为人类，而不是道德或智力低下的动物；不同的个体有相似的预期行为模式和预期经验。个体内部的模式或多或少地反映了人类互动的模式。反射的同构性允许个体之间有很大的差异和变化，也允许有独特的个性：不同人受不同模式的影响，或以不同的方式受相同模式的影响。毕竟，每个人“在表现出某种模式有组织的社会行为的整个过程中”都从一个独特的视角来看待该模式（Mead 1967：202）。

这里我们有了一种知识层面的透视论。米德认为相对主义也存在于个体的“规范构造”层面。也就是说，个体拥有以特有方式依附群体价值观

的能力，即使这些价值观是群体现象而不是私人现象。然而，没有一个个 78
体只是简单地或必然地受到某些价值观的约束，原则上任何人都可以批评、拒绝或接受某些价值观。只有在我们自身有能力唤起群体的反应时，才能做到这一点。只有在能够采取群体的态度并做出回应的情况下才有独立的想法（Mead 1967：180）。个体对自身假定了一个或另一个群体的态度，对此做出反应，并以这种反应方式改变态度。个人的态度由此影响其社会环境。

这种相互性是客观立场的基础，具有关键的潜力。自我意识存在于个体采取他者态度的能力中。事实上，他者也有同样的能力。因此，群体内的反应模式是提高其他个体的共同期望——如果这些期望能够经常得到满足，那么就是合理的。个体从这个人或那个人的角度来看待自身，这些角度共同赋予其某种社会自我。如此看待自身，就是要意识到自身与他者的不同。意识到个体之间观点、环境或行为的差异会引发比较问题，例如：哪种观点更可取？依据何种标准？根据这些问题的回答方式，个体可能会基于自身或他者的立场（或两者）找到批判的要点。在批判中，改变有时会随之而来。某个个体通过反思自己的观点并批判他人的观点，想象出一种能够改变自己所在群体现状的方法。

在这里，米德提供了一种方法来观察某种社会建构的特殊主义，如一种文化或社会如何对另一种文化或社会采取客观的立场：采纳他者的态度，从而使自己的态度相对化。这是要从道德最大化转向以目标为导向的道德最小化，即“没有特定的最大化是道德最小化的唯一来源，更不用说所有其他最大化了”（Walzer 1994：13）。这种观点立足于稀薄的规范。假定某种最小化的道德是从深层的特殊主义开始的，并朝着一种不那么特殊、更具有普遍性的规范前进。它在传统的范围内起作用，甚至通过自我阐释，实际上是通过一种内在的批判来超越传统。它使地方性和本土化受
到质疑，把内部的紧张和矛盾暴露在一个较浓厚的视角下，但又不抛弃其 79
自身的局部性、浓厚性和特殊性。

一个政治团体可以通过自己的方式朝着一种更倾向于人权的文化方向努力，朝着一种更为稀薄而不是更为浓厚的人权方向努力。虽然浓厚的规范仍然是所有文化和政治团体的中心，但在每一种情况下，地方人权思

想、态度和方向的“增长”都可能导致一种稀薄的人权文化的传播。这样一种文化将不会构成世界性语言，而会构建以国家为基础的语词，即“相互联系、相互理解、相互转化并旨在**促进解放**的本土语词”（Sousa Santos 2002：227）。此后，人权可以在内部群体间甚至在国家间得到传播。当然，“促进解放的本土语词”并不都以同样的方式来构思解放。然而可能在某种程度上重叠，因为假定的个体公民权利、政治权利与假定的社会经济权利、文化权利是密不可分的。

这种相互学习的过程可能有助于使人权成为全球越来越多政治团体的日常用语，尽管这些团体各不相同；可能有助于各个团体实现自身的政治目标。最坏的情况：团体可能将人权视为一个非常遥远的目标。最好的情况：将一些较浓厚的规范发展成较稀薄的规范的团体可能会发现，就像莫里哀笔下的**资产阶级绅士**（Bourgeois Gentilhomme）一样，一直在说“散文”（prose）（人权语词）。或者，它可能会说服自己：以人权的语词言说和实践，与团体在文化上可以接受的目标相距不远。

本土的自我呈现：反对帝国主义

“人权帝国主义”既可以被认为是东方化的，也可以被认为是西方化的。我所说的**“东方化”**是指一种不对称的关系。在这种关系中，代表性文化发号施令，而被代表的文化一味言听计从。后者或多或少地被边缘化了。这种表征的一致性由代表性文化决定，它很可能为它的判断提供了最强大的、也许是唯一的版本。从这个意义上说，表征只是简单地无视、排
80 除或压制他者文化的自我价值。一种规范性浓厚的人权方法可能会将政治自由主义西方化，就像它可能会将“非自由主义”这一他者东方化一样。一个规范性稀薄的人权不会将西方文明及其人权概念定位为意识形态虚构，不会使非西方文明及其各自的人权观念西化，也不会将人权目标——例如保护身体完整性、推行妇女教育、免于酷刑或禁止奴役制——仅仅视为另一种帝国主义。

东方化和西方化是两种表征形式。在“文化帝国主义”意义上，它们都是误导性的：一种信仰体系强制对另一种信仰体系实施自己的浓厚规

范，通常是经过伪装的、看似普遍有效的道德特殊主义。人权被解释为某种浓厚的规范，借口其他文化没有能力“代表”自身：它们被自身东方化或西方化。因此，按照这样的解释，人权在道义上含蓄甚至被迫地表示自己有权，在全世界提倡这种特殊的人权观点，有时如果需要，可以通过强行干涉，也就是说，无须顾及当地的偏好。

诚然，某种主张本身并不一定是帝国主义的，但强制推行的行为却可能是帝国主义的。如果只是因为某些群体不符合代表性文化的标准和偏好（在这种情况下，人权成了某种浓厚的规范）就被人权倡导者认为具有改革和管理不同道德秩序的政治团体的道义责任（甚至特权），那么它就是帝国主义的。这类人权使人们，甚至那些原本拥有人权的群体，产生了对道义责任的另类理解，有时甚至到了“需要”一种浓厚的人权文化介入的地步。

这种类型的表征是一种权力关系。它不仅将言说者的世界与聆听者的世界区分开来，还创造了一种“方向性”，即从代表方到被代表方的单向话语。人权只是用来证明言说者的道德优势：对人权的文化偏好在道德上优于所有相互竞争的文化预设。代表方对被代表方采取一种居高临下的姿 81
态，以局外人身份告诉当地人他们的道德价值应该是什么。马克思非常到位地描述了地方性不能代表自身的含义（**不能代表**在此处意为“没有能力代表”）：他们只能由其他人来代表。[①] 由于“愤愤不平”或“愚昧无知”的人不能代表他们自己，一种浓厚的人权文化便自诩必须为他们发声。这类人权已经以代表他者名义的方式操纵了目标群体或文化。

在单方面干预的意义上，代表权本身包含着暴力潜质。一个假定普遍有效的文化主张有时可能成为单方面干预特定群体的正当理由，将使目标群体本身发生变化，或使其本身更符合某种规范性浓厚的人权。

因此，人权帝国主义的核心是对目标群体或文化的强制性（错误）代表。是一个局外人告诉当地人他们是谁、他们必须如何改变以适应其他人——其他哪些人？——局外人的标准。这些局外人把被代表的人构建为没有自我代表能力的人，就像一个木偶，没有理解人权等重大道德义务的

---

① “他们没有能力代表自己，只能由其他人代表”。

能力。[①] 由于不能代表自身，被代表的政治或文化团体只有消极的身份感。它的道德价值是代表者赋予的：浓厚的人权规范拒绝和谴责其他文化群体，对被代表者做出的评价大体上是负面的。如果唯一重要的立场是代表者的立场，那么被代表的文化和政治团体就很难指望一个自我任命的代表者对其做出有利的裁决。[②]

82 相比之下，对人权的稀薄阐释就可以与政治团体自决的原则相容。因为地方主义意味着规范相对主义而不是规范普遍主义。相对主义具有尊重政治和文化团体自治的（并非无限的）能力。尊重自治就是尊重多样性，尽管一种意义上的尊重并不意味着另一种意义上的尊重。在侵犯人权的情况下不意味着对多样性的尊重。作为一个自洽的原则，人权思想必须避免其本身可能引起的侵犯，因此也必须反对任何与人权不相容的道德概念。在一个广泛信仰 Y 宗教的共同体里，将 X 宗教改宗，或者在制度上要求学生学习 Z 语言而不是其母语，都可能会减少多样性，从而对目标共同体无益。相比之下，多样化的好处在于利用西方医学来治疗西方以外的疾病，因为这样做可以保护生命，从而保护当地文化和生活方式。基于这种情况，局外人也不能干涉当地群体自身造成的多样性丧失。[③]

哪些资源可以促进人权成为当地有效的社会建构？约翰·罗尔斯对人权的理解是：人权“不依赖于任何特定的综合教义或人性哲学”。相反，它在文化上是中立的。更重要的是，人权作为“任何社会合作制度的必要条件”而具有普遍性（Rawls 1999b：68）。相比之下，我认为人权理念是

① 如此被代表的个体就像被诊断为患精神疾病的人：两者都缺乏成为社会（公民或国家）成员的道德能力，因此可以被用来证明家长式统治的正当性（Campbell 1986：144－145）。人们不禁要问：如果道德缺失的定义是被评判的人（社会或文化）不认同规范，那么那些不认为自己的条件不可取的人（社会、文化）是否可以被强加于“正常”的社会标准呢？家长式非自愿疗法的标准可能会被窄化。在人权方面，有人可能主张单方面干预以制止严重侵犯居民人权的行为，但不主张对某一文化和社会进行改造。

② 例如，一个强势文化通过声称以一种高于他者文化的自我理解方式来理解他者文化，从而将弱势文化**边缘化**（AAA 1947：540）。强势文化通过断言他者文化不知道什么才最符合自身利益来管理弱势文化。

③ 有时，保持多样性是局外人的目标，而不是内部人士的目标。

一种特殊的文化偏好，在任何时候都把“我们”和“他们”区分开来。它的意义在于，“人权支持者”有别于那些“对人权有抱有宗派观点的人”“认为人权必须普遍有效的人”“以文化偏好剪裁人权的人”或“完全拒绝人权观点的人”。

但人权理念并没有将自由主义者和非自由主义者区分开来。罗尔斯在这一点上表示同意，尽管只是部分同意：他主张“为一个民族的自决思想保留重要的空间”。这一主张并没有区分应该拥有或已经拥有自决权的不同类型的群体（Rawls 1999b：61）。然而，他从普遍有效性的角度含蓄地 83
解释了政治自由主义：“向往自由主义之人必须努力鼓励人们，而不是通过强制性坚持所有社会都是自由主义的来削弱他们的活力”（Rawls 1999b：62）。正如罗尔斯明确指出的，人权不需要一个自由的社会组织，不需要开明之士成为导师，也无须自由社会作为衡量其他社会“目前人权能力”的标准。

一个规范性稀薄的路径以不同的方式对待西方自由主义和世界非自由主义区域之间的关系。[①] 当行为人是西方的时候，人权问题是西方的；当行为人是非西方的时候，人权问题是非西方的。支持“他们”变得更像“我们”，指的是支持他们**将人权视为稀薄的规范**。[②] 但要做到这一点，不需要他们**的文化在某种深层意义上变得像我们一样**：人们拥抱人权，无须

① 文化优越感并不是西方特有的概念。被视为西方文化特殊主义的人权是西方的，因为它强调个人的自主权，而不是群体的权利。或者它支持政治自由主义，而不是其他政治团体的概念。毕竟，尽管主要的非西方文化声称自己拥有文化优越性（印度文化、伊斯兰文化等）时，显然不是基于政治自由主义。来自各种文化的人权倡导者都批评西方政府和企业的一些行为侵犯了人权，这种批评的依据并不是自由民主文化。一些社会理论家，回顾了 20 世纪前 20 年艾米尔·迪尔凯姆（Emile Durkheim）担任主编期间的《社会学年鉴》，人类尊严（比如人权）的普遍准则是对西方文明及资本主义自由经济的一种批判性回应。

② 有时，“遵守（某些）人权规范可能不需要改变做法，而只需拓展现有做法”（Nickel 1987：78）。一种宗教信仰要求尊重个体、包容有其他信仰的人或一个要求人人平等的社会为强化一个规范性相对稀薄的人权概念提供合理的基础。霍伦巴赫（Hollenbach 1982 ）对伊斯兰教也提出了同样的观点。以非政府组织为例，其中一些非政府组织拥有来自不同社会政治文化的国际成员资格，倡导妇女平等、同性恋平权或环保主义。

接受自由民主、启蒙理性或西方现代性，相反可以组成非自由主义的人权团体。自由主义的西方可能会使其接触到一种规范性稀薄的人权文化，以及一种鼓励采用人权规范的文化线索——但是基于地方性而非普遍性或非本土化的理由（从这一点上讲，它们的规范力量可能有一天会扩展到更
84 多甚至所有共同体）。某些形式的地方性需要变革，才能有助于人权事业，比如某个政权对民众的福利漠不关心，对政治谈判和妥协的程序也摇摆不定，丝毫不需要参与者的忠诚，这权且也算是没有文化帝国主义的人权倡导，但这样的倡导很难说得上有什么深厚的文化内涵。

问题是：我们究竟应当如何才能恰如其分？我将在接下来的两章回答这个问题。我将探索两个看似不太可能，但实际上很有希望的资源来建构世俗的人权，免于任何形式的外部或内部胁迫：其一是“有人权能力的”文化政治动力学，其二是情感上支持人权的神经心理动力学。

第二部分
作为社会建构的人权的现实理论资源

第四章　文化资源：个体作为人权的剧作者

第一章和第二章否定了传统的脱离世俗的人权基础，特别是否定了将 87
人权视为某种普遍有效的先验知识的各种神学和形而上学的理解。第三章提出了另一种方法：人权源于有效的地方性——只有被当地接受才有效，只有因为剧作者（authors）就是接受者（addressees）才被接受。因此，即使人权具有最终的、偶然的、普遍的效力，它也是世俗的。这一章和下一章构成了第二部分，将共同开发人权的两种实用资源——文化资源和生物资源——都是从地方性规范中产生的。本章阐述了第一种资源：人格作为社会化的产物，能够自我赋权。这样的自我赋权是有条件的，我们没有证据表明人权可以独立于人类的想象力和社会建构而存在，也就是说：没有证据表明人类天生就具有超越政治、普遍有效的权利。为什么会有人希望获得这样的证据？原因是显而易见的：它可能赋予人权思想道德客观性和普遍有效性。同时，它将减轻人类的道德重担。（还有什么比为所有其他人提供道德福利更重要的呢？）大多数努力都声称这种证据源自神学或形而上学，但从未成功过。这仍然是一个问题，因为这些努力总是翻新花样，而不是偃旗息鼓。但是，如果像我所提议的那样，人权被视为文化产物——社会建构的、偶然有效的——那么它们只在特定的历史时期作为人类不同的文化偏好而出现。①

---

① 社会建构主义方法挑战了许多当代学者的观点。例如，佩里（Perry 2007）对人权是否需要特别的神学基础这一长期争论［约翰·洛克（John Locke，1632—1704）或约翰·芬尼斯（John Finnis，1940—）的著作已经论及这一激烈的论争］的核心贡献是“神圣”这一超脱世俗的概念。他认为，人权源于人类固有的、不可剥夺的“神圣性”。它以所有人的道德能力、彼此之间的道德平等和道德义务，包括人权义务为基础。其他当代作者也提出了类似的观点，包括墨菲（Murphy 1988）、盖塔（Gaita 1991）和汉普顿（Hampton 1998），我在第一章中讨论了他们。

88 以这种方式看待人权，符合将人类自身视为“文化产物”的观点——就其拥有权利而言。汉娜·阿伦特（Hannah Arendt）认为，成为一个“人”，就是有意识地对自己所在的共同体承担责任，从而成为一个“政治人物”。因此，在共同体之外的人（例如难民或无国籍人士）是“非政治的”，因而只是“一般的人”，在没有政治地位或法律权利的情况下生存。“人权的丧失……与此同时，一个人成为一般的人，没有职业、公民身份、观点和行为来表明自己的身份”（Arendt 1994：302）。没有政治团体的人是“抽象的人”，吉奥乔·阿甘本（Giorgio Agamben 2005）将其描述为“赤裸的生命”，雅克·朗西埃（Jacques Rancière 2004：298）将其描述为“那些仅因作为人类的一员而拥有的权利，他们除了拥有作为人类的一员这一所有权之外，别无他物”。但是，一旦拥有了这些特定的文化建构权利，个体就能充实得多，而不再只是生物性的自我。

阿伦特将共同承担公共生活的责任视为人权来源的观点是正确的。如果确实有人权的话，也只有在**政治共同体**中才能获得（或者更确切地说，人权存在于某些类型的政治共同体之中）。只有在那里，文化建构才能保护个人**身体的**福祉，包括在食物、住房和基本医疗方面的需要得到满足的基本权利，以及不被杀害或遭受无端痛苦的权利。只有在政治共同体中，文化建构才能通过个体的言论自由、结社自由和良知自由来保护其心理健康。① 但是阿伦特错误地把人权看成（a）完全可以从国家派生出来的，（b）是与非公共或私人生活相分离的。

（a）一方面，人权可能与国家及其法律制度有深刻的联系，这些制度可以将人权纳入一个群体的日常生活并加以实现。国家可以调动有关资源
89 支持人权。人权在国家体系内能得到最好的保护，在国与国之间的体系间隙也能得到保护，这些间隙不仅是地方的，有时也是国际的，通常位于特定社会运动的临时交汇点。

另一方面，让我们想想埃德蒙·伯克（Edmund Burke，1999）在十八世纪末拒绝了法国大革命时期的《人权宣言》，他自问：“我们是否在自

---

① 除这些基本权利之外，可能还包括受教育、自由选择职业、同工同酬的权利以及其他可能性。

然、历史或人类理性中建立起对普遍人权的尊重?”并回答说，都没有。因为抽象的“人的权利”根本就不是权利，只有公民才有权利，而公民拥有这些权利只是因为他们是某一特定政治团体的成员。在我们这个时代，阿伦特重新阐述了伯克的主张：面对一战和二战后欧洲难民的具体情况，抽象的“人权”一文不值。

但是如果和阿伦特一样，我们假定人权剧作者的权利专属于国家——唯一真正的权利是那些（至少有一些）政治共同体给予成员的专属权利——那么这样一来，我们忽略了社会运动，这些社会运动远远超出了国家的范围，有时可以使这个或那个国家承认某些权利。在许多情况下，仅靠法律是无法带来改变的，例如在家庭生活层面：“来自非洲各地的人种学证据普遍表明，女性割礼习俗的关键影响因素是种族或文化群体归属感”（Quataert 2009：174）。在这里，虽然法律规范将会改变那些不合时宜的行为，但种族或群体的归属感可能不受法律规范的约束。法律规范并不审查人类互动的全部领域，或者可能无法保护成员使其免遭那些不合时宜行为的伤害。

最后，国家并不享有代表其公民发表权威言论的道德垄断权（很可能从来都不曾有过）。因此，小布什政府在使用酷刑从恐怖主义嫌疑人那里获取信息时，很难代表所有或大多数美国公民为自己辩护，即使施暴者是受政府全面保护的。

（b）阿伦特还以生硬的方式将政治与社会分开，她将公共话语和公共行动的生活与私人的、个别的“被困在‘愚蠢’中的生活”区分开来（Rancière 2004：299）。人权并不是伯克所认为的那样——不谙世事的乌托邦——而是特别不关心政治。因此，难民的困境“不是在法律面前不平 90
等，而是没有为他们而存在的法律；不是因为他们受压迫，而是因为连想压迫他们的人都找不到”（Arendt 1994：295-296）。借用卡尔·施密特（Carl Schmitt）的一个著名术语，阿伦特所描述的是一种“例外状态”（state of exception），或者朗西埃所认为的“在冲突、镇压或法律、暴力方面失灵的解释”。这样，阿伦特使政治中最引人注目的现象之一非政治化，特别是在漫长的二十世纪存在大量的政治难民。在阿伦特看来，处于一种“压迫真空”（beyond oppression）的状态，即一种政治**真空**（be-

yond）状态。然而，难民——在众多其他群体中，他们是政治的产物，更准确地说，是政治难题的产物——几乎没有发现自身在任何意义上与政治无涉。

阿伦特将政治领域与纯粹私人的领域分开，把后者称为“纯粹给予的黑暗背景”（Arendt 1994：301）。她的公共-私人二元论将**肉体生命**（zoe）或生物学意义上的人类生命与社会建构或文化创造［包括**生命政治学**（bios politikos）、政治演说与实践的文化］意义上的人类生命（bios）进行了对比。她声称现代民主玷污了上述两种生命的完整性，从而使政治空间去政治化，进而在概念上将政治空间与难民和产生难民的环境区分开来。① 然而，难民们当然会经历政治强权和压迫，即使阿伦特让他们非政治化，把他们转移到一个远离尘世的、半神圣的领域。她把这个领域里的政治想象成某种理想的事物。

但是，将人权排除在政治之外，就等于剥夺了难民的反抗潜质。也就是说，把政治想象成高尚言辞和贵族行为是在破坏批判的、对立的、**解放的**政治，因为这是将无权利者的权利缩减成法律共同体成员的权利，把人的权利缩减为公民的权利。如果人权只可能作为政治行为、文化或主张，那么那些失去权利的人就无法从超越政治的人权中获得任何好处。

当然，我们可以从两个方面重新思考人权，来支持人权只有在政治团体中才有意义的观点。反对伯克和阿伦特将人权缩减为公民权利；保留阿伦特的洞察力，而不屈服于她的方法所带来的去政治化后果。

91 第一个方面是我一开始就提出的主张：只能由社会建构的权利可能只存在于政治共同体中，其规范基础只能是偶然的。但是，人权主张根植于特定文化和政治共同体到底意味着什么呢？这意味着，如果不被某个共同体接纳或排斥，那么人权必须在竞争性、批判性和对立性意义上具有政治性。这是一种积极而非消极的政治观念（我将在下文进一步阐述）：人权是对不计其数的个体实用而有效的影响。因为我关注的是因果效度而不是认知效度，关注的是人权作为一种信仰体系。在这种体系中，信仰与其说

① 对照朗西埃（Rancière 2004：299-300）的著述。

是真理的指引，不如说是行为的指引。[①] 我认为人权不仅是政治上的，而且是实用主义的。实用主义的观点是：如果人权的非经验主义理论缺乏说服力或无效（就像形而上学和神学方法那样），那么我们应该考虑经验主义理论。为此，我建议通过地方政治实践使自我肯定作为权利的实际来源，与经验主义理论相契合。[②]

我也在第二个意义上重构人权：作为社区内的政治力量，人权可以是“自主的”或“自我赋予的”。从这个意义上说，它也将是积极的而不是消极的，即由其接受者创作。（1）我认为人权是通过“自我肯定”的人格结构产生并得到承认的。（2）我认为自我创作的三个特征是：通过集体政治行动涌现出来；作为一种批判的立场；由非异质规范承担。（3）我指出，按照这样的设想，人权需要一个被承认的领域，主张自我肯定。自我赋权的能力在很大程度上取决于参与者的人 92
格结构，以及他或她置身其中的一些社会结构。人格结构是指某个个体**内在的**或心理的倾向，这足以激发个体政治行为。而社会结构则是指政治共同体的**外在的**或正式的、**物质性的部署**。（4）与任何政治愿景一样，自我赋权的方案有着明显的局限性，尤其是在剧作者之间诸多潜在的不平等。

---

① 当然，务实的人权概念只是另一种有其自身基础的信仰。信念作为主要行动指南的概念请参考查尔斯·桑德斯·皮尔斯（Charles Sanders Peirce 1986：21）。例如他断言，“信念决定我们以特定的方式行动。”约翰·杜威（John Dewey，1981：128）将寻找有效命题视为解决实际问题的一种尝试：“这就是真理的意义：变化的过程如此直接，以至于它们达到了预期的圆满”。同样务实的是马克思（Marx 1976：372）《关于费尔巴哈的提纲》的第十一个论题的精神，该论题声称“哲学家们只是用不同的方式解释世界，而重要的是如何改变这个世界”。实用主义理解与马克思的不同之处在于它摒弃了马克思在别处借用形而上学的方式解释的自我，而令实用主义产生共鸣的是马克思对人的能动性的强调。

② 如果一种普遍有效的先验的基础主义对人权事业毫无贡献，为什么不抛弃它呢？支持抛弃做法的是汉娜·阿伦特（Arendt 1953：80），尽管她明确反对我以她的名义提倡的实用主义（正如我在后面几页中所论述的）：“在这里，我从阿伦特那里获得了我认为是实用主义而非后现代主义的见解”；在其他地方（Gregg 1998），我也把实用主义与后现代主义区分开来。

自我肯定

自我赋权是一种道德自治行为，在某种意义上类似于马丁·路德·金的描述。他写道，非洲裔美国人“只有当他深入到自己的内心深处，用自我肯定的笔墨宣告自己的**解放**，才获得真正的自由”。可以肯定的是，自我肯定的能力不会“独立于”个体的社会环境。也就是说，“真正的自由”这个词在现实中并不意味着（援引金的语境）“在一个仍然存在严重种族主义的社会中享有自由”。尽管如此，自我肯定的能力可能有助于克服制度化种族主义的某些方面。要做到这一点，需要一个至少在某些部分（如文化和机构）拒绝种族主义并向拒绝者提供某种程度支持的社会环境。就人权而言，自我肯定需要一个在一定程度上支持自主创制人权的社会环境，尤其在面对原本不支持自主人权的传统、惯例和机构之时。多萝西·罗伯茨（Dorothy Roberts）给出了一个美国的例子：在美国，虽然基于“对顽固种族主义的清醒评估，反对天真地相信单纯宪法的道德力量就能带来种族平等”，但是“作为争取平等公民权的社会运动的一部分，不需要挫败黑人对宪法的忠诚。黑人对宪法的忠诚并不是认为宪法会结束种族主义。道格拉斯、杜波依斯和金等黑人领袖对宪法的忠诚来自他们参与争取公民权利的社会斗争。尽管意识到宪法有不尽如人意之处，但因为致力于**解放**运动，他们可以坚持理想宪法的愿景”（Roberts 1998：232）。在另一种背景下，1955 年，罗莎·帕克斯（Rosa Parks）确
93 认了她作为亚拉巴马州居民缺失的权利——禁止黑人乘坐公共汽车。她坐在公共汽车前排的一个座位上，面对要求她离开的敌意，坚持没有离开。

从实用主义观点来看，只有在得到执行的情况下，社会建构的、偶然有效的人权才能“存在”。随着时间的推移，执行是一个地方认可的问题，也是一个广泛接受的问题，这意味着某种程度的制度支持。但是，执行的需要并不意味着人权的主要保障者只能是拥有强大经济和军事力量的大国，或由这些大国联盟支持的国际组织。这一结论只会加剧当今世界各国、各区域和各经济体之间权力分配的极度不平等。[①] 从现状来看，弱势

① 它可能只会巩固强大的、自由民主的国家及其机构作为权利主要实施者和保障者的地位，这对非自由主义但有人权能力的世界不利。

群体的人权只能源于强者的无偿赐予。这种赐予使权贵变得更加强大，而个体成为权利的被动接受者。通过“慈善活动”获得的人权剥夺了接受者的自主权和平等。这种被误导的方法甚至允许运用密尔（Mill 1984：118）的帝国主义观点进行家长式干预：“仍处于野蛮国家的人们需要一段时期，在这段时期内，他们很可能被外国人征服，这对他们是有利的。”权利的有无和行使都有赖于他人的赐予，等于在道德、法律和政治上全都仰他人鼻息。事实上，任何理由——无论是专制还是自由民主——的外来干预都可能暂时保护权利，但很难使其充分制度化或以其他方式充分确立。通过单方面军事干预而生效的人权也不能在此基础上得到维持；自我赋予的人权的一个基本前提是“没有人能‘自上而下’地被**解放**或被赐予自由”（Balibar 1994：213）。自我赋权是一种自助的形式，只有当接受者没有被动地从他人的行为中获益时，才能完成自助——无论是通过法院、国家、联合国、非政府组织还是其他人道主义组织。

如果有一个支持性的社会环境，什么样的人格结构有能力自我赋权？
我建议将个人社会化，因为我相信个人及其团体或社会运动的其他成员都 94
属于某一特定类别。通过自我赋权，他们因为各自所处的社会、政治或文化环境暂时被排除在人权接受这一类别之外。

从其他社会和政治环境的角度来看，为他或她自己赋权的个体似乎“逾越”了自身环境，因为那种环境不承认自我赋权。然而，参与者不必屈服于这种观点，不需要把自己看作某种“多余的人”①，可以自我确认为某一类自我赋权无须获得承认的个体。与此相对应，“民主”也不能归结为制度环境，而必须由各式各样的个体构成，这些个体除“没有特性这一（悖论式的）事实”（Rancière 2004：305）之外，在政治人格上也应不具有任何别的特性。否则，“民主”的特征就是阿伦特式的去政治化，这种去政治化使个体成为国家权利的乞求者——乞求国家的宽宏大量，而民主意味着人权由一小撮精英文化专家来决定。人权本应是不平等的利益集团之间讨价还价的结果，这是个体作为公共领域的一员不断获得认可的过

---

① 即超出政治团体和共同体权利的，具有通常的、适当的或规定的成员资格的某个个体。

程，成员**不是**作为局外人被“引入”，而是自我塑造的。这里的**成员身份**是指成为某个人权团体的一员。**民主政治**是指将人权授予自身并承认他人自我赋权的行为。

只有当可以自觉宣布自我赋权的资格有效时，原本受国家（或社区、文化、宗教、家庭）看似合理的压迫的个体才可以将人权作为批判的规范基础。只有当反对权利被剥夺时，权利才真正属于他们。

自我赋权的特性

自我赋权的能力有三个特点。第一，自我肯定的个人不会把自己看作预先确定的权利载体，而是通过集体政治行动，如社会运动，形成的主
95 体。每个人都应提出他或她所享有的人权，并被承认具有人权，无须考虑可能用来区分“内部人士”和“外部人士”、“权利承担者”和“非承担者”的偶然因素。这些因素可能是出于社会保障需要而确立的法律地位、移民地位、经济地位或团体地位。作为“框架”的一种形式，社会化可能会培养一种看待世界的特定方式，个体将把自己框定为自身人权的剧作者。可以肯定的是，感知和框架总是嵌入传记、政治和历史之中。我们感知自己和外在的方式在不同程度上受到环境的影响。因此，受到歧视的人可能会认为自己是下等人；受到尊重的人可能会塑造健康的自我。

第二，感知自己和周围环境的批判性方式可能会鼓励自我赋权的行为。“批判性”意味着一些没有权利的人或团体挑战将其排除在外的社会。批判性方法可能由“广泛的”社会化形成，这种社会化比狭隘的社会化更有可能促进独立、个体化和自我表征。也就是说，狭隘的社会化以服从和符合当前文化标准为特征（Arnett 1995：617－618），广泛的社会化可能会通过将政治合法性与政治之前的规范（如以神学或形而上学为基础的规范）联系起来而使某些当局感到不安，但有助于获取对当地文化指导元素的解释。我把这一路径称为“民主通路”（democratized access）。我指的是一种文化上真实的社会化，它能转变成一种个人信念，相信自己有权解释当地文化。解释可以是挑战现状的核心，这种现状无论如何都反对或阻碍个体对人权的承认和捍卫。萨莉·恩格尔·梅丽（Sally Engle Merry

2006）提供了一个例子，说明了受害者对受虐妇女案件的本土化理解的复杂性。受害者（被丈夫殴打的妻子）对不公正的理解受制于其对传统亲属义务（即儒家思想中女人对男人的从属关系，妻子对丈夫的从属关系）的信仰。[①] 向受个人、家庭或社区问题困扰的妇女提供互助和自助服务的地方团体，可以重新有效地解释亲属义务，从而促进人权。 96

一种能够对地方文化进行批判性反思并促进自我赋权的人格结构将可能会包含一种挑战权威的心理。在所有情况下，自赋人权肯定会在一定程度上挑战政治和文化环境，而且在某些情况下会比其他情况更甚——在非自由主义社会（如我所示）和自由主义社会都是如此（如本章提及的美国民权运动的例子）。

但仅仅挑战那种环境并不是最终目标，最终目标是承认所主张的权利。任何一项自我赋权的权利要想发挥效力，都必须**在其社会环境中得到承认**。那种环境包括被本土视为具有社会约束力的制度。自我赋权的人权事业的任务是：即使在对其不利的地方性环境中也要获得承认，并在本土文化中**由内而外**做到这一点。

本土文化的“**本土**”意味着人权的首创在**当地**和周边环境中是可行的。也许所有的文化，都内含一些本土的潜力，可以促进更广泛的社会化，支持授权或解释性授权——如果利用得当的话——可能会促进个体自我赋权。例如，在伊斯兰教中，优先考虑的是解释性民主权利：“20 世纪的现代改革者开始重新解释关键的传统伊斯兰概念和制度——统治者与被统治者的协商、社会的共识、创制、公共福利等法律原则——以彰显伊斯兰式的议会治理、代议制选举和宗教改革”（Esposito 2004：96）。值得注意的是，这里的人权剧作者指的是穆斯林社会中占主导地位的伊斯兰教徒。与融入非穆斯林社会的伊斯兰教徒形成鲜明对比的是，前者是土生土长的。在这里，我们可以看到一个相互交织的人格和社会结构，支持接近

---

① “人权运动不需要基层个人具有人权意识”，而且“对权利的认同”不一定是“深刻或持久的”，可以包括“对权利不同程度的认同”（Merry 2006：215）。这里的“运动”需要用“与当地社区产生共鸣的图像、符号、叙事、宗教或世俗语言”来框定。在香港，一群虐妻者被教导不要打人，这是儒家婚姻观念的一部分（Merry 2006：220）。我将在第七章详细论述人权的构成。

97 于自我赋权的人权本土化诠释。

一种获得当地认可的方式是文化诠释。只有存在一种民主化的权利来解释个体于共同体的地位，且允许不被既得利益集团欢迎或与主流理解相悖的诠释存在时，自我肯定才有可能形成。通过自我肯定实现人权是可能的，这“超越了任何特定的阐述方式”（Lefort 1986：258）。人权可以作为一种手段，不是“为了我们所知道的正义”，而是“批判伪装的正义”（Kennedy 2004：353）。

我不低估这一方法的实际困难：任何群体在面对文化或政治分歧时都难免紧张。人们常常精确地援引文化和宗教传统使特定的风俗习惯免受当地和外国的批评。但是，支配和限制个人生活诸多方面的家庭准则、文化习俗、宗教传统和国内法不会成为自我赋权的人权需要挑战的禁区。

诚然，所有文化、社会制度或政治的某些方面都可能不利于我所提倡的本土批判性文化诠释，它是落实自我赋权的人权的必要条件。例如，从人权角度对女性地位、角色和阅历的批判，很容易迅速引起受众的强烈不满——如果她们认为这些不仅源于社区、宗教、文化或种族的认同，而且是她们的表征。这种批评——以及随之而来的人权——似乎威胁到了群体的完整性。

但是，参与阐释自身文化的民主进程并不需要自由民主的政治组织。人权倡导不应期望或要求所有团体在追求地方人权之前都成为自由民主的。杰克·唐纳利（Jack Donnelly）就怀着这种毫无希望的想法。他认为：

> 国际人权法案建立在自由民主（或社会民主）福利国家的隐含模式之上。国际公认的人权准则所设想的合法国家是民主的。政治权威产生于人民的主权，它是自由主义的。国家被视为一个为有效实现其
> 98 公民权利创造条件的机构，它是一个福利国家：公认的经济和社会权利远远超出了自由主义者的财产权。这三个要素都来源于所有社会成员压倒一切、不可减少的道德平等以及所有公民的政治平等和自治（Donnelly 1999：68）。

如果人权概念只在当地最合理的地方才有意义，那么它就没有意义。

因为它甚至无法与其他政治制度形成有益的对比，而囿于自由民主国家内部。唐纳利的方法并没有提供在最需要人权的社会实现人权的可能性方案。如果“民主政治是权利唯一可靠的基础”（Ingram 2008：414），鉴于世界上许多地方长期以来不民主的状况，人权的前景只能是暗淡的。但是，尊重人权本身既不需要也不必要以自由民主国家为前提。例如，在一些非自由主义的伊斯兰社会中，“关于民主优点的辩论不仅仅是伊斯兰教和西方自由主义之间的辩论，而且是伊斯兰教本身的辩论”（Esposito 2004：76）。本着这种精神，我的另一种观点是，任何人都有可能获得这种价值认同——即使是在许多方面与这种认同没有共鸣的社会、文化和政治环境中。这种潜力有时通过“民主路径”获得本土的阐释，从而使至少部分社区成员理解和实践。挑战性的阐释最终必须成为任何人权立足的社区的一个永久特征。

至少一些非自由主义的政治团体（很可能所有自由主义的团体）可以通过社会化方式自我赋权。即使在一个本身并不民主的政体内，也有可能实现对当地文化的民主化解读。考虑如下两个例子：约翰·罗尔斯谈到了一个“体面的等级社会”。这样的社会没有“咄咄逼人的目标”，并认识到“它必须通过外交、贸易和其他和平方式来实现其合法目的”（Rawls 1999b：64）。此外，它保障人权；有一个法律制度，强制其成员承担“**真正的**道德责任和义务（与人权不同）”，而且法官们有理由相信“法律确实由正义的共同理念所引导”（Rawls 1999b：65－66）。它还拥有一个“体面的咨询层”，在政府和各企业集团之间进行调解。最后，它允许对政府政策持不同意见。马来西亚[①]和新加坡[②]可能就是或很可能成为这类体

---

① 马来西亚任意地预防性拘留并虐待移民、难民和寻求庇护者。

② 新加坡的法律框架延续了一个由人民行动党实施严格控制的威权国家。人民行动党自 1959 年以来赢得了历届选举，84 名拥有完全投票权的国会议员中，往往有多达 82 人代表该党。新加坡法律授权对印刷品和电影的内容和发行进行审查，严格限制公众游行、集会，以及未经审判而延长对嫌疑人拘留的做法。它的刑法规定对 30 项犯罪处以监禁，其中包括毒品和安全犯罪。新加坡被认为是世界上人均犯罪执行率最高的国家之一，尽管统计数据没有公开。大多数的判决涉及 20 项与毒品有关的犯罪，这些犯罪都是强制执行的。

99 面的等级社会。针对这一观点，大卫·米勒（David Miller）还补充了政治人物与支持者之间存在着“恩庇侍从关系”的新世袭制。在这一点上，“政治人物在履行对支持者的义务方面具有代表性，这在相关国家的文化中是可以理解的。在获得福利（工作、金钱、公共工程等）时，支持者团体默许政府的做法”（Miller 2007：246）。许多非洲国家都提供了这样的例子，民众几乎或根本没有控制权，普遍默许由精英统治。①

一个支持自我赋权的社会结构很容易接纳自由民主政体。美国民权运动就是一个例子，我在谈到马丁·路德·金的“坚定而自信的自我”概念时提到过。这场运动在某种程度上回顾了早期的反奴隶制运动。在另一方面，也为当代同性恋平权运动提供了经验。

第三，自我赋权只有在政治共同体中才有可能和意义。也就是说，它是主体间的，而不是主观的、特殊的。自我赋权有赖于群体中主张和维护自身人权的个体。可以想象，自我赋权是社会运动的产物。在社会运动中，自我赋权的个体可以与他人建立互惠关系。对等是关键：自我赋权的同时承认他人的自我赋权，因为以自我为中心的权利必然意味着以他人为中心的义务。我使用了乔治·赫伯特·米德提及的从众意识论述这种“类化他人”的“互惠主义”。他指的是整个社会的态度，但我可能只会将其
100 重新设定为共同体中部分人作为社会子集的态度，如批判性社会运动：“个体体验自身……从同一社会群体中其他个体成员的特定观点出发，或者从其所属的整个社会群体的广义观点出发”（Mead 1967：138）。因为“正是在这种形式下，社会进程或共同体作为决定性因素进入个体思维”（Mead 1967：155），在某种程度上给了个体“自身的原则，共同体所有成员公认的态度”——我认为，甚至是边缘群体的态度——使其“趋向于群体价值”（Mead 1967：162），或共同体内彼此的期望。②

在这里，社会化也是关键。共同体成员可能合理地期望其他成员能够遵守他们所熟识的规范，即使某些规范的含义和应用在群体或共同体中存在争议。因为任何社会化的核心目标都是**复制社会标准**，从而产生群体对

① 参阅沙巴尔（Chabal 2002）的相关著述。

② 这种概念不需要具有完全的一致性或全面性。

个体服从的期望，在共同体内形成某种可靠的互惠。社会化使个体具有自我赋权的能力，而不仅仅是对人们所接触到的一些规范的自由宣传。尽管这种宣传不一定是不加批判的，但大多数人更有可能接受而不是拒绝其已经融入的许多规范。这甚至可能适用于较大共同体的子集，包括对立子集（次群体）。此外，这种互惠可能只是部分的，对某些人比其他人更适用；它有时可能会失败，而且从来没有得到无条件的保证。即使这样，它仍然是鼓励某些信仰、行为（可能对人权友好）和劝阻另外一些信仰和行为（可能与人权敌对）的最有效手段。下一部分将阐述这一点。

相互承认的领域

群体中成员个体自我赋权的有效性依赖他人的承认。这种承认有三个
条件：（a）必须从公共领域扩大到私人领域；（b）不能是异质的；（c）必 101
须是本土的。

（a）后殖民政权的民族主义精英和宗教权威追求国家建设，同时反对批评父权制家庭及相关法律建制的妇女运动。几十年后，一场全球化社会运动推动人们认识到“女性的性别弱势……以及在许多不同文化和政治背景下针对妇女的暴力”（Quataert 2009：140）。① 该运动试图将这些通常非公开的现象纳入人权论述，将家庭暴力（到目前为止仍未被视为对人权的侵犯）和酷刑（已被视为对人权的侵犯）进行类比。伦达·科佩隆（Rhonda Copelon 1994：121－123）认为，家暴符合《联合国酷刑公约》（UN Torture Convention）所界定的恐怖标准。无论是殴打、报复，还是为维护家族荣誉故意施加“严重的身心痛苦和折磨”都是恐怖行为。肯尼斯·罗斯（Kenneth Roth）建议，即使家庭暴力——还可以加上其他“私人领域”现象，如童婚、强奸、玷污儿童或一夫多妻制，特别是在艾滋病语境中——没有任何政治动机，也应该被视为人权问题。或者有人可能会说，家庭暴力在社会控制的意义上被正确理解为一种政治行为，其目的恰恰是系统征服，**因为**女性是女性。

---

① 参阅汤姆逊（Thompson 2000：260）的相关著述。

(b) 作为一项远超单纯权力的权利，自我赋权的人权不能完全是主观的。至少没有得到一部分社会群体的承认，就不能有效地赋予自己权利。事实上，如果没有这样的承认，一个人有权赋予自己权利也是毫无意义的。单独或孤立的自我保护行为——如果它们总是如此——不能构成权利的基础。许多学者认为国家是这种承认的主要甚至唯一主体。根据弗兰克·迈克尔曼（Frank Michelman 1996：203）的说法，一个人是否有权利，“取决于能否获得一种特殊的社会认可和接纳——也就是说，在某个特定的政治团体中获得自身的法律地位。（阿伦特的）权利概念源于现代国家主义，在一些颁布法律的州的社会范围内，等同于难民或其他无国籍人士对法律人格的道德要求”。

102 但是，某个个体在法治国家内的司法地位，并不是自我赋权可能获得承认的唯一途径。如果是这样，今天大多数国家的人都不能实现自我赋权。在许多情况下，社会运动内其他的积极分子更有可能承认自我赋权，因为实际上这属于该运动本身。（与普通民众相比，拒绝承认自己身份的美国奴隶与废奴主义者更有共同点。）群体对个体自我赋权的认可使其不再异质化。非异质性是人权观念的一种内在渴求。

因为不同的权利很可能源于不同的规范制度，所以有些人权会与其他人权发生冲突，以女性割礼为例，个人享有的身体完整权与其所在社区保持文化完整的权利不同。在某些情况下，文化完整权可能会强化女性割礼，而身体完整权则不允许。如果某些人权完全以个体要求为基础，冲突只会加剧。

社会运动对种种人权的要求同样迫切。诚然，所有以人权为导向的社会运动都是特殊的。每个运动都发生在独特的环境和条件下，它们不能用同样的术语来解释。此外，不同道德体系的戒律也很少有共同点。国际特赦组织在保护世界各地政治犯方面取得的实际成功依赖于小群体（基于宗教、教育机构或社区组织）像网络一样的扩展，从三种语境系统地“收养”一名囚犯：共产主义集团、反殖民主义运动和西方国家，比如20世纪60年代的西班牙、希腊和葡萄牙。

1975年《赫尔辛基协议》之后东欧不同政见者的参与，可以作为主张人权的社会运动采取非异质性做法的一个例子。从1968年起，尽管政府垄断了媒体，但关于不同政见者的信息开始流传，并秘密出版了《时事纪事》。作者们通过援引《世界人权宣言》第 19 条来为其挑战行为辩护，该条款保证了“意见和言论自由”。群体有权“通过任何媒体、不分国界地接收和传播信息和思想”（Quataert 2009：85）。他们要求当局遵守《赫尔辛基协定》，苏联是该协定的签署国之一，故而要求得到苏联宪法中已 103
规定但从未实际提供的权利。社会团体尤其反对主权国家将管辖权完全赋予国家的传统主张，因此通过从决议到调查各种形式的压力进行了积极干预。

（c）我之前论述过，自我赋予的人权需要得到**地方的**承认，这样才能使其不因仅是特殊的或私人的而无效。因为如果完全孤立于任何可能被承认的领域，就会是无力的。对个体自我赋权的局部性承认需要某种承认者与被承认者共享的空间。它需要一个公共领域，共同确认个体“剧作者”的权利作品。我将从几个方面阐述这个论点。

首先，认知**不是在自我赋权之前**发生的，而是作为个体能够自我赋权的一个**条件**（与自我赋权同时发生或紧随其后）。其次，它需要各种社会结构和个体的人格结构之间有某种程度的**呼应**，这意味着“相互加强”。呼应可以通过某种社会化来促进，这种社会化在特定机构中产生了共享的价值观念。例如，政治共同体的成员可能肯定某些社会机构，因为他们同意这些机构——媒体、法律体系和公务员制度——所体现的规范。大众公认的知情权背后是新闻自由制度；程序主义规范背后是独立的司法制度；公民作为独立平等的官僚行政主体这一规范的背后，是一个与懒政怠政相关的公务员制度。在每种情况下，人格和社会结构都一定程度地相互呼应。有一种价值（通过社会化灌输的）可能支持一种自我赋权的公共制度，那就是我提出的“自我肯定”。

在我看来，发展地方对自我赋权的承认将是人权事业最大的任务之一。考虑一下这方面的失败案例：争取社会经济权利的运动，特别是在反殖民运动背景下争取“发展权”的运动。[①] 确切地说，缺乏地方承认至少

① 没有任何一个非政府组织运动曾经支持过这一权利，至少没有任何运动可以与倡导其他权利的运动相提并论。

104 是某些殖民地人民人权话语陷入困境的一个因素。这是一条从最初的无关紧要，到释放了反对外国殖民势力的解放潜力（在其鼎盛时期），最后来了个大反转的道路：它向后殖民政权提出了一个颠覆性的挑战——本土力量。由于未能使本土定义的人权在当地获得认可，这一精英阶层的人权论述从未促成任何有效的抗议或社会改革运动。

第一次世界大战后，许多殖民地人民的解放希望主要集中在自决权上。1941 年《大西洋宪章》承诺的不是人权，而是自决权、种族平等权和发展权。[1] 在这里，人权对话是战后国际安全制度的副产品，充其量只具有某种修辞价值（殖民地人民对此非常重视，但丘吉尔首相完全无视，罗斯福总统也只是从战略上重视），各方真正关心的是自决。这在当时意味着反对西方，许多共产主义国家支持下的非殖民国家都拥护它。总之，反殖民运动从来就不是人权运动。[2] 毫不奇怪，因为联合国的《世界人权宣言》没有包括自决权。20 世纪 50 年代中期，非洲和亚洲国家试图通过将每一个国家重新定义为一项人权来强化对自决权和种族平等权的诉求。但在随后的几年中，这些新独立的国家强调不干涉、领土完整和经济发展的原则，而不是为本国人民争取人权。[3] 联合国成立于 1945 年，有 51 个创始会员国，其中 12 个来自被殖民地区（4 个来自非洲，3 个来自亚洲，5 个来自中东）。1955 年至 1960 年，大约有 50 个新独立的非洲和亚洲国家加入了联合国，并获得了多数选票。他们的多数地位使其能够主张自决权是一项人权，从而将“迫使人民屈服于外国统治”界定为对人权的侵犯，并抨击种族歧视对人权的践踏。

然而现在，本土行动者展开的人权对话威胁要破坏一些非洲和亚洲领
105 导人新近赢得的权力。这些领导人不承认种族或其他群体在各自的反殖民斗争中所使用的自决权[4]，还拒绝接受自己在独立前所倡导的国际劳工准

① 参阅伊卡博德（Ibhawoh 2007：141－172）和依瑟德贝（Esedebe 1994：112－125）的相关著述。

② 参阅辛普森（Simpson 2001：300）的相关著述。

③ 参阅默里（Murray 2004：271－279）的相关著述。

④ 参阅帕金森（Parkinson 2007：103－132）的相关著述。

则，认为这是西方不合法的影响。① 与此同时，这些国家将人权言论作为一项政治策略，揭露后殖民时代世界秩序的不公正，捍卫“发展权”及其在联合国内的法典化。② 20 世纪 70 年代初，这种论调认为工业化国家应在道义上对第三世界的不发达负责，并有义务因其过去的殖民行为提供赔偿。③ 它试图转移西方侵犯第三世界人权的责任，这些侵权行为不仅由国家犯下，而且是文化行为，特别是那些影响到妇女和儿童的行为。

一些第三世界国家要么拒绝这一特定版本的人权，要么确立自身的地方性人权，然后为其在国际事务中的合法地位辩护。很明显，这种言辞仍然没有效果，非洲和亚洲国家试图运用人权思想使经济议程合法化，但未使任何国内人权具体化。④ 用自己的道德语言追赶西方的努力失败了；在许多方面，当地建构的人权语言也失败了，甚至可以说从未真正在当地建立起来。

自我赋权筹划的局限

自我赋权的筹划本来就不太可能，在可预见的将来仍然难以实现，但这并非完全不可能。奴隶制的终结、妇女权利平等和广泛禁止童工也在晚近才成为可能，历史上大部分时间里，这些似乎是完全不可能的。

尽管有希望，该筹划仍然面临着一些严重问题。首先，自我赋权的概念意味着人们自我赋权能力的平等。但这不可能，原因有二：(a) 并非所 106
有人都能获得自我赋权的能力；(b) 不平等的起始条件往往导致不平等的生活。

(a) 不是所有人都能通过社会化形成自我赋权的能力。因此，儿童（至少是暂时的）以及智力缺陷者将几乎没有或彻底没有希望成为自我赋权的道德主体。⑤ 因此，仅仅基于所有人的纯粹人性或物种生物性，很难

① 参阅毛尔（Maul 2007）的相关著述。

② 参阅埃克尔（Eckel 2009：479）的相关著述。

③ 参阅迈巴耶（M'Baye 1972/1973：534）的相关著述。

④ 参阅埃克尔（Eckel 2009：481）的相关著述。

⑤ 胎儿也无法成为自我赋权的道德主体。

支撑所有人成为平等的自我赋权者这一观点。一个人是否独立自主（从自我赋权能力的意义上说），与他或她作为某个个体的地位或本性（“人性”）无关，人类行为、文化和社会结构决定并影响着这种行为。因此，在人权理论中，对个体“人性”或“人的尊严”概念的呼吁是非常不牢靠的。

我提供的替代选择（在上文“自我赋权的特性”中提到）是将之社会化为自我肯定。这种方法的问题是如何使那些缺乏自信的人获得自信。① 人权应保护那些个体不受各种形式的践踏。这些个体缺乏发展自信自我的潜力，这不能成为其降低实现自己人权目标的理由。按照自我赋权概念所固有的“互惠逻辑”，只要一个团体不能使所有残疾人或其他不能确定自我的人达到自我赋权能力的同一阈值，该团体就不能充分实现人权自主。

（b）通过社会化，一些人可能会认为平等主义是阐释其自身文化的“权利”。这一观点与阿伦特的平等观产生了共鸣，她认为平等是一种社会建构：“我们并非生来平等，之所以成为平等的群体成员，是因为我们做
107 出了确保自己享有相互平等权利的决定”（Arendt 1994：301）。“我们”决定给予自己权利，而“我们”相互给予权利，这是一种自我赋权的主张。

1776 年托马斯·杰斐逊的《独立宣言》、1789 年法国革命者的《人权宣言》（即《人权和公民权宣言》），以及 1948 年联合国的《世界人权宣言》，本身并没有使其接受者对自己文化的批判性解读达到平等。因此，平等（《世界人权宣言》第 7 条宣布“法律面前人人平等”）以及同工同酬原则（第 23 条）很容易被一些局部的不平等击败，例如性别、种族、社会经济地位、受教育水平或任何社会机构（包括媒体、政治和经济）准入门槛的不平等。

因此，批判解读自身权利的个体无法简单地与所有其他解读者平等。被要求的人权，如果被理解为社会建构，就需要一种政治和文化行动来为其提供实际力量。但是，个体行动如何才能带来权利，尤其是人权？如果

① 可以肯定的是，“道德能动性不是单一的统一属性——不同的人以不同的方式展示它”（Meyers 1985：115）。

个体作为某种社会运动的一员，那么他或她的**行动**就与这个群体的政治活动范围相关。政治活动本身可能**至少在组织内部**使权利实例化，然而当然不会随着运动本身而结束，而是需要获得远远超出群体范围的效果，例如理想情况下最终获得国家的承认。

在不同的行动中，是否可以预先指定并提供行动所需信息？除了这个一般性的问题，还有一个非常特殊的因素：在任何特定的社会运动中，很可能不是每个成员都有能力这样做。例如对于一个没有语言能力或有其他缺陷的人，监护人是否可以给予其无法自给的人权？如何给予？如果某个个体遭受了某种“精神剥夺……如此严重以至于……生命根本就不再是人类的生命，而是另一种形式的生命”，例如“持续性植物人或无脑儿”（Nussbaum 2006：187），如果有监护的话，什么形式的监护才算足够？究竟应该为其安排什么样的表达方式呢？在这里，没有任何监护人能够通过某种有表现力的手段来帮助这样的个体采取行动。这样的个体只能是人权接受者，而无法成为剧作者。在自我肯定能力的“分配”方面，这种不 108
平等似乎是无法消除的。

此外，即使对于没有被剥夺权利的人，自我赋权的行为执行能力也是不均等的。因为在任何特定的社会中，实现自我赋权的基本“能力”可能是不均衡的。[1]“自由、权利、收入、财产、资源、基本物品、公共事业、能力”（Sen 1992：88）不同的聚集可能导致“收入、公用事业、福利和追求各式各样幸福的积极自由”实质性不平等（Sen 1992：21）。其中一些不平等可能源于更广泛的社会经济和地缘政治背景。这种不平等使当地居民难以（甚至不可能）成为**自我创作**的个体。尽管如此，这个问题不能仅靠宣称形式上的平等来解决。

还有一点需要考虑的是，自我肯定意志的分布不均。并非所有原则上有能力自我赋权的个体实际上都能这样做，有些人可能不会这样做，因为

---

① 谈到“能力”，我指的是阿马蒂亚·森（Amartya Sen）的“能力方法”（以及与之类似的努斯鲍姆的主张）。它提出了一种个人克服障碍走向自我肯定的方法。那种方法“建立在对自由（包括功能）的普遍关注之上”（Sen 1992：129）。可能“从最基本的功能，如营养良好、避免可规避的发病率和过早死亡等，到相当复杂和深奥的成就，如自尊、参与社区生活等”（Sen 1992：5）。

他们没有被社会化成为自我肯定的主体。这种能力的丧失可能是健康或环境等因素造成的社会条件不均衡的结果（因此，长期健康状况不佳可能抑制自我肯定的发展，一个动荡不定的环境也可能造成类似的结果）；可能源于个体在群体中缺乏发言权、影响力或权力；可能由某些社会规范和政治制度引起，例如缺乏政治自由和公民权利可能导致个人易受经济问题和重大灾难的影响，从而不利于自我肯定的发展。在某些情况下，放弃自我肯定甚至是一个选择。

在这一章的开头，我引用了朗西埃对人权的定义："那些仅因作为人类的一员而拥有的权利，他们除了拥有作为人类的一员这一所有权之外，别无他物"（Rancière 2004：298）。**所有权**指的是某种特性。但如果一个
109 人将人权视为某个个体自身固有的合法物，那么它很可能被解读为"财产"。从约翰·洛克（John Locke 1690）到当代自由主义者罗伯特·诺齐克（Robert Nozick 1974）都提出了同样的观点。[①] 如果所有自我赋权的个体在形式上都是平等的，那么他们事实上的不平等，如"收入、公共事业、福利的不平等，以及追求各式各样幸福的积极自由的不平等"（Sen 1992：21）必有其他来源。因而，不平等来自"自由、权利、收入、财富、资源、基本物品、公共事业、能力"（Sen 1992：88）的不同聚集。

C. B. 麦克弗森将这种平等主义方法分析为自由市场社会的"占有性个人主义"。在自由市场社会中，个体的"人性"是其个人所有权。这样的人性依赖于个体"从与他人的任何非利己的契约关系中获得的自由"（Macpherson 1962：271－272）。人类的所有成员都认为彼此是平等的（从根本上说，比可能不平等的任何方面都更平等），因为他们同样服从于

① 在这一观点中，自我所有权意味着承认他人的自我所有权，而自我所有权如果不是一种自决权，就没有任何意义。如果一个人有这种意义上自我决定的权利（因为个人拥有其自身），那么所有人似乎都有同等授予自己人权的权利。在这种方法中，人们"需要"承认自己。这不仅是授予自己人权的条件，也是获得他人承认这些权利的条件。自我拥有将受到洛克禁令的限制，该禁令要求为他人留下"足够且同样好的共同财产"：我只有在不剥夺他人自赋的人权的情况下，才可以赋予自己人权（Locke 2005：288）。因此，一个人的人权不得使任何其他自我赋权的人在拥有公认的人权方面变得更糟。

市场力量。市场力量被认为是调整人际关系最好的方法，即使只是通过类比。但是，“占有性市场社会的离心力”只能通过“那些有权选择政府的人之间的某种利益凝聚力”来抵消，这种凝聚力足以周期性地决定政治共同体的领导地位（Macpherson 1962：273）。然而，它会随着公民权从原特权阶层扩展到其他阶层而消失。

尽管我反对这种观点，占有性个人主义的概念却有效地显示了自我赋权的人权事业中存在的不平等问题。平等几乎不是从人权作为商品关系中产生的，也并非源于“资产阶级社会中自私自利的个人权利”，其中“人权的平等表达了剥削关系的‘平等’”（Rancière 2006：17，19）。

我无法解决在获得自我肯定的能力方面存在着的各种不平等问题，也 110
无法解决初始条件的不平等，这种不平等常常导致生活的差异。在得到妥善解决之前，这些问题限制了人权接受者成为人权剧作者的可能。但一个并非在所有方面都完美无缺的筹划仍然是可行的，尤其是在成功可能性很小的政治领域。它永远不会是一劳永逸、完整无缺或亘古不变的，但即使只在部分地区及有限的时间内得以实现，这项自我赋权的筹划仍然会兑现其部分承诺。

本章为作为社会建构的人权开发了一种文化资源，下一章则将揭示源于情感的生物资源。可以肯定的是，为自由接受人权而可能调动的情感始终涉及文化，但情感本身并不是社会建构的，至少不是我这里提出的“**自我肯定**”。

第五章　神经生物学资源：情感和天然的利他主义

111 在 17 世纪，笛卡儿通过把人二分为心灵和身体两部分来颠覆古老的理解。时至今日，我们仍倾向于用笛卡儿式的术语来思考心灵：它独立于我们对它的认识，它的活动总是具有一致性，与世界的方式相对应。然而，我们现在知道，大脑在很大程度上是无意识的，不是字面意义上的，而是经常通过隐喻和象征来运作；只有部分是逻辑的，而且非常容易受到价值观和利益的影响。我们还了解到，推理内含情感的因素，情感也并非完全没有推理的特征。[①] 如果我们产生或持有一些信念[②]，那么必须拒绝承认 17 世纪托马斯·霍布斯所描述的理性利己主义与 18 世纪亚当·斯密所称的“同情”之间，存在着不可逾越的鸿沟。用斯密时代的另一位领军人物大卫·休谟的话来说（Hume 1966：30），把道德行为理解为一种完全理性、“排除一切感情因素”的事物，那就大错特错了。我们最好“以轻松、熟悉和喜爱的方式接近她”，把“她所有真诚、迷人的魅力所代表的美德”作为一种“激情”（Hume 1966：118）。如果这样解释，道德将“在其律令上更为正确”，“在其规劝上更有说服力”，而不是被解释为纯粹理性、完全与情感无涉的事物（Hume 1968：621）。很明显，个体把情感作为真理的“场所”来体验，就像体验信仰一样。休谟是对的（部分原因
112 是在他所处的时代理性尚不易获得），大脑有“情感（边缘系统）和本能（脑干）两个独立的位置……但没有根据本能/情感是否适用于自己、亲属、非亲属、熟悉的地点或语言抽象而设的独立位置”（Miller

① 神经学研究发现，情感和感觉的缺失会阻碍——正如理性的缺失会阻碍——我们“根据个人对未来的预感、社会习俗和道德原则来做出决定”的能力(Damasio 1994：xii)。

② 参阅弗里达、曼斯特德和贝姆（Frijda，Manstead，and Bem 2000：4）的相关著述。

1993：237）。例如，恐惧的情绪产生于大脑下皮层，无论是对个人当前福祉的恐惧担忧，还是对整个地球数千年福祉的恐惧忧虑。不管对象是什么，情绪或多或少都是一样的。

如果林林总总的情感以人权信仰为目标呢？无论是人类提供抽象推理能力的新皮层，还是其他哺乳动物共有的下皮层情感系统，都在神经学上支持了我们的信念——比如对人权的信念。通过“情感体验为信念驱动的过程创造条件，在这种过程中，维持和强化该特定信念的可能性会增加”（Clore and Gasper 2000：30）。①

前一章探讨了人权作为社会建构的文化资源，而这一章将探索一种生物学资源的可能性：将人权观念作为情感对象。我主张（1）将人性视为生物学而非形而上学或神学的概念；（2）将人性视为人格结构与社会结构相结合的概念；（3）理性和情感在某些方面是相互交织的，这对人权事业有潜在的帮助——情感可以塑造我们思考权利的方式；（4）与虚拟的血缘关系（就像生物亲属关系一样，可以是利他的）相关的情感促进了对人权思想的接受；（5）这些步骤进一步推动了全球人权事业相关目标的实现；（6）我的结论是，从情感层面来接受人权是可能的，无须通过外力操控来实现。

人性是生物性的，而非形而上学的或神学的

我所说的**生物性人性**意指自然选择进化而来的人类所拥有的几个行为基础。我将如此理解的人性与主张先验真理的神学或形而上学概念进行 113
对比，后两者是通过神启或对永恒本质或目的论的沉思而获得的。② 我所说的**文化**意指社会建构的行为规范。自然现象和文化现象都与人权观念密切相关，即使它们涉及非常不同的主张。生物性人性因为不是被赋予的，所以不论相互竞争的信念还是传统或蒙昧状态，对每个人都是有效的。相

① 情感可以增强或削弱当前信念持有的力量，甚至鼓励发展新信念。参阅弗里达和梅斯基塔（Frijda and Mesquita 2000：45）的相关论述。

② 第一章批判神学基础，第二章批判形而上学基础。

比之下，文化是被建构的，只对那些完全接受它们的群体有效。生物性人性的某些方面可以支持人权理念这一文化产物，因此人们最终或偶然可以接受人权思想。

人类本性的某些方面可以促成特定的文化产物，因为人在文化上所创造的东西永远不会疏离于生理特性。“我们大脑产生的想法在很大程度上取决于人体解剖学特性。”事实上，“甚至我们的道德和政治思想都是由大脑的神经解剖学和连接性创造和实现的”（Lakoff 2009：10）。同时，个体有能力体验“群体思维”，这是一种生物和文化方面的现象。① 社会合作能力“主要来自本地群体内的互动”，涉及个体神经解剖和群体意识（Tomasello 2009：100）。诚然，群体思维同样会在彼此之间产生冲突与痛苦，这一点是本观点面临的挑战，也是我将在本章最后讨论的问题。社会建构的规范也是一把双刃剑，这些将在第六章和第七章中讨论。上一章和本章对人权采取了一种社会建构主义的做法，但无法保证这种筹划只产生良好效果而不产生意外的负面后果。

114 我寻求一种制度化的、以情感为基础的、支持人权思想的群体思维。作为一种社会建构，人权可能是“脑力劳动”，因为大脑进化的系统可能产生任何社会价值的基础，就像其产生人类情感的基础一样。然而，这一思路并没有将人类归结为情感体验。我得出的联系并不意味着我们可以从恐惧、愤怒、憎恨、爱或其他通过意识传递的情绪中凭直觉判断道德规范的是非曲直，也不意味着情感包含“自然价值观”。从生物学角度理解的人性在政治或价值驱动意义上都不能下定论。②

文化价值不能从既定的生物科学中推导出来；生物学不能替代文化的

---

① 例如，利他主义的信仰和行为可以通过生物学手段（如亲族血缘）或文化手段（如政治、宗教或文化群体的象征性表征）来促进，也可能两者兼而有之。从进化的角度来看，鼓励与生存相关的行为的情感本身也可能会遗传下去。个人生存，至少作为基因组，不仅与繁殖有关，而且与某些人的照顾有关：那些他或她在情感上依恋的人。

② 从亚里士多德到阿奎那，文化价值不能从生物的给予中推导出来。这一论点与政治思想的悠久传统背道而驰，后一传统观点认为自然法则（形而上学的或神学的）可以从人类生物学的事实中推导出来。晚近时代，康德批判了通过反思生物结构的目的论而衍生出道德。

工作；生物学知识永远不会成为人权知识。① 我也不提倡伦理自然主义。建设和传播人权是历史的和文化的，而不是生物学的。然而，生物学为人权事业提供了一个未被认识的资源。本章表明，可以通过日常社会化模式增强人权的情感支持：将社会团结纳入制度性基金，可把社区团结和人权结合起来支持利他主义。②

通过社会结构和人格结构鼓励利他主义

人权的存在和实施取决于两种结构：个体经常与之互动的社会机构和个体**人格**的各个方面（他或她的模式化行为特征）。第一种是政治共同体 115
对社会行为的影响；第二种是影响个体政治和道德行为的心理倾向。为了发展人权观念，社会结构和人格结构需要相互促进，单凭任何一个是无法创作、承认和促进人权的。③ 二者可以在生物和文化交汇的地方相互加强，生物基础潜在地支持着文化和社区内的人权。

与人权特别相关的是利他主义，即对他人福祉的无私关心。利他主义可以通过生物学和文化的融合而得到促进，其中**生物学**以养成为导向，而**文化**指的是习得行为（后来我主张将情感定义为习得行为）。在这里我引用迈克尔·托马塞罗的作品。④ 他研究人类儿童和类人猿的社会认知、社会学习和交流过程。显然，这些过程中的部分促进了人类利他主义思想和行为的出现，至少在幼儿中是这样。在这种情况下，利他主义并不是由文化传播的（Tomasello 2009：xvii）。从大约一岁开始，“人类的孩子在很

---

① 伦理属性和伦理思想不属于自然世界，伦理声明不能被归结为自然科学现象，科学也不能回答伦理问题。然而，正如我所展示的，人类本性的生物学方面当然与伦理领域相关。

② 我并不认为人权一定或完全属于利他主义范畴。我认为可能属于互惠自私的范畴。例如，根据免于奴役、言论自由和拥有私有财产的自由所阐述的自决权；使用自己的劳动成果、物品和财产，或者说出自我想法的权利。简单地说，根据互惠逻辑，而不是利他主义，个体有义务承认他人对自己劳动、言论和财产的所有权。

③ 第四章阐述了一种由人权接受者自己创作人权的理论。

④ 如第二章。

多情况下就已经很乐于合作、助人了”。他们“并非从成年人那里习得；而是天生的”。在后来的发展中，“孩子们不加区分的合作意识被其对可能的互惠的判断和群体中其他人的评价调节”。这样的判断“首先在人类的自然合作进化中起了重要作用。他们开始内化许多特定于文化的社会规范，以指导群体成员做事”（Tomasello 2009：4）。

承认人权就是承认我们不认识、也可能永远不会认识的人。儿童对他人自然的和不加区别的帮助显然包括陌生人。利他主义的帮助是“儿童在冲突中同情他人的自然倾向的外在表现”，是鼓励基于情感的人权禀赋的一种资源（Tomasello 2009：13）。利他性帮助是一种“互惠主义”，一种“在更大意义上对人类合作负有主要责任的过程，即人类在以制度为基础
116 的文化群体中共同生活和运作的倾向和能力”（Tomasello 2009：52）。互惠主义起源于合作活动，这种活动为动机演变的最初步骤提供了一个受保护的环境（Tomasello 2009：47）。传播人权理念可以从这条道路中吸取教训，使“共同意向的技能和动机”转变为对他人的信任和容忍，这远远超过现代类人猿的能力。人类可以从恐惧、愤怒、仇恨、爱或其他情绪中转移出来，这些情绪通过意识传递到集体持有的规范中，而这些规范包含了制度化实践（Tomasello 2009：54-55）。这一路径可能源于一种基于生物学的能力，即人类对“我们”的独特感知。**我们**指的是意向共享，它为文化和政治团体自由接受人权思想提供了可能的资源。“我们正在一起做某事的感觉创造了相互的期望，甚至权利和义务。”生物、经济、文化、环境等各个方面的相互联系构成了“共同行动”（Tomasello 2009：58）。从这个意义上说，它也可能有助于相互的权利和义务，人权是其中的一个特定部分。

一个共同体如何才能培养各成员之间的相互联系，从而鼓励对人权的信仰？答案可能取决于对另一个问题的回答：是什么条件促使早期人类一次又一次地把自然、有益的态度扩展到局部环境之外？我从两个方面提出了推测性答案。一方面，通过内化社会规范。当个人违反规范时，他或她可能容易受到内疚和羞耻情绪的伤害，这种脆弱性“定位”在个体的个性（我指的是模式化行为特征）中，内化规范是协调个体行为与群体期望的一种方式。另一方面，通过产生信任的共同背景。这有助于社会制度的形

成和延续。发展人权的这两种方法都涉及人格结构与社会结构的整合，包
括个人性格的整合，只要它能激发他或她的政治和道德行为，或与个人所
处的一些社会机构的结构相关。所谓“整合”，我指的是一种相辅相成的
关系，在这种关系中，人性和人类文化在社会规范，特别是人权规范中
“相遇”。自然与文化“相遇”，在这里是指通过教育等社会机构的文化产 117
物，鼓励、发展和加强幼儿的自然利他主义和自然互惠主义。我认为人权
是在某种“共同意向性支配下的合作互动”中取得的实际效果（Tomasello 2009：106）。意向性需要鼓励才能在防御和反利他行为中生存下来，这些行为是个体在面对自私、欺骗和背叛等人类社会生活的共同特征时早就学会的（并在以后的生活中不断加强）。

我们最初对利他行为的非习得倾向，可能是从人们鼓励相信人权观念培养起来的。培养形式可以从“文化是道义性”的这一事实开始：文化以这种或那种义务伦理指导促进某些规范。培养形式可能在另外两个方面发挥作用：通过想象和象征性的交流，一个文化共同体可以利用幼儿天生的互惠互利和利他主义①，也可以利用当地文化中已经鼓励这种特性的那些规范。它可能会利用这样一个事实：孩子们通常想要服从群体，或者倾向于尊重社会规范，因为他们对权威和互惠的规范很敏感，实际上容易受到影响（Tomasello 2009：40-41）。人格结构与社会结构、文化和生物学相互作用以支持人权的方式反映了生物学在文化共同体中找到支持的可能性：理性与情感的相互联系。现在我谈谈这种相互联系。

理性和情感的交织

一些信念可以产生情感；一些坚定的理性信念可以引发强烈的情感，从而鼓励个人寻找支持性信念。② 从这个意义上说，情感可以导致或证实目

---

① 即使幼儿的认知不成熟导致了有限的道德能力（例如利他主义）：“幼儿的道德判断主要取决于行为的结果，而不是行为者的意图。这个模式……表明了成熟道德判断的两个重要过程之间的分离”（Young et al. 2007：8239）。

② 评价性信念可能伴随着情感上的影响，促使个人为信念寻找合理的支持依据。对照阅读克洛尔和加斯珀（Clore and Gasper 2000：25）的相关著述。

118 标信念：这种情感中所包含的感官感受可以作为“信仰或承诺以及与之相一致事物真实性”的证据或主观支持（Clore and Gasper 2000：25）。有些情感可以产生新的信念。毕竟，情感是“基于当前突出关注点”的估量，可以“转化为长期的信念或认同”（Frijda，Manstead，and Bem 2000：6）。情感非但不会妨碍理性的行动，反而可能促进理性的反应：“情感使注意力集中，使评价具体化，并促使人们在反复思考后采取行动”（Posner 1999：310-311）。这些不同形式的情感工作可以沿着几个维度进行。

第一，情感经历将信念与可信度联系起来。① 个体对情感的感知是内在的和直接的，这种特性允许情感被体验为“准确的”或“真实的”：某个个体可以用逻辑论证，但不能用感觉论证（Clore and Gasper 2000：39)。事实上，人们**可以**用感觉论证，感觉往往具有强大的说服力，当然是对经历过的人而言。因此，个体通常会毫无质疑地体验和信赖自己的情感，比如，对一个人的愤怒很容易就会让人相信愤怒的对象是可鄙的。信赖的品质与“情人眼里出西施”没有什么不同，爱人始终确信自己对所爱之人的估计是相当准确的。从神经生物学角度来说，爱和恨也非常相似。如果社会作为一个整体或部分能够在这种情况下利用情感的说服力（因为这种说服力已经在其他情况下得到运用了，如市场营销和广告、政治活动和诉求，更不用说电视电影歌曲），可能会为人权宣传提供一种迄今未被承认的、未经试验的资源。

第二，情感可以唤醒、强化或塑造信念，可能会影响一个人的关注点：“人们倾向于相信与自己普遍情绪态度一致的谣言”或“人们鄙视他们羞辱的人”（Frijda and Mesquita 2000：46，53)。有时候情感可以改变
119 一个人的信仰。例如，可能通过与一个人所信仰的相关信息建立联系来细化信仰。信念的产生可能是为了补充或完善一个情感语境，使一个人的感觉或情感驱动的判断合理化。

第三，情感通常会给感受者提供反馈。人们能够“读懂”自己的情感

① 情绪传达了与信念或认同相关的可信度。情感是个性化的，通常与特定的刺激事件相关，而情绪通常没有特定的目标。情绪难以释怀，而情感往往是简洁明了的。

反馈，判断和决策的能力与这种反馈有关，就像“情商”一样。同时，反馈可能会加强或削弱情感评估结果。情感可以是价值的经验跳板，激发和引导判断，一些已经反映在语言中，如英语的蔑视（contempt）/可鄙的（contemptible），尊重（respect）/受人尊敬的（respectable），欲望（desire）/合意的（desirable），钦佩（admire）/值得钦佩的（admirable）。情感可以影响理性信念，就像自我强化一样。①

第四，人习惯于把恐惧与消极的情感联系起来，把欲望与积极的情感联系起来。价值观是承载着情感的信念，是事物积极或消极状态的心理表征。② 情感可以激发行为，有时是强有力的：“‘驱动’人们的往往是他们的愿望、恐惧和价值观”，因此“情感是三者的中心”（Westen 2008：81）。情感可以产生令人充满热情坚持的长期目标，可以激发价值导向的行为。在这种情况下，我的问题是：如何运用一些情感来推进一个肯定包含了情感价值的概念：人权思想？毕竟，人权并没有因为与情感的联系而被“削弱”，将人权与情感分离是不太可能的。法律、道德或人权充满了情感，从爱到恨，从羞耻到骄傲，从厌恶到吸引。人权本身可能充满情感，例如“对正义的激情”。事实上，人权可能会扩大情感的范围，包括同情的人道主义精神。③ 问题是：如何利用这些情感因素来推进人权？我将在下一节中给出答案。

通过利他主义的虚拟血缘关系来拥抱基于情感的人权 120

从信条到历史再到传统，从上帝到集体命运再到法律、道德和哲学原

---

① 情感是有意识的，它可能提供支持公共评价的私人经验反馈，而这些评价很大程度上是无意识的。这种体验体现了一种个人的反应，即使它服务于集体评价。

② 包括反映生物进化的社会取向的价值观，如反对乱伦。

③ 法国“反贫困行动”援助组织官员让-弗朗索瓦·维达尔说：“只有同情可以畅通无阻。它是人道主义机构筹款的基础。我们似乎离不开它。”（Rieff 2002：55）（一个人道主义机构只有通过使潜在捐助者对遭受不幸的人产生深切的同情和悲痛的共情，才能激励他们做出贡献。一些潜在的捐助者会被减轻他人痛苦的强烈愿望感动，并向人道主义机构捐款。——译者注）

则，人类在情感上与抽象的精神联系在一起。这种结合有时可能会进一步促进群体内的利他主义。在这种情况下，这种结合可能是支持人权思想的。但究竟应如何结合？培养利他思想和利他行为是出了名的困难。让我们回到霍布斯。对他来说，利他主义行为从自我保护的角度来看是非理性的。如果像霍布斯所设想的那样，人类天生就是脆弱、好斗、自私的，那么，谁迈出了利他主义的第一步，谁就有可能被那些拒绝迈出互惠那一步的人杀死和毁灭。如果利他主义被理解为一种更多基于情感而非理性的东西，那么或多或少受到情感引导的个人或群体就或多或少容易被受理性引导的人伤害。在这种情况下，政治共同体只有作为一种社会契约才可能存在，而这种社会契约是自私自利的个人经过可怕的算计而产生的。在这一点上，霍布斯的政治理论明显是现代的：用一个正常的、相对的社会结构取代了形而上学或神学上的绝对。我欣然接受他的现代性，但不同意他对利他主义行为政治合理性的拒绝。

社会契约可能会使利他主义者自身或与其在生物学上有密切关系的人受益。因为在这两种情况下，它可能会保留一种准基因传承（也可能是一种利他主义的遗传倾向，如果这种倾向存在的话，也许利他主义的父母往往会生出利他主义的孩子）。利他主义同样可以涉及他者或不相关的人。与血缘相关的利他主义可能仍然是利己主义，但非血缘关系的利他主义则并非如此：因为它并非寻求对家族基因库的自我保护。这样的利他主义正是人权倡导者所希望的。这种希望是现实的，因为基于非血缘关系而非基于家庭的利他主义，是任何超过几十人的政治团体的核心。

非血缘关系的利他主义不依赖利他主义者和受益人之间密切的生物学联系，它可能由一种“感情的扩散”驱动，这种“感情的扩散”指的是通过文化手段传递的世俗化、情绪化诉求。林恩·亨特（Lynn Hunt 2007）同样认
121 为，情感小说鼓励人们同情被忽视、被轻视的人，或在困境中的人。① 启蒙运

① 著名的例子包括塞缪尔·理查森的《帕梅拉》（Samuel Richardson 1740）和让-雅克·卢梭（Jean-Jacques Rousseau 1761）的教育思想《新爱洛伊丝》（这是一部书信体小说，它将真实的伦理道德置于理性的道德原则之上）。一个世纪后，在欧洲大陆之外的美洲，同样的结果可能也发生在一些南方白人身上，他们读过哈里特·比彻·斯托（Harriet Beecher Stowe 1852）的《汤姆叔叔的小屋》。

动的人道主义思想浸透其中，这些书在十八世纪后半叶促进了对被压迫者和被边缘化者的同情的爆炸性传播和广泛流行（至少在小说中是这样）。[1] 她认为，富有情感的阅读不仅改变了欧洲文人的情绪，而且改变了他们跨越社会边界的“共情”能力。阅读小说的人越来越倾向于认为其他人——无论男女、贫富、主仆、公民或外国人——与自身具有同样的道德地位。如果其他人同样具备忍受痛苦、折磨和羞辱的能力，读者可能会认为他们在道德上也配得上免于身体或心理被虐待的权利。这种感情的扩散构成了一种可能与原始情感有关的特殊的“我们”（we-ness），这种原始情感使人类倾向于利他地照顾自己的亲属，但现在指向非亲属。这种独特的全物种身份意识可能会使人权观念成为一种主体间共享的情感状态，特别是如果可以在各种传统和制度中得到文化强化（出于人权目的，其中一些很可能需要重新解释或重建）的话，我在第六章和第九章将阐述文化方言和民族国家的方式。

因为情感不局限于可能的对象，积极的情感关注可能会超越亲戚或朋友，指向那些你不认识、也永远不会认识的人。它面向的人可能远远超出了一个人所处的政治共同体，而非局限于亲属之间的联系。[2] 如果情感不局限于其所依附的对象，任何一个给定的对象可通约的话，我们可能会假设对人的依附类似于对一个思想的依附。如果孩子或父母的情感纽带和抽象原则的情感纽带并没有那么大的不同，那么我的建议就会显得更有道理。[3] 情感不受对象的限制这一事实表明，情感的指称确实是可以普遍化 122
的。亲族特异性利他行为推广到非亲族可能会采取与支持人权的行为相关的方式。家庭内部存在着强烈的情感依恋，国家的“想象共同体”同样具

---

① 这种体裁在另一种意义上是爆炸性的：它倾向于消除基于阶级和信仰的身份认同，让读者同情其他阶级和竞争性信仰的受害者。

② 令人惊讶的是，“亲缘识别不是……基因编码的特征”（Miller 1993：234）。

③ 需要注意的是，概括情感影响不是概括家庭对共同体、整个社会或整个世界的归属（从柏拉图到卢梭，这是乌托邦思想的长期愿望）。从亚里士多德开始，根据政治理论中的一个著名说法，家庭关系越普遍，人们就变得越脆弱。随着时间的推移，托克维尔（Tocqueville）分析了“人性的普遍情感”，认为所有人都是平等的，并理应把彼此联系在一起，但这种“人性的普遍情感”是脆弱而肤浅的。

有这一特性（Anderson 1991）。对生物学意义上亲族幸福的关注可以扩展到对“广义的”或虚拟的亲族幸福的关注。也就是说，不管其他“部落”是政治的、文化的、种族的、社会经济的、宗教的，还是语言的，都是同一政治团体的成员，或者就人权而言，是（最终所有）其他政治团体和（最终所有）其他“部落”的成员。

这里，自然和文化在另一种意义上相遇。生物学上的利他主义遵循一种收益超过成本的逻辑。从达尔文的观点来看，自然选择倾向于这种利他主义。文化利他主义也遵循类似的逻辑：群体生活在保护、繁殖和培育（以及其他方面，如宗教和哲学、艺术和休闲、技术和医学的舒适）方面给成员带来了显著的好处。情感在生物和文化利他主义中都很突出；友谊和正义可以兼得；建立在情感基础上的人权将两者结合起来。

人权事业与情感相关的目标

利于实现人权的情感的运用追求两个目标：(a) 识别显著的学习潜力和 (b) 推进促进社会联系的情感。

(a) 在人类 20 万年历史的大部分时间里，生活在“面对面群体中的人数可能在 50 到 100 人之间，与非亲属的合作可能仅限于相互熟悉的伙伴之间的互惠”（Masters 1994：114）。几千年来，一个人的日常活动或多或少涉及规范行为[1]，这些行为将个体与越来越多的人联系在一起，这
123 些人可能永远相遇、从未有过交流：不仅包括扩展了的政治团体的成员，也包括不同职业、宗教信仰、语言或种族团体（当然，每一个团体都远未达到世界性立场）的成员。

在这种情况下，各式各样的情感如何促进与人权相关的规范？我们知道，情感可以与理性的信念联系在一起。积极的情感，如喜爱，可能会使人更信任他者，从而反过来为合作提供有力的支持。人权包括以规范为导向的对他人的行为，其中一些行为明显是合作性的。日常基础上的合作，

---

[1] 不仅是规范的行为，还包括规范的获得、解释、延续、修改或剥离。

涉及文化对规范认同的促进，可能还涉及基于情感的、对核心社会目标的从属和依赖。因此，合作既是理性的**又是**感性的，既基于理性的想法**又**基于积极的情感。①

如果假设大脑“生物学上决定的行为和情感倾向”是“可以通过学习获得改变的”（Panksepp 1994：116），那么，情感倾向是如何通过学习被塑造、改变或引导的？就生物学上理解的人性包括反社会因素而言，学习人权的一个关键目的似乎非常明了：训导个体约束他或她的利己主义倾向。接受者可能会学习不同的品性：他们可以通过学习承认他人的人权来学习利他主义。② 培养社会建构的利他主义可以通过饱含情感的例子来论证，包括父母和其他潜在的榜样（如从事公共服务的人）③ 的利他行为，或通过教育科研（如压迫史或种族灭绝史研究）、流行文化④学到的内容，或 124

① 比如通过移情作用进行理性的认同、通过情感获得信任，或者通过明智的热忱获得适宜的幸福。

② 第四章提出了自我赋权的理论。

③ 参阅佩里（Perry 1997）的相关著述，他将公共服务动机与父母社会化、宗教社会化、职业认同、政治意识形态和个体人口统计学特征联系起来。有证据表明，“在父母或其他重要榜样的鼓励下养成的惯性行为”会导向“关爱他人的习惯，这些习惯会被有效地塑造成利他主义人格”（Monroe 2003：408）。

④ 参阅伍佩尔·波普嘉利（Utpal Borpujari）的报道《在人权倡导中媒体、流行文化的强大工具》，《德干先驱报》（印度，班加罗尔）2010 年 2 月 2 日：“作为一个使用媒体和流行文化来推动人权事业的实验，它始于十年前。第一次尝试是关于女性权利，以专辑和音乐视频的形式呈现并命名为‘曼克·曼吉雷’。它取得了惊人的成功，在 MTV 前十名里待了六个月。”［《曼吉雷》是人权组织“突破”为促进妇女权利而创作的一张音乐录像专辑。这张专辑获得了 2001 年印度全国最佳音乐录影带奖。整个活动以同名音乐录像和专辑为基础，重点关注妇女权利和家庭暴力。这段充满美感和情感的音乐视频由肖吉特·瑟卡尔（Shojit Sircar）和加瑞（Gary）拍摄，讲述了沙米姆·帕坦（Shameem Pathan）的真实故事：她勇敢地摆脱了受虐待的婚姻，远离了有暴力倾向的丈夫，成为了一名卡车司机，独自养活自己和孩子。这张专辑收录了五首舒巴·穆德加尔（Shubha Mudgal）的歌曲，由山塔努·莫伊特拉（Shantanu Moitra）作词，普拉森·乔希（Prasoon Joshi）作曲，米特·瓦希特（Mita Vashisht）主唱，维珍唱片公司发行。全世界超过 2 000 万人观看了这段视频。《印度教徒报》这样描述：“曼克·曼吉雷在为女性争取公共空间方面取得了突破”。——译者注］

在公开场合情绪化的言辞（例如为战争或自然灾害的受害者筹款）。① 它可以通过课程和其他“情感教育”的范例在学校系统内外进行，家庭、青年组织和政治激进主义团体为这种学习过程提供了额外的可能场所。人权事业的教育内容可以是这些场所中任何具体的人权。

我并不是简单地说权利需要良好的学校和某种支持性社会环境，以及内化的文化如无微不至的养育以支持利他主义规范，相反，我建议将自然情感和社会建构的规范结合起来，**不是**作为情感和道德理论的某种新结合，而是作为某种“践行政治”的方式（作为一种倡导人权的方式）。“践行政治”将通过认识情感和规范信念如何结合在一起而得到启发，我建议在我们目前对某些社会行为的神经学或其他支持性理解的基础上优化这一类型的政治。

情感提供了一种与不同政治和文化他者建立政治联系的手段，使人作为情感生物能够跨越彼此的政治和文化边界。当然，某些情感影响在政治上是共通的，即使它的表达具有历史可变性和社会文化特殊性。②

（b）社会建构的情感（建构意指对人权有助益）可以通过培育激发
125 情感的因素和基于激励的利他主义（区别于竞争和支配）来促进，哺育式情感以及与利他主义相关的情感有助于政治团结。这里的**团结**指一种普遍化的努力，“把别人看作是和‘我们’一样会遭受痛苦和羞辱的人”，“把具有共通感的‘我们’延伸到那些以前认为是‘他们’的人”③。通过扩展“我们”这一概念来处理信仰和情感的交集。理查德·罗蒂提出了类似

① 想想这个美国特有的例子：“妇女选举权、吉姆·克劳法（Jim Crow laws）的终结、美国同性恋者在自由与平等方面最近取得的进步，也是激情政治的产物。在美国历史进程中，情感的共鸣式交流扩展了道德的广义立场，从而以新的方式包容了许多以前被排斥的群体的情感。这种道德的扩展有力地影响了公众对美国司法问题的思考”（Krause 2008：200）。

② 对比阅读博儒塔和费尔海恩（Borutta and Verheyen 2010）的相关著述。这些情绪化特质提出了一个问题：如果在非自由主义社会中使用，我提出的鼓励某些情感、阻止另一些情感的建议需要修改吗？例如，在传统社会、神权政治和许多非西方政治中。我们可以从“情感重构”的角度来探讨这个问题，就像我将在第七章提出的认知重构一样。

③ 罗蒂（Rorty 1989：192）含蓄地否定了阿伦特关于泛化是纯粹理性行为而非情感行为的主张。阿伦特（Arendt 1965：88）谈到“有意识地、不带感情色彩地与受剥削和压迫的人建立利益共同体”。

的观点：将“情感故事”作为“情感教育”的一部分，“充分地让不同类型的人相互了解，这样他们就不会倾向于认为那些与自己不同的人只是准人类。巧妙地处理情感问题的目的是从更宽泛的意义上理解‘我们这类人’（our kind of people）和‘像我们这样的人’（people like us）这两个词的含义”（Rorty 1993：122－123）。在这种方法中，产生一种对所有人共同关怀的感觉，不需要总是或只采取散文式的、理性的论证——“我为什么要有道德?”——而是充满感情地、发自内心并自然而然地涉及一些日常政治任务：“情感教育”。将理性与感性结合起来，向人们传导一种共同承担责任的信念，这种信念可能会因插上情感的翅膀而飞翔。罗蒂的例子是“一个漫长、悲伤、感伤的故事，故事的开头是‘因为这就是她的处境——离家很远，置身陌生的人群之中’或者‘因为她可能成为你的儿媳’或者‘因为她母亲会为她悲伤’。几个世纪以来，这样的故事不断重复和变化，促使我们这些富有、安全、强大的人，包容甚至珍惜那些无能为力的人——那些人的外表、习惯、信仰（或认同）一开始似乎是对我们道德身份的侮辱，是对我们所能容忍的人类差异限度的侮辱”（Rorty 1993：133－134）。

在这种政治意义上的普遍团结，可以通过传达令人信服的困难和苦难情绪来进行鼓励，可以采取使接受者能够想象、体验的方式（就像我之前讨论过的 18 世纪小说一样）。因此，通过文化和机构的社会化而产生的某种人权意义上的团结，将把有原则的伦理道德与情感约束的伦理道德 126
（或无须原则的伦理道德）结合起来，作为既感性**又**理性的人权思想的映照。

在支持人权的过程中运用情感是否必然具有操控性?

对团体和个体的心理或情感操纵本身可能构成对各种可能的人权的侵犯，例如个人自决或信仰自由的权利。通过利用**受众**的情感来推进人权事业是否会破坏自身?

情感的认知和观念内容提供了一种资源，我认为可以通过这种资源控制情感。情感的认知和观念内容的两个特征是相关的：它们是或可以是

(a) 由认知方面进行社会建构和 (b) 作为可执行的情感脚本来建构。控制情感的另一个资源涉及确保 (c) 个人在情感的教育、修正或获得程序中的拒绝权。

(a) 如果情感仅仅是"身体的欲望"，或没有确定目标的情绪（比如无聊、忧郁）；仅仅是身体的感觉，比如脸红或颤抖；完全是自然的，比如盲目的"流动的力量，推动其穿过心灵，积累，并最终爆发"（Solomon 1995：223-224），或者如果它们只是碰巧发生在我们身上，而非我们主动承担的事务——那么就没有认知内容。但是，在某种程度上，情感可以至少部分地被视为社会建构，把自身奉献给人权事业，作为实现这个事业的一种手段。如果情感可以进行社会建构，那么对社会具有破坏性的情感就可以被解构，并以支持人权的方式获得重建。也就是说，情感可能被"教育"以培养或引导缜密的判断和深思熟虑的行为。作为一种介于无动机反思和完全理性的行动之间的东西，情感可能被"教育"成为战略的、以行动为导向的理性的组成部分。例如，它们可能是"不确定性的决定因素"（Elster 1999：284）。或者在非常紧急的情况下，情感可能比认
127 知反应得更快（Landweer 2004：472）。在一般情况下，情感可能会进入听者的思想，即"情感所涉及的信念或认同……据推测，与只传递信息相比，更容易、更顺利、更不受质疑地将信念植入听者的脑海中"（Frijda and Mesquita 2000：47）。

或者情感可能被投入其他激励行为中。复仇心理可能会从嗜血、戒备或处以私刑的表达转变为修复破碎的社会纽带的愿望，因此情感采取的方式既不暴力也不无理，既不危险也不非法，即使它现在寻求正当和有节制的惩罚。其他的情感可能会被"教育"去拒绝消极的表达、接受积极的表达：例如，羞耻感可能会从猛烈抨击的愤怒变成对不赞成行为的悔恨。或者，一种带有行动激励内容的情感可能来源于对一个情况、经历或行动意图的判断。

(b) 在一个被认为是戏剧舞台的公共领域中，公共情感经常被展示出来（有时挑战公共生活领域和私人生活领域之间的传统划分，至少在公共领域被转化为展示情感的舞台的情况下），人们可以"学习"从一个情感

脚本中构建这种或那种情感。[①] 从这个意义上说，“学习”是指情感知识：情景上适当的情感反应（悲伤而不是愤怒才是适当的）及其对思想（悲伤可能告诉我们的）和行为（如何在日常生活中处理悲伤）的影响。例如，一个关于反感的剧本，可能会把这种情感构建为贬低这个或那个种族为劣等的一种手段，或者可能把这种情感构建为一种对任何群体可憎歧视的集体反对形式；一个关于爱情的剧本可能会把同性恋和异性恋的伴侣构建成同样浪漫的关系，今天的一些剧本认为同性恋伴侣完全不可能有这样的 128
关系。

以群体为原型的“剧作”和“表演”有时可能会产生“情感共同体”，拥有广泛的公众情感。一个团体或运动可能通过唤起共同情感的表演来获得对其事业更大的支持（例如废奴运动、民权运动、妇女平权运动）。它可能通过表现令人不安的情感来挑战社会环境，或为其担忧赢得申辩的机会。一个群体的情感表现（如尊严、自主、团结和希望等）可能会产生纽带；它可能会将一种被污名化的集体身份转变成一种自豪感或政治机构的源泉。寻求认同的人权主张者，无论在何处获得承认，都可能经历一系列情感，包括自豪感；而在被拒绝承认的情况下，则可能经历另一系列不同的情感。

“演技”的概念意味着胜任程度。从这个意义上说，剧本和演技可能会在“情感话语”中显示出“技巧”水平，例如，有选择性地表达这种或那种情感时，要达到特定效果，或传递某种特定的信息。人权思想可以通过表现情感上的精湛技艺而得到促进。精湛的技艺可以是战略性的：人权事业可能战略性地部署情感脚本，提倡接受人权理念，或识别和批评侵犯人权的行为。可以使用脚本来阻止个人、团体或机构拒绝人权或侵犯人权的行为，也许是通过引起他们的同情或尊重，或令他们产生某种恐惧的方式。

---

① 就范式情境而言，脚本可能会教授某种情感的“语法”和“词汇”，就像某种包含了个人“情感反应的自然能力”的剧本，“它最初来源于我们小时候的日常生活，后来又被我们接触到的故事、艺术和文化所强化。……范式情境包括两个方面：第一，情境提供了特定情感类型的**客体**；第二，对环境的一套典型的或‘**规范**’的反应首先是生理上的，然后很快就变成了文化上的”（de Sousa 1987：45，182）。

这种以脚本为基础的情感表演拒绝区分内部的、私人的情感和外部的、公共的情感，同时也拒绝将情感的**体验**和**表现**对立起来。这表明，在表现情感时，人们可能会以脚本形式条件反射地评估体验。剧本是一种文
129 化产物，情感在文化上是可变的。① 最近的历史研究表明，过去的人们以不同的方式表达他们的感受，甚至不同的想法。“古希腊人的情感在某些重要方面与我们的不同”（Konstan 2007：ix）。他们并不把情感理解为一种内在的冲动，而是理解为一种对其他行动者言语、行为和意图的反应。与当代的情感分类不同，亚里士多德唯一的情感是那些在人与人之间的互动中出现的情感。在其《修辞学》中，似乎独立于他人感觉的情感，如厌恶或忧郁，是不占一席之地的。② 此外，古希腊人以触发因素来区分愤怒和敌意或仇恨。例如，他们认为愤怒是一种对侮辱的回应，这种侮辱以行动者社会地位同等为前提要求报复。

（c）在确定应鼓励或阻止、压制哪些情感的语境后，利用情感支持人权理念仍然面临一些问题。在确定哪些权利、哪些类型的政治方案值得情感支持以及由谁决定的背景下，问题出现了：

第一，认知偏见的问题。即使（或特别是）在一个没有绝对道德的社会里（至少从本书所持道德规范的社会建构主义观点来看），“偏见”对理性和情感都是一种持续的威胁：“当支持者面对威胁性信息时，不仅可能‘推理’得出带有情感偏见的结论”，而且“大脑记录了数据和欲望之间的冲突，并开始寻找关闭不愉快情绪的方法”（Westen 2008：xiii）。事实上，情感驱动行为可能会导致认知偏见。例如，对于体验它的人而言，“愤怒，就像幸福一样，意味着人们确信自己的信念是正确的……愤怒似乎是一种旨在坚持自己信念和观点的情感。因此，我们可能会认为，感到

① 也许情感在文化上是可变的，因为道德产品不会因文化而随机变化，而是倾向于分成三组相关产品或三种道德规范，它们分别被称为道德自治、社区伦理和道德神学。文化在不同程度上依赖这三种规范。一种文化中三种规范的相对权重似乎会影响情感的体验和表达，以及当地民众和专家概念化情感的方式（Shweder and Haidt 2000：408）。

② 《修辞学》关注的是有效说服的艺术；对情感的讨论并没有出现在亚里士多德的《论灵魂》中。

愤愤不平的个体会采取信念驱动的行为，而不是数据驱动的行为”（Clore and Gasper 2000：23）。感情用事的人“不再像科学家那样仔细权衡感情 130
所暗示的信念或认同的利弊”，而更像“检察官或辩护律师，千方百计寻找信念或认同的证据”（Clore and Gasper 2000：33）。情感可以影响理性信念，就像在一个自我强化的信念和情感循环中一样。有时候，情感会变成一个消极的螺旋，在这个螺旋中，情感产生的信念反过来又会支持自身。

第二，政治上情感失调的问题。情感驱动的政治可能导致破坏社会及规范稳定的行为，从潜在的欺骗行为到攻击倾向，再到仇恨或愤怒的政治文化。此外，进化可能在“连接原始情感系统和高级认知系统的高级边缘脑区”导致了“多层偏差”（Panksepp 1994：118）。（请注意，古老的神经心理学遗产——至今仍与我们同在——的情感特征明显比自我意识推论要古老得多。）或者“找出一个敌人，并指控‘他们’威胁‘我们’”通常是一种有效的“激励人们合作和像团队一样思考的方式”（Tomasello 2009：100）。还有一些“民意调查的野蛮意见”挑战了一个能够引起广泛关注的人权理念（Solomon 1999：125）。

第三，考虑那些对社会有用的消极情感。我的观点是否要求在经济和政治上限制自我膨胀？它会要求一个社会中最有权势和物质至上的成员放弃某种程度的特权吗？从人权的角度看，一些没有吸引力的情绪是否仍然具有重要的社会效用？贪婪、自私和物质主义——以及西方政治自由团体的“占有性个人主义”① ——是否有助于市场经济及其所能产生的社会财富的健康发展？如果“贪婪、侵略和对权力的渴望……支配着过去的政治——比其他情感更甚”，我们很可能期望他们会“继续这样做，即使我们……设法消除它们在人脑中的来源”（Panksepp 1994：117-118）。例如，总有一些人渴望在政治、军事或经济方面身居高位。有些人虽为社会服务，但在追求自身利益时会自私自利、冷酷无情。②

---

① 参阅麦克弗森（Macpherson 1962）的相关著述。

② 亚里士多德的《修辞学》暗示了一个霍布斯思虑已久的论点：理性行为受到恐惧和焦虑的青睐。可以理解为一种机制，它能激发出个体在谨慎判断和行为方面提供某种最佳状态的能力。

131 面对这样的问题——认知偏见、政治上功能失调的情感以及尽管在社会上有价值的消极情感——个人有时可能需要某种拒绝权提供保护。他或她可能会拒绝情感操纵，这是我不想看到的结果。拒绝权意味着个人保留“错误”情感的权利，拥有区域群落所放弃的情感。在这种情况下，以人权为重点的政治团体没有权利强迫其成员支持人权。只有通过个人的拒绝权，我关于鼓励某些情绪和劝阻其他情绪的建议才能在不侵犯个人权利（悖谬的是，包括一些人权概念）的情况下实现。① 当然，任何特定群体是否提供这种权利完全是偶然的。因此，与情感操控有关的一个重要问题涉及我的建议可能被采用的政治环境。但至少我们可以理解，为什么这样一项权利应该成为人权运动的目标之一。在自由民主的社会中，它很可能将个体自治的自由权作为公民权之一。当今世界很少有政治组织强有力地规定公民权利。在公民权利缺失的情况下，人权倡导者必须扪心自问：是什么能够促使一个政治团体或政权对人权产生兴趣？是什么促使兴趣产生，从而促进我所提倡的那种情感起作用，并反向推动人权？我将在第三部分谈到这个问题。

第二部分将人权的文化和生物学资源确定为社会建构。第三部分将阐述推进人权理念的两种途径：将人权理念转译成本土语言，并对其进行认知重构。

---

① 可以肯定的是，如果鼓励或挫折潜意识地影响了个体的动机，那么他或她几乎不可能意识到任何拒绝的权利。但是，这种被系统扭曲的自我理解很可能会以各种方式、在各种情况下损害个体。

第三部分
促进人权思想的现实手段

第六章　将人权转译为本土文化语汇

第三部分集中论述推进作为社会建构的人权思想的两种特殊手段。本章旨在阐明外部机构和当地参与者的人权工作，为保持当地“真实性”和“合法性”使人权思想在本土见解和非本土之间进行转换——这种方式与当地文化产生共鸣，同时也提出了挑战。第七章将探讨一种把人权视为任何特定文化群体内在权利的认知方法。它建议将人权践行作为一个学习过程，“从认知上重塑”当地的文化和政治元素，使之更有利于人权。 135

本部分的两章都发展了某种社会学观点。从这个观点来看，与神学不同，世界宗教表现为动态的剧目，而不是固定的模板。宗教信仰方面的变化往往导致政治组织和认同的某些变化。宗教的动态潜力如何与周围社区的内部变化能力相联系？具体来说，在某些情况下，人权的传播是否取决于某些宗教潜能的变化？以伊斯兰教为例，它是一种经久不衰的地缘政治信仰。从有利于人权文化变化的社会学观点来看，如何实现下列目标：在这样的政治环境下，所有普通穆斯林是否都享有文化上公认的、受法律保护的解释伊斯兰教的权利——根据伊斯兰教所倡导的含义和行为来解释伊斯兰教？在什么样的政治环境下，普通穆斯林可能不会问自己“什么是伊斯兰教”而是问“穆斯林究竟想要哪一类型的伊斯兰教”？

也许很少有穆斯林会认为多个“伊斯兰教”之间的信念是完全一致的，因为会有很多人愿意接受对伊斯兰教一致性的多样化独特解释。[①] 伊 136
斯兰教自公元七世纪从麦加和麦地那传播开始，跨越摩洛哥和印度尼西亚等多种文化，形成了多个甚至共存的伊斯兰教。鉴于各自的文化特殊性和政治敏感性[②]，多个伊斯兰教形成了多种解释。但是，外部观察者的视角

---

① 参阅萨义德和沙里非-方可（Said and Sharify-Funk 2003）的相关著述。

② 参阅劳奈提及的一个关于西非的案例（Launay 1992）。

不太可能是某个特定场所普通个体参与者的视角。也就是说，在怀抱何种**愿望**的维度，可能很少有穆斯林会在相互矛盾的解释中做出选择，就好像他们的信仰仅仅是个人的偏好。也许大多数人会根据他们对自己所在地区信仰的一种**正统的或真实的**理解来做出选择。阿巴斯·阿曼纳特和弗兰克·格里费尔（Abbas Amanat and Frank Griffel 2007：1）也提出了同样的观点：“伊斯兰社会内部以及穆斯林和其他信仰成员之间的所有规范性讨论都以伊斯兰教的内容为中心。”它处理的问题非常广泛，从崇拜行为到结婚、离婚和继承，从税收和战争到孝道，从暴力或酷刑和正义战争的合法性到打击不公正的手段。①

我的观点是，普通穆斯林对各种潜在矛盾的解释的认知开放本身就足以让参与者去构想现状的替代品。② 认知开放标志着一种文化变革的能力。相应地，一种文化在学习、适应或重构等形式上的变化能力③取决于其认知开放程度。没有这样的能力，历史上任何文化都不可能长久存在。一些古老的文化，包括埃及文化、中国文化和罗马文化，曾经倾向于认为变化是消极的，因而否认、伪装、淡化或以其他方式拒绝有助于其长期生存的变化。这种倾向对其不利，因为随着时间的推移，会限制生存能力。而生生不息源于善于改变特定文化的某些方面，因为这些变化可能更有利
137 于促进文化的蓬勃生机。相比之下，现代文化拥抱变革。科学和其他学问，例如实践可谬误主义，预测变化甚至将其制度化。任何不容置疑的命

① “在穆斯林历史上，几个世纪里，产生了大量讨论这些规范性问题的文献。这个图书馆给人的第一印象是连续性和一致性。引用不同时期的法律权威来确定伊斯兰教对当今道德问题的回应”（Amanat and Griffel 2007：1－2）。拉曼丹（Ramadan 2004：124）断言伊斯兰教有一种“独特的能力来表达其普遍和基本的原则，跨越历史和地理的传播，同时融合多样性，呈现出属于不同文化的风俗、品位和风格”。

② 甚至在强烈的宗教信仰里，也可以出现这样的构想。这种信仰认为易犯错的人可能误解了神圣真理。参阅多诺休和埃斯波西托（Donohue and Esposito 2007）的相关著述。

③ 没有一个社会化的人独立于文化，也没有一个文化独立于社会化的人。相反，“人们以**相互构成**的方式生活在文化中”（Gutiérrez and Rogoff 2003：21）。相互构成是指人与文化相互影响，不断变化。

题，如宗教信仰，在现代制度化学术意义上既不是科学的，也不是学理的：有效的知识在原则上排除了所有教条的主张。至于更普遍的现代变革，如全球资本主义文化的消费主义和占有性个人主义是由消费者对新款式、新技术产品的新需求驱动的。

同样，我的观点是，认知开放性提供了一个重要的、潜在的、非强制性的切入点，即使是对于一些异质性概念、方案或类别。后来，我把这个切入点发展为“转化”“重构”和其他的“认知风格”。在某些情况下，这类切入点可能足以让普通信徒认真对待这样一个概念：他们信仰的特定结构不是唯一合法的。历史记录提供了一些例子：汉斯·梅尔（Hans Maier 1965）在研究法国天主教对大革命、其他全球政治经济变革、社会分层变化以及让-雅克·卢梭和圣西门富有挑战性的思想影响的知识、政治和神学反应时，提出了这些反应是从试图“洗礼”革命，到阐明自由民主，到反动的防御性政治，再到“社会天主教”，最后到基督教民主的思想先驱。想想另一个例子，发生在一个世纪后另一个大陆上的例子。整个 20 世纪，为了回应世俗主义、内部分裂、宗教激进主义、现代主义和五旬节派所带来的挑战，以及世界大战和冷战所产生的政治动荡，拉丁美洲的新教不断改变自己（Bastian 1994）。在特定的时刻，可能是历史上的案例，也可能是今天的伊斯兰教，认知开放性足以让信众得出这样的结论：他们的信仰的合法构建并不是当前群体或区域偏好、关注或执行的。

认知开放对于神学的意义，可以类比它对于法理学的意义来想象。因为法律文件的解释在结构上与我这里提出的宗教文本解释是相似的。事实上，某些文化在司法最终从神学中分化出来之前都是同源的。以美 138
国宪法文本的解读为例。它的解释从未涉及文化上接受人权的问题，但自 1787 年以来，对其进行解释的历史路径都提供了一个与认知开放能力不谋而合的类比。这样做不仅是为了一小撮司法精英，也是为了各种社会运动的领导人和成员。这种开放性足以得出这样的结论，即某些法律规则的最佳或合法建构在当时并不是首选的、严格遵循的或强制执行的。

宗教文化的认知开放与法律文化的认知开放可以类比理解：在 20 世

纪 60 年代，美国最高法院的法官们对 1789 年宪法权利法案①以及 1868 年第十四修正案②的文本进行了解读，从而形成了个人隐私权的判例。1789 年和 1868 年的立法者从来没有预料到他们的文本会被解释为禁止国家干预已婚夫妇出售和购买避孕药具③，或禁止妇女流产④，或禁止成年人彼此合意的性行为⑤。然而，今天宪法保障的隐私权的概念在某种程度上植根于美国的政治文化，因而可以说法官改变了美国人理解或解释其政治文化的方式。或者，在某些情况下，也许多数公民的理解或解释有助于改变法官解释法律的方式。今天最主要的理解是个人的基本隐私权。事实上，这项权利并不是一种更为基本的文化附加内容，而是一项已经成为美
139 国政治文化核心的权利，即使这种权利在最初的 17 年尚未得到承认。然而，这是一种失忆式想象，因为我认为，法官们不太可能只是简单地揭露潜藏在宪法精神和文化中的权利。**相反，政治和法律文化内的重新建构导致了新的认知风格，新的风格导致了行为的改变。**只有在某种程度的认知开放的背景下，这种重新建构才是可能的。这一进程的逻辑与今天考虑人权的伊斯兰群体的逻辑无异。

宗教信徒对经文和教义的多种解释持开放态度，这使他们能够**基于自己的信仰**去考虑不同诠释可能带来的不同**政治**后果。但是，也许这些普通人只有在社会习俗允许积极参与诠释的情况下，才能考虑其他的诠释方式。除了接受宗教权威或其他被认为是“特殊人士”的特定诠释之外，作

---

① 除此之外，第一修正案禁止联邦立法偏袒任何特定宗教。第三修正案禁止未经本人同意在民宅内驻扎士兵。第四修正案禁止缺乏“正当理由”而对人员、房屋、文件和财物进行“不合理的搜查和扣押”。第五修正案规定，联邦政府不得在没有“正当法律程序”的情况下剥夺任何人的生命、自由或财产。第九修正案指出，宪法文本对某些权利的列举不得解释为排除其他未列举的权利。

② 其中一部分如下：“任何州不得制定或施行剥夺合众国公民特权或豁免权的任何法律；未经正当法律程序，任何州不得剥夺任何人的生命、自由或财产，亦不得拒绝给予其管辖下的任何人平等的法律保护。”

③ 格里斯沃尔德诉康涅狄格州案（*Griswold* v. *Connecticut*，381 U. S. 479 [1965]）。

④ 罗诉韦德案（*Roe* v. *Wade*，410 U. S. 113 [1973]）。

⑤ 劳伦斯诉得克萨斯州案（*Lawrence* v. *Texas*，539 U. S. 558 [2003]）。

为一种不容置疑的教条，参与是另一种选择。如果这一说法成立，那么在许多情况下，人权的传播可能需要事先放宽对个体诠释自身文化权利的限制，特别应使参与权民主化。某种民主化的释意权（以及个人能够利用的民主安排的教育和其他可能的必要手段）如何影响穆斯林？尽管在许多问题上可能会继续存在分歧，但是否可以“共享一种伊斯兰教的观点，即强调正义、尊严、平等、法治、公民在选择领导人和与政府协商以及坚持价值多元主义等方面的角色”（Feldman 2004：60）？① 正是这种对伊斯兰教的看法与人权的某些方面产生了共鸣，至少在西方得到了广泛的理解。（我再回到西方在传播人权方面的特殊角色这一问题上。）

在那些相信“确定上帝意志和协调日常社会组织需要人的努力”的个体中间，这种共识似乎是可能的（Feldman 2004：60）。相比之下，一种自我解释的信仰（即由精英构建的自我解释的信仰，或无法被人类解释的信仰）将被迫拒绝俗众的民主解释权，这样的宗教信仰会阻碍人权的 140
传播。

我认为，民主化的本土解释有可能与宗教世界观同步，但前提是“由内而外”的世界观（Hashemi 2004：50）。这种自由化必须允许伊斯兰社区在很大程度上保持其宗教信仰，即使它要求清真寺和国家分离，但也允许“目前生活在伊斯兰世界的数百万怀疑论者、不可知论者和无神论者”对伊斯兰文化的文本和其他方面进行解读（Ali 2002：40）。在自由化条件下，世俗法院可根据宗教的请求做出裁决，免除其本身并不针对宗教的一般规则的适用，但这些规则仍涉及该宗教的某些做法。例如，当一个人因为安息日而拒绝唯一的工作机会时，他或她是否可以获得失业补偿；药剂师遵循宗教禁止节育之规定是否可以拒绝向手持医生处方的病人提供节育药；当法令规定由国家发出的身份证照片必须显示个人的全貌时，是否可豁免那些因宗教信仰而在公共场合必须遮盖面部的妇女。世俗法庭的裁决不会涉及宗教教义。相反，将寻求一项指导思想，在任何维度上都既

① 参阅库兹曼（Kurzman 1998）以 32 名穆斯林为例——来自中东、非洲、亚洲、欧洲和美国，最年长的生于 1877 年，最年轻的生于 1953 年——探讨神权政治、民主、妇女权利、非穆斯林权利和思想自由的著作。

保护宗教实践的自由，又一视同仁地实施一般规则。

民主化地获得个体自身文化（包括宗教信仰与实践事宜）对集体具有重大意义的诠释，将有助于文化和宗教多元化的发展。任何特定形式的伊斯兰教都要建立团体的政治和法律制度，这就必须赋予“所有穆斯林，无论俗众还是宗教学者，根据‘不断变化的人类处境’对古兰经和先知传统进行‘永久性重新诠释’的权利”。因此，一个民主化的阐释权将不再需要一个“传统、静态、法律形式的伊斯兰教”，而是需要一个“充满活力的、世界主义的……多元化”伊斯兰教（Esposito 2004：99）。

在这种情况下，“本土”是什么意思呢？生活在自由、世俗的西方国家的穆斯林比生活在伊斯兰国家或地区的穆斯林更有可能以对人权友好的文化自由主义语汇来理解伊斯兰教。前者可能认为自身及其信仰同所有
141 其他穆斯林一样具有本土色彩。相比之下，其他穆斯林可能认为只有生活在中东或其他伊斯兰国家的穆斯林才是本土的。他们可能认为，这种“本土”穆斯林属于“真实的伊斯兰”层面唯一文化上可行的来源。诚然，对许多穆斯林来说，“《古兰经》如同一口深井，穆斯林可以从中汲取……宽容、多元化、尊重多样性甚至怀疑的甘泉”（Hashmi 2002：36）。一个以宽容、多元主义和尊重多样性为原则的伊斯兰教，是允许对“本土的”和“真实的”解释有广泛理解的。人权在穆斯林社区内的传播要求信徒一视同仁地对待《古兰经》的传统神学解读和社会历史学解读。它要求信徒平等看待《古兰经》的自由主义解读和“有限非自由主义解读”。的确，自由主义解读“不但不排斥边缘领域”（Hashmi 2002：32），而且也是一些重要古典评论家所采用的路径。

在与某些宗教信仰相矛盾的地方推进人权事业，我提出了一种方法，在对自身文化的规范性理解中，解释者可以发现，当地文化框架可以发展出某种更有力的人权概念。① 我寻求一种“本土”的解释，这种解释在文化上是真实的，有别于“殖民和帝国议程相关的外来输入”。这一目标面临

---

① 我所强调的“可发展”代表任何文化社区的动态质量。我所说的**文化社区**指的是“一群有着共同传统的人，他们跨越了几代，伴随社区实践不断变化，其实践也在不断变化。作为参与者，他们的角色也各不相同”（Gutiérrez and Rogoff 2003：21）。

着使任何特定宗教文化的某些方面更能与人权产生共鸣的额外思想和实践的需要。我将分几个步骤进一步阐述：(1) 本土和非本土人权观念之间的转换改变了文化；(2) 这种转换不需要排除地方“真实性”和“合法性”；(3) 这种转变能够与当地文化产生共鸣，并提出挑战；(4) 地方层面的转型可能是“双重意识”的；(5)“双重意识”对应着角色的二元性，即外部和本地参与者的角色；(6) 这种方法还需要另一种二元论，即文化完整和人 142
权之间的一种不稳定的二元论。① (7) 这种方法有明显的局限性。

人权本土化改变了当地文化

如果转译者发现，在本土文化规范的理解范围内，他或她的转化可以在当地文化框架内发展成一个更有力的人权概念，那么是否因此保持或改变了当地文化？如果人权本土化或多或少地保持了文化的原貌，那么转化就很难被认为是一种文化帝国主义行为，这是哈贝马斯的观点。他认为“诠释学的理解模式，在日常对话中起作用，而且自洪堡以来，方法论是从解释文本的实践中发展起来的”，可以“超越我们自己的文化、生活方式和传统的边界”来探讨。诠释需要跨越一些文化和语义上的差异，这些差异将双方分开，并且需要跨越一些各自的前理解。但这并不需要方法论上的民族中心主义，不需要把被诠释的东西按照转译者的标准同化，也不期望被诠释者全盘接受诠释者的世界观。

事实上，人权，例如 1948 年联合国《世界人权宣言》所理解的人权，作为一种文化认同是极其特殊的。例如，《世界人权宣言》将个体作为社会的主要单位，凌驾于家庭之上。在人际关系的基础上，它更倾向于权利而不是义务。作为处理越轨行为的基础，它支持律法主义，而不是和解、悔改或教育。它将世俗主义凌驾于宗教之上，作为公共生活的发展模式。如此理解的人权核心价值观很可能在转译成当地语汇的过程中得以保留，因为其植根于构成“人权法”的法律和其他法律文书中。但正如萨莉·恩

① 第 4 步和第 5 步中的二元论是相同的，只是用不同的侧重点来观察，在分析上与第 6 步的二元论不同。

格尔·梅丽所发现的那样，本土化过程在很大程度上仍是一条单行道：
143 “国际视角被翻译成‘向下’，而草根视角被翻译成‘向上’”（Merry 2006：216）。

当人权思想被翻译成当地语汇时，当地文化自身的某些方面也发生了变化，这种变化是为了适应“强调自治、选择、平等、世俗主义和身体保护的美好公正社会的独特现代主义愿景”（Merry 2006：220）。如果当地民众相信国家应该负责保障人权和惩罚侵犯人权的行为，它就会改变；如果当地民众认为，从公民义务的意义上讲，普通个体有责任以权利为基础对一个无效或暴力的国家提出诉求，它就会改变。① 这些文化上特定的主张有利于个人主义、权利和法律主义（Sinha 1981：77）。与此同时，“国际人权法案”② 的各种文书也承认（但并非毫无矛盾）诸如家庭、民族、宗教信仰和实践、有组织的劳动、甚至文化生活等集体身份（Carozza 2003：46-47）。

由于西方个人主义、平等主义、律法主义和世俗主义对人权的现代主义认同在文化上是独特的，因此当地方文化的特殊主义与人权文化的特殊主义有所不同时，这些认同就不可避免地对地方文化构成挑战。现代主义认同挑战了本土父权制，例如，通过重构基于性别暴力的社会建构“常态”，将父权制视为某种无法保护妇女免遭迫害的社会失败。他们还认为这是一种无法实现性别平等的政治失败。这种重构对理解当地文化构成了严重挑战。除非“本土化”，否则可能招致当地的反对，从而破坏其自身的人权事业的扩展目标。一个两难的局面出现了：新框架的本地化程度越高，遇到的阻力就越小。但它之所以遇到较小的阻力，可能是因为本土化
144 削弱了它挑战现状的能力。因此，“本土化”并不是要改变某种人权文化，而是要改造当地文化。例如，性别平等的规范，如果实现本土化，将会深刻地改变一个父权社会。某种人权文化仅仅坚守自身原则，可能会破坏群

① 毕竟，一个国家作为联合国成员国或人权文件签署国，并不能保证该国将其公民视为人权的承担者。参阅第 29 页注①。

② “国际人权法案”包含联合国大会的一项决议（1948 年通过的《世界人权宣言》）和两项国际条约，这两项国际条约都是 1976 年才生效：《公民权利和政治权利国际公约》和《经济、社会、文化权利国际公约》。

体的某些方面。[①] 文化帝国主义必然是人权本土化的一个方面吗？如果是这样，它会破坏人权的道德主张吗？

不排除地方“真实性”和“合法性”的人权本土化

外来人权思想对本土文化的转化——即使前者是各式各样文化帝国主义的表现形式——也可能是正当的，而且即使从被转化的文化**内部**来看依然是正当的。首先，可译性不是任何特定文化内容的外在品质，而是文化理解自身的内在特质。某种不可译的文化理解如同私人语言，是一种无法被两个或两个以上的人分享的概念。如果说谈论私人语言毫无意义，那么谈论不可译的文化理解也毫无意义。更有可能的是：拥有某种特定的理解，就已经具备了将其转译为其他不同理解的能力。[②] 不存在某种X类型的文化理解与Y类型的文化理解之间的差异大到完全排除二者之间的相互转换（“转换”意味着Y将按照X的条件来理解X）。[③] 诠释的行为，**简言之**就是某种类型的转译。它在任何文化中都是普遍存在的。某种可能被强加的特定诠释，不同于可诠释性本身。某种可诠释的文化能力是传播人权的关键。

其次，正如哈贝马斯所指出的，保持差异或超越差异的诠释必须采取某种双向沟通的方式： 145

理解的开始……需要诠释性的努力，因为它使参与者痛苦地意识

① 即使是一个尊重多样性的共同体“也不可能使所有的价值观和生活方式都一致”。它“不应该试图这样做”，因为“只要忠于自己，就总会利于一些人，不利于另一些人”（Carens 2000：101）

② 关于一般文化的可译性或不可译性，参见贝哈鲍比（Benhabib 2002）和瓦拉德兹（Valadez 2001）的相关著作。特别是参阅埃蒙（Emon 2004—2005）对伊斯兰教的创造性诠释。

③ 戴维森（Davidson 2001）的观点让我深受启发，他认为，没有任何一种语言表达的思想与其他语言如此不同，以至于无法被转译成另一种语言，就像过去的习语无法在今天的习语中找到对应一样。戴维森狭义地谈论语言之间的差异，而我则广泛地谈论文化和生活方式之间、地方规范和人权规范之间的差异。只有在特定文化、传统或社会中可以想象到的事物，才是可诠释的范围。一个人的想象可以在另一个人的想象中实现。

> 到他们最初猜测的片面性和局限性。与认知难题做斗争，人们必须一步一步地拓宽最初的视野，并最终殊途同归。他们之所以能够成功实现视域融合，是因为有着独特的能力同时扮演“演说者”和“聆听者”的角色，他们在对话中扮演这些角色，就形成了一种基本的对称性（Habermas 2003b：37）。

换句话说，参与者超越了他们最初的认知，实现了一种共享的主体间性：从对方的角度出发，每个人都以各自的方式努力理解对方的背景假设。设身处地的理解方式将参与者置于一种对称的关系中，这种对称的关系不太可能是强制性的，至少在文化帝国主义这样一种最糟糕的意义上是如此。我主张一种更好的理解。

人权本土化与当地文化：共鸣与挑战

文化帝国主义是一种“本土化”思想形式，对一个特定的文化群体来说是外来的，以胁迫方式将外来思想转化为本土思想。即使在人权本土化的非文化帝国主义维度，文化帝国主义也凸显了某种难以避免的可能性。一方面，人权本土化需要与当地接受者、文化符号、叙事、图像和概念产生共鸣；另一方面，将非本土的人权文化转译进本土的意义网络可能永远不会完全本土化。在一个保持父权的文化社区里，人权文化对个人的身体完整、自主选择自由以及对人的法律和社会地位平等的认同**无法**完全本土化。完全本土化将意味着当地文化及其对宗教、种族和地域理解的深刻转变。更有可能发生的是某种表面的转变，只要它依然有效，就是可取的。①

146 本土层面经由“双重意识”的转化

梅丽利用她在国外的实地研究，描述了一种可能被称为“双重意识”的现象，也就是对人身伤害和不公正两种不同的思考方式：

---

① 在这里，我对很多著述持有不同看法，包括安纳伊姆（An-Na'im 1992a）和库马拉斯瓦米（Coomaraswamy 1994）。

许多女人……将伤害归咎于亲属不遵守亲情和关爱的准则。当地的积极分子和改革者鼓励她们把自己受到的伤害视为对国家有义务加以保护的权利的侵犯。在采用这一框架时，受害者并没有放弃她们先前的观点，而是将权利框架置于亲属义务之上。这些草根个体以权利承担者和受伤害的亲属、幸存者的双重主体性来接纳人权话语（Merry 2006：180－181）。

本土居民接纳的“框架”构成了一种“认知风格”。① 也就是说，转译以一种不同于当前风格的认知来重构地方事务。

将人权观念转译成本土语言，就是用“人权认知方式”来构建当地的信仰和实践。这种风格可能与当地文化产生共鸣，因此当地居民可能会将其作为一种被援引却并非强制的资源。人权认知风格是一种资源，它不仅有助于改变地方现状，而且有助于促成国家层面乃至国际层面对地方事业的支持。权利话语可以是基层的资源，只要它与特定情况以及生活其中的人们相关。

认知风格是人们思考和行为的“框架”。框架是社会变革的媒介，框架的改变意味着行为的改变。言及“框架改变”，我特别强调的是通过改变社区内目前流行的一种认知方式来传播人权思想和实践。认知风格的变化本身就意味着从一种风格到另一种风格的转译。②

---

① 威特金（Witkin 1967：234）将认知风格定义为“在个体特有的认知活动（知觉和智力）中普遍存在的、自洽的功能模式”。这些是思维、学习和行为的模式和偏好。它们因为是复杂和多维的，可以在不同时间和环境中保持一致。与主流生活方式密切相关的风格在这种环境中找到了支撑，比边缘风格更有可能在几代人间复制。在第七章中，我将进一步论述认知风格的概念，即认知重构。

② 库恩（Kuhn）对自然科学家做了类似的论证，他们在不同的理论中工作，可以说是在不同的信仰系统中工作（库恩称之为“领域”）：“到目前为止，对那个领域的唯一依赖是他们的所见所闻”，“一场革命之后，科学家们正在对某个不同的领域做出反应”（Kuhn 1970：111）。他们认为正确的东西与以前认为错误的东西是不同的：他们现在接受的句子与以前认为错误的句子是不一样的。在一场革命之后，它变成了另一种语言的句子，即新范式的句子。没有理论中立的现实提供了一个可供比较不同概念、方案或类别的观点；所有关于现实的主张都有特定的理论驱动，并包含特定的价值立场与承诺。不同的主张并不是在某些隐喻性“单一宇宙空间”中提出的；每一个主张都在其特定的“空间”中提出。然而，某些空间之间的“距离”可能仅仅是特定概念、方案或类别中使用的单词之间的距离。

147 因此，“重构”和“转化”是相关的，而不是同义的。在任何特定的时间，某个个体总是已经有一个框架（实际上是很多）。相比之下，不是始于转译而是通过转译重新构建框架。当地方规范、惯例和认知方式的受害者将其不满转化为一种非本土话语，即人权话语时，“转译”意味着某种改进版的框架。因此，将男子对妻子的“管教”重新定义为“虐待配偶”。“一个共同体的集体重塑可以改变某种地方文化的视角，原本将一种特定的行为视为一种文化需要——比如一种传统亲属关系的需要——现在转而将其视为对人权的某种侵犯”。

在一个文化群体中，不受胁迫的转译是可能的。在与当地文化产生共鸣的地方，转译不是强制性的。如果在某种程度上以本土文化习俗为框架，人权观念和实践更有可能引起共鸣。例如在东亚，打老婆被认为是对儒家婚姻观的亵渎（Merry 2006：220）。

可以肯定的是，人权认知风格也会对当地文化提出挑战。例如，当它从人权的角度，而不是传统的亲属特权关系方面重新定义虐待行为时，挑战就出现了。权利框架可能被置于亲属义务框架之上，这是地方团体和基
148 层组织参与人权的方式之一。[①] 但这不是一个轻而易举的联系，很容易引起当地人的反感，从而使支持者受到不尊重文化、家庭或宗教义务的指控，甚至可能受到“背弃文化”的指控。

相比之下，从全球到地方的转译就是从地方外叙事到地方内叙事的转译，非本土项目到本土境况的转译。转译的范围大到国家精英签署的国际文书，小到对普通人生活和工作场所的理解。人权思想的嵌入性，特别是

---

① 梅丽（Merry 2006：185）将美国一些受虐妇女的经历描述为法律上自主的自我高于深植于家庭关系中的自我：“在诉诸法律的过程中，妇女承担了一种新的主体地位，这种地位在法律话语和社会实践中得到了界定。她尝试着这样做，没有放弃作为伴侣/妻子的主体地位，也没有放弃作为亲属关系网成员的地位，以及其他主体地位，如‘本地人’、基督徒和穷人。从某种意义上说，她看到了事情的发展。实验性主体地位包括自信、主张自主和动员法律的力量……这样做是有风险的：上法庭通常会引发伴侣的愤怒和敌意……当伴侣通过重建对她的控制来努力重新确立其男子气概时，她可能会发现她在法律中的新主体地位是一种外在于自身的空洞的地位。这可能会破坏她与亲属和伴侣的关系，因为她不得不离开他，转而向社会服务和法律官员寻求新的支持。”

关于人性、社会交往规范和国家的文化假设，可能会妨碍其可译性。如果无法用本土语言来表达，人权观念对社会转变的影响可能微乎其微；如果过于本土化，又可能会牺牲自己挑战现状的能力。如果与表面上试图改变的权力关系过于水乳交融，可能失去效力。

一种人权认知风格只有在能够跨越地方强制意识和相互冲突的人权观念下才能发挥作用。只有作为一种“双重意识”，它才能发挥作用。这种二元性可以通过回答两个问题来确定：谁进行转化？谁负责重构？

“双重意识”与角色的双重性：外部仲裁者与本土参与者①

人权认知风格的传播在各个方面对集体自决提出了挑战。毕竟，转译工作不仅由本地参与者承担，也由非本地中介承担。在本地参与者的转译中，“构造”可以是一种身份显赫的个人代理行为，涉及筹划者的本土或他者文化。这种构造行为可以避免将文化与种族、民族、语言偏好或国家起源等同起来。将文化与先天的禀赋等同起来意味着“对个人和共同体实践的过于确定、静态、薄弱和简单的理解”（Gutiérrez and Rogoff 2003：21）。参与一个文化团体与成为一个种族或民族的成员是不 149
同的。前者是积极的，后者是被动的；前者是由个人选择的，后者仅仅是被给予的。②

构造可以是筹划者自我决定的一个方面。从某种意义上说，他或她通过构造才得以在文化上“呈现”：“人类心理过程的结构和发展是通过参与文化、历史发展，涉及文化实践和工具的活动而形成的”（Gutiérrez and Rogoff 2003：21）。

---

① 再一次，这一步的二元性与前一步相同（通过地方层面的“双重意识”转变），只是侧重点不同。

② 团体成员的身份通常被认为是绝对意义上的：要么是成员，要么不是。相比之下，个体对文化共同体的参与程度则更为灵活且更易于把握。在某种程度上，这也可能关乎选择，即使人们不易或者经常选择从一组实践转移到另一组实践。一个人的人格结构和心理构成更多是通过积极的文化参与而非静态的群体成员关系而形成（Giddens 1991；Hogg，Terry，and White 1995；Jenkins 1996）。

我现在谈谈由非本土机构进行的转译工作。值得注意的是，尽管认知风格与本土规范密切相关，但它们对社会机构也并非漠不关心。人权认知方式并不是通过最佳或最适当的政府形式达成全球共识来寻求全球性人权。相反，它关注的是在各种不同社会、经济、政治和文化环境下的行为标准。但它确实支持更有效的个体自主，并以此鼓励利于个体自主的制度安排。最重要的是，它支持和鼓励促进民主化路径的文化诠释。

在许多共同体中，一种人权认知风格至少有一部分可能来自本土之外，在许多情况下，它源自西方。人权在西方被广泛理解为公民权利和政治权利，而不是经济、社会和文化权利。西方意义上的人权要求个体有权利在民主化的环境中发挥作用，但并没有延伸到要求“完全融入一个既定的、支持其权利诉求的社会秩序中”（Nylan 2003：579）。

西方的人权思想很可能首先由仲裁者提出。仲裁者将某个个体或某一群体的特殊经历或情况一般化，从而构建出人权。如果这种特殊经历或情况有问题，其原因应引起整个群体的关注，而不局限于直接受影响的人。
150 仲裁者通过阐明似乎适用于所有群体成员的原则或标准，将一个特定的问题重构为一个共同关注的论题，即使这些原则或标准无法立即被所有人接纳。

通过这种方式，仲裁者可以将人权意识传递给当地人，既包括那些已受到切实影响的人，也包括那些尚未受到影响的人。他们可能会总结出一种信念，即国家有责任贯彻落实人权。作为仲裁者的筹划者有希望培育许多当地人可能缺乏的“双重意识”，他们察觉到地方层级之间积怨的特殊性，同时关注跨国社会运动（例如人权项目），兼顾地方性和超地方性的规范。

“双重意识”允许仲裁者捕捉认知风格的复杂性：以多种方式将规范、实践或理解概念化。允许仲裁者以权利语言表达那些土生土长的经验，将某种特定叙事进行全新的拟定，使其不仅仅涉及本土参与者和直接利益相关者：某个受害者的经历可能是整个受害者阶层的典型代表，而且可能与整个群体相关。地方意识和全球意识都是将人权转译成本土语汇的必要条件。

仲裁者可以从一套规范到另一套规范来回转换，他们需要跨越社会经济阶层、受教育程度、种族和民族的界限等等。可以肯定的是，国家精英和非精英社会活动家比大多数普通人更有可能借用非地方框架，但他们也比完全的外来者更有可能享有某种程度的地方合法性。合法性使他们不像完全的局外人，并将新的框架本土化，如订立家庭暴力法或设立受虐妇女咨询中心。通过这些方式，被压迫群体的成员可能会从人权角度看待自身的困境，即使该群体不采纳人权话语。

制度上对人权的支持是必要的，这一论点并不意味着采取特定民主形式的政府也是必要的。[①] 因此，杰克·唐纳利（Jack Donnelly 1999：68）的论证显得有点过度了。

与唐纳利相反，我认为在一种自由化文化中，人权的认知方式确实是可能的，尽管这种文化缺乏以国家为基础的民主。例如，在这种情况下，一种风格可能会确保"所有个体和群体反对国家过度使用或滥用权力的自由和社会正义"，包括不施行民主的国家（An-Na'im 2003：9）。这里的显著区别不是民主和非民主群体之间的区别，而是自由和非自由群体之间的区别。 151

约翰·罗尔斯做了这样的区分。他将宪政的自由民主社会与非自由主义但"正派"（decent）的社会进行了对比，他认为后一种社会是公正的，并认为前一种社会所珍视的一些准则是合理的。法律体系将遵循某种"考虑到社会上每个人的根本利益的共同正义观"（Rawls 1999b：67），法官和其他官员将有充分的理由真诚地相信法律制度的正义，并尊重异议的可能性（Rawls 1999b：72）。这样一个共同体还将允许"充分考虑良知自由、宗教信仰自由与思想自由，即使这些自由不像在自由主义社会中那样广泛，也不像在'正派'社会中那样平等"（Rawls 1999b：74）。它可以使一个既定的宗教享有特权，但不迫害其他任何宗教信仰或恐吓其实践。考虑到宗教自由方面可能存在的不平等，它将承认移民的权利，并协助希望移民的人。最后，它还将允许公民（但仅作为团体和协会的成员）通过

① 参阅哈贝马斯（Habermas 1994）的相关著述。

协商制度在决策中发挥重要作用。①

在罗尔斯的分析中，这个无须坚持民主原则和民主实践的社会可以很
152 好地用它自己的文化内观人权。对此，我要补充：一个“正派的”法律体系并不要求某种代表大会来颁布法规。对权利的尊重并不要求不同政见者被允许参加可能提高自己的民众支持率的普选，也不需要容忍那些试图推翻政府的反对者。

这种文化内部的争论可能会被一种允许本土解释、重构和转译的民主化权利开启，并使本土认知获得更大的开放性。对人权倡导者来说，在这种文化中，人权似乎比之前认为的更有道理。换句话说，即使在非民主的文化中，人们可能也低估了实现（至少部分）人权的可能性。我在这里反驳那些声称民主是人权先决条件的学者。这种开放需要一种自由的公共氛围，但不一定需要某种民主政体。自由的氛围比民主的规则更容易实现。中国和越南融入全球市场提供了一个很好的例子：经济全球化可以促进社会和文化领域的全球化，但无须建构某种民主化的规则。

令人不安的双重性：文化的完整性和人权

若干国际文书认为文化完整性本身是一项人权，它有时与传播人权所需的外力相冲突。问题在于，将外来的思想引入一个文化共同体可能有悖于文化自决。在非地方机构的参与下，将人权引入地方文化，很可能无法彻底摆脱潜在的文化帝国主义。

从人权角度来看，文化帝国主义当且仅当目标和后果有利于政治共同体及其个体的发展时，才能在道义上站住脚；如果能促进所有成员平等地

① 一个自由但非民主的政体对现代西方的政治概念并不陌生。黑格尔（Hegel 1970：§308）倡导群体意义上的政治代表，而不是个体意义上（如自由主义）的政治代表。因为自由主义的个体原则使得选票倾向于将社会结构原子化，而群体（黑格尔是指庄园、公会和其他协会）更有可能考虑更广泛的社会利益。因此，他批评了《符腾堡州宪法》（1815）所规定的直选：“选举人似乎与公民秩序和国家组织没有任何联结或联系。公民作为孤立的原子来到现场，而选举集会则是无序的无机聚合体；人民作为一个整体被分解成堆”（Hegel 1964：262）。

参与政治团体对文化元素的自我诠释，它才是正当的；只有在使个体解释自己文化的权利或权威民主化时，它才有正当性。但是，从非人权政治的角度来看，这种民主化当然不能在人权维度得到捍卫。我在这里详述的规范性地方主义意味着人权思想的传播不太可能完全不受文化帝国主义的影响。①

尽管如此，文化帝国主义（狭义地理解）的作用本身也可能本土化为 153
地方语汇。因为如果规范性地方主义是一切，那么基于国家的人权可能是最契合文化的形式。毕竟在这个模型中，国家是“地方的”，对一个国家有效的人权在地方也是有效的。

这一模式在援引普遍有效的先天自然权利的《世界人权宣言》中得到的支持较少，而在 1789 年的《人权宣言》中得到了更多的支持。后者将形而上学的自然权利框定为世俗的、本土有效的“政治权利”。因此，人权现在“只能在特定的政治体制内持有”，“作为一个概念，在国际或跨文化关系中变得越来越无用”，因为诚如密尔所言“只有国家的成员才有权利”（参见 Pagden 2003：190）。

换言之，非西方政体——包括那些自由但不民主的政体——将人权本土化，因为这些政体具有致力于人权的国家身份。② 每个国家都将以自己的方式这样做。如果人权能够以这种方式成为各个政体文化语汇的一部分，那么就很难强化所谓西方标准的全球“优越性”。相应地，人权的认知风格不需要与任何特定的美好生活概念混为一谈（Koskenniemi 1991：397）。恰恰相反，每个政体特定的人权认知风格都能体现某种美好生活的概念。这种以国家为基础的身份，就像一个在政体中广泛共享的认知风

---

① 有关规范性地方主义的一般理论，参阅格雷格（Gregg 2003a）的相关著述。

② “同一性”概念既模糊又有弹性。然而，就我而言，它仍然比任何其他选择更好地将政治共同体的经验标记为网络、社会角色和个人关系的集合体——通过共享的符号、仪式和叙述来公开表示。它也标志着政治企业家（包括人权活动家）的经验，他们实际上是一个政治团体的成员，有着不同的利益、问题和集体目标，会说服个人。正如布鲁贝克和库珀（Brubaker and Cooper 2000：16）所指出的，国家是一个“强大的‘标识符’”。这种情况“并不是因为它能创造出强烈的‘身份认同’——而是因为它有物质和象征意义上的资源来进行分类、社会计数，而官僚、法官、教师和医生必须与之打交道，非国家行动者必须向之求助”。

格，本身就是获取本土诠释之民主化路径的产物。

这一点使某种“鸡和蛋孰先孰后”的难题取得了进展。增进人权本土
154 诠释的民主化路径原本就以制度化和保障基本政治权利为先决条件，这些权利包括新闻自由、思想自由、言论自由，甚至可能包括受教育的基本权利。这种自由为个体运用抽象的诠释权提供了可能性。① 在这些自由受到限制或根本不存在的共同体中，不太可能出现经由本土诠释的民主化路径。而且，在路径缺失之处，基本的政治权利在文化上依然停留在想象之中。

文化本土重塑和转译路径的局限性

正如我在本章开头所指出的，我自身的方法也有明显的局限性。第一，它本身具有文化上的特异性。例如对个体能动性的接纳只能在政治团体中因其另类认同而引发冲突。第二，这种方法在“趋势”方面是可变的：它既可以用来阻挠对人权的信仰，也可以用来鼓励这种信仰。第三，该方法要求宗教的现行主张不能取代人权。这一要求对一些宗教构成了重大挑战。以上三点都颇具争议性。

第一，不受文化限定的立场可以是文化中立的。所有的文化都是独特的，包括“世界主义文化”。一种强有力的人权形式是一种尊重权利的文化认同，可能体现为某种形式的律法主义②；对每个人都有与生俱来的尊严的坚信；尊重法律上的平等和不受虐待的信念；以及对社会中不同宗教信仰的宽容。诸如此类的尊重、信念和宽容等文化现代主义特征对“在美国归化并受过高等教育的穆斯林以及在较少的中东高度现代化的穆斯林”的吸引力可能比对几百万传统穆斯林更大（Kurtz 2002：51）。

对我的方法而言，问题不在于任何特定的文化；相反，任何特定的文

---

① 前几页关于在一个文化自由但不施行民主模式的社会中实现人权的可能性的论述并没有解决鸡生蛋还是蛋生鸡的问题。这个谜题是：转译民主化的可行路径和民主准入所需的制度哪个需要先出现?

② 当然，法治不是这种尊重的唯一形式，尽管它是自由民主政体所青睐的，但可能不是宽容差异但不施行民主的人权制度所支持的形式。

化都缺乏某种自由维度的诠释。通过倡导诠释文化元素时某种程度的“自由化”，无论是宗教文本、国别史还是各种各样的行为习惯，我的方法构 155
成了一种现代主义、非绝对主义、历史化和语境化的对特定政治共同体文化遗产的解读。因此，它可能会遭到“原则上不接受古兰经的任何历史语境的专制主义者以及缺乏同理心的西方批评家”的反对（Bilgrami 2002：63）。毕竟，

> 《古兰经》将正义作为首要的道德价值观，绝不是说必须读出一个宽容的伊斯兰教。所谓“公正”是出了名的有争议，可以说《古兰经》所秉持的正义观只有那些抛开自己道德偏好、遵循写实主义解读、中规中矩的人才会践行（Bilgrami 2002：62）。

第二，文化重塑和转译的过程本身并不能保证任何特定的结果。例如，它们不能保证某种偏离文化和标准的教区主义运动。诠释可能朝两个相反的方向行进。一个宗教激进主义的穆斯林若希望向西方自由的世俗民主国家传播一种与人权同样具有普遍性的法典，即伊斯兰教法（Shari'a），也可以借鉴我提出的方法。我打算把这个办法作为社会自由化的办法，对那些反对“自由政治制度是所有人类社会的最佳安排，无论其在概念上和物质上的资源如何多样化”这一观点的团体，这个办法可能也一样奏效（Mahmood 2004：76）。这些团体相当有信心地断言，自由的政治制度并非对所有社会都是最好或最可取的。我的路径理解如下：“利用伊斯兰传统资源，质疑许多自由主义政治原则”；它允许拒绝自由主义所界定的“个体自治、人权和个体自由观念”，并允许伊斯兰教提出与自由主义前述观念相左的理解（Mahmood 2004：75）。

第三，虽然我的立场并不要求对本土文化的民主化解释必须取代宗教，但它确实要求宗教的现行主张不能取代人权。① 任何这类要求对某些宗教总是构成重大挑战。

我的世俗主义路径将至少冒犯某些神学的路径，如《古兰经》的信 156

---

① 在我看来，所有规范，包括人权规范，都是特殊的文化建构。它不赞同有效性是超自然的启示，或者仅仅是传统的东西，或者是参与者通过自身努力之外获得的东西。

条，“认可性别不公正以及与非穆斯林的敌对和侵略性关系”（Bilgrami 2002：63）。同理，我的路径与“作为一项宗教事务，一名男子可同时娶四名妻子”这样的规定相左（Fadel 2004：83）。同样，如果有人认为“终极的善是救赎”，那么他或她几乎不会“更喜欢一个民主的国家，而是喜欢一个传授所谓真正教义的神权政体”（Fadel 2004：83）。同样，任何相信“正义本身只是启示的结果”的人也会拒绝我的路径（Fadel 2004：82）。

在不同文化之间重构和转译特定想法和实践的约束条件不必挫败人权在全球传播的计划，尽管这些约束条件使得某种在全球传播人权的项目需要首先证明自身的合法性。对许多信徒来说，依然有很长的一段路要走，但可能性依然存在。例如，不太可能所有的穆斯林都同意某种单一的“真正教义”。这种持久的不一致在伊斯兰文化中构造了某种允许阐释的空间。阐释空间可以是动态的，可以为考虑其他阐释提供机会，可以设想对共同体的某种规范制度进行完善或修改。在这个由持久的不一致打开的动态空间中，团体和个体可能会重新定义其对当前文化的某些理解。穆斯林可能会问自己：我们会选择创建的内涵多样的伊斯兰教（复数!）究竟是什么？这种向内反观的问题也可能是向外思考并与非本土机构探讨如何将人权转译成当地穆斯林社区语汇的起点。

基于本章所探讨的以世俗方式推动人权思想在不同认知风格之间转换，我将在下一章进而探讨一个不同但相关的手段：认知重构。

第七章　经由认知重构促进人权

在前一章中，我提出了推进作为社会建构的人权思想的两种具体、实际的**方法之一：将人权转译为本土文化语汇**。在这一章中，我将谈到第二种切实可行的方法：以对本土社区更有说服力或吸引力的方式重构人权观念。 157

无论是思辨的哲学家①还是经验主义的人类学家②，都从未把人权看作一种文化上特有的社会建构。③ 人权似乎不是自然的、神圣的或形而上学的，尽管不断有人提出相反的指控。如果人权是某种社会建构，那么就没有什么超脱凡俗的东西，“没有什么值得崇拜或终极尊重的东西。关于人权，我只能说，它是保护个体不受暴力侵害和虐待的必要保障。如果要问为什么，唯一可能的答案就是历史”（Ignatieff 2001：83）。④

---

① 例如佩里（Perry 2007），我在第一章中对他的观点进行了评论。

② 汉德沃克（Handwerker 1997）和伦特恩（Renteln 1988，1990）认为人权本身是普遍有效的。他们各自受到了威尔逊（Wilson 1997）和梅丽（Merry 2001）主张的“人权并非先验、普遍有效的”有力挑战。人权问题是全球若干偶然历史进程（包括资本主义的发展、民族国家的传播和殖民主义时代）之一，或多或少是关于道德约束规范的性质的全球辩论之一。安纳伊姆（An-Na'im 1990，1992b）以及柯恩、海登和纳亘（Cohen，Hyden，Nagen 1993）也挑战了汉德沃克和伦特恩。他们主张非普遍性，即国家和地区对人权的理解在某种程度上介于普遍性和地方性之间。

③ 从建构主义的观点来看，人权是“自然的”这一观点本身就是一种建构：一种历史的产物，内部存在争议，其定义和适用的边界模糊不清。

④ 虽然没有单一理由来解决所有的反对意见和疑问，在任何现代社会，虽然不是每个人都认为人权是实际权利，全球大部分社会还是共同赞同一些人权观点（如果不是专制的、超脱凡俗、“全或无”版本）。这些人可能因为经济、宗教或政治原因而接受某种人权观念。但是，我的目标并不是那些已经因为某种理由而接受人权的人，而是那些因为任何理由而完全或选择性地拒绝人权的人、政治团体和文化团体。社会建构主义方法没有为人权提供最终的规范依据，它避开了这些基础的神学或形而上学的前提，正如我在第一章和第二章中所指出的。它试图将人权建立在自由的、偶然的、受众接纳的情境中，正如我在其余各章以各种方式所论述的那样。

158 跳出共同体起源来看①，许多社会建构似乎都是地方性的，人们不禁要问：一个地方性的社会建构在什么基础上能够无可非议地胜过另一个？具体来说，如何才能使特定的人权在共同体内得到广泛认可，尽管由于当地文化的原因，这些人权目前看来似乎是不合情理的？“**由内而外**”一词是我论文的核心：一个地方性想法对于接受它的共同体来说是合理的。人权对于任何接受它的共同体来说，也可以变得合法。

但是，在现今依旧视人权为异类的文化群体中，特定的人权如何才能在未来变得具有说服力呢？答案可能具有批判性：文化社会学；人权实践。我的方法渴望从理论和实践**双重维度**来融合这两种可能性。理论维度结合了认知社会学②和规范哲学③。实践维度通过新的概念洞察力促进人权传播，将人权解释为一种文化现象④，并将认知文化置于规范文化之上，认为人权是一种本土文化的社会建构。

159 我的方法分为几个步骤：(1) 反对将文化进行本质主义简化，(2) 而具体区分文化的认知方面和规范方面。(3) 展示一种将人权视为任何特定共同体内在权利的认知方法。然后，建议将人权作为一种学习过程，从如下两种意义进行考察：(4) 作为一个“认知共同体”以及 (5) 作为一个社会系统。(6) 这些步骤以理论上最简约的方式将人权理解为仅仅是地方性的社会建构。尽管如此，人权仍然可以跨越文化和政治的边界——经

---

① 当然，即使一度只关心本地区的主张，也可能因为偶然的历史发展而变成世界性的主张。

② 认知社会学可以追溯到埃米尔·迪尔凯姆（Emile Durkheim 1858—1917）、卡尔·曼海姆（Karl Mannheim 1893—1947）、乔治·赫伯特·米德（George Herbert Mead 1863—1931）和阿尔弗雷德·舒茨（Alfred Schutz 1899—1959）。我借鉴了后来的作品，尤其是戈夫曼（Goffman 1922—1982）以及泽鲁巴维尔和埃德（Zerubavel and Eder）的当代研究方法。今天认知社会学的研究方法从客观主义、自然主义和解释学到主观主义、人本主义和解释学。类型学请参阅斯特德梅（Strydom 2007）的相关著述。

③ 本章扩展了我在 2003 年（Gregg 2003a）首次提出的理论。

④ 文化如何产生群体凝聚力，实际上是一种以共同行为价值观为标志的凝聚力问题，可以追溯到约翰·戈特弗里德·赫尔德（Johann Gottfried Herder 1744—1803）、威廉·冯特（Wilhelm Wundt 1832—1920）和本杰明·李·沃尔夫（Benjamin Lee Whorf 1897—1941）。

由一种“认知重构”。

反对文化的本质主义方法

纵观历史，直至今日，许多社会都依附于各式各样的先验或超脱凡俗的“真理”（最显著的是宗教和形而上学）。例如“民族命运”（拿破仑统治下的法国）、“历史命运”（美国殖民时期的“山巅之城”）或“文明优越感”（古代中国、古罗马、大英帝国，也许还有今天的美国霸权）。这种“真理”是一种文化的本质主义方法。

这种方法有很多种，这里我们主要探讨其中两种。

其一，本质主义方法将文化视为一种“生物学”概念。从这个维度来看，文化群体“拥有”文化，就像人类“拥有”某种基因组一样。正如基因组是在没有人类意志和意识的情况下遗传，文化在很大程度上是在没有参与者意志和意识的情况下延续的。基因组在不知不觉中决定了人，然而人（总是已经嵌入文化中）在某种程度上却是有意识地延续、完善和创造文化。①

人类基因组在漫长的进化过程中适应自然环境（在皮肤色素沉着、乳糖耐受性或对疟疾的抵抗力等方面产生种群间的差异）。人类以某种各不相同的适应能力发展和适应其文化的各个方面，从而应对新的社会环境或现有环境的变化。因此，伴随农业经济向现代以城市为基础的工业经济的转变，传统的大家庭模式逐步被核心家庭取代。② 然而，生物适应是一个物质过程，而文化适应是一个认知过程，需要发挥人类的想象力。物质过程的可塑性不同于认知过程的可塑性。

在这里，我们发现了人权事业最显著的不同之处。认知适应可以是有 160
意识的，也可以被不同的规范性维度引导，这些认知特征与人权事业密切

① 请注意这里的循环结构：文化制品影响创作者，通常跨越几代人，而创作者又通过解释、修改或替换来影响这些制品。

② 参阅杰克逊（Jackson 1995）的相关著述。

相关。它们的相关性源于人权被解释为一种永久处于自我反省、自我纠正和重新赋形的开放学习过程中的社会建构。这些特点缩小了人权与各种应用环境之间的距离。①

其二，本质主义方法将文化的概念视为每个成员业已内在化的一套统一性。“内在化”将个体视为一台计算机，从共享的社区下载相同的数据资料，之后为每台“计算机”提供相同的框架，以便在服务的列表成员之间达成相互理解。这种本质主义的前提是政治团体在文化层面上是或者应该是同质的。它认为成员的同质性是社会一体化和合作的必要条件，而一体化和合作又是信念和行动成功协调的必要条件。

然而，没有一个文化群体是完全同质的，也没有一个群体与其他所有群体有着泾渭分明的界限。就像文化的完整性一样，文化身份也总是具有可塑性的，总是动态的和变化的，而不是静态的和固定的。全球化只会增加某些方面的异质性（例如跨境人口流动所导致的异质性），而增加其他方面的同质性（包括流行文化、青年文化和一些消费模式）。

这里我总结了反本质主义的要点：共同体成员之间的共享以及他们对信念和行为的协调性**不存在**需要共享的、独特的规范。因此，就人权事业而言，传播不需要单一版本。事实上，坚持单一版本可能适得其反。无视任何本土社区的社会、文化、政治和经济特性，就是放弃某个可以被自由说服的团体进行改变的可能。相反，单方面外来的干涉主义力量，在道德
161 和政治上都存在问题，而且考虑到其在当地引发的不满情绪，可能也没有效果。我马上讨论具体的例子。

相应地，就定义而言，人权本身永远是开放的。随着世界的变化，随着有影响的政治理论的盛衰或内部修正，界定和适用人权的努力将适时而变。因此——作为我所讨论的“认知框架”的先导——并没有单一的人权框架。例如，某个框架可能针对个体的人权，而另一个框架则可能针对集

① 文化规范永远需要解释：在特定时间、特定情况下，如何理解这种特定的规范并将其应用于什么特定目标？

体的人权。①

我所说的“开放式学习过程”与伊格纳蒂夫（Ignatieff 2001：83-84）的观点大致相同，即如果人权是“个体为捍卫其自主性所使用的语言”，那么它“就**不是**道德辩论的最后撒手锏。人类的语言不可能有这样的威力”。某种框架也是类似的情景：它把“原本毫无意义的场景变成了有意义的……每个主要框架都允许其使用者定位、感知、识别和标记术语中定义的无数具体事件”（Goffman 1974：21）。但在认知论证中，任何一个框架都不是最终的王牌。正如“保护人类的其他语言也可以被发明出来，但这样的语言是人类在历史上可以适时获得的”（Ignatieff 2001：83-84），因此，任何其他框架也有可能使人权在本土文化中成为可能。在这种情况下，对特定框架的辩护只能是偶然的或历史性的。

简而言之，以其机械和生物的形式，对文化采取本质主义的方法，恰恰排除了人权作为某种可行政治远见的那些至关重要的特征。一个可行的设想是一个自反性学习过程。这样的过程始终自我怀疑、自我反省、自我批评，提出不同的愿景以及关注历史教会我们的谦
卑。（从后来者的视角看，任何先前社会在很大程度上都存在着明显 162
的道德缺陷。）

在行文的后半部分，我重申对文化本质主义方法（机械和生物形式）的批判，并提供包括“重构”的替代性选择。不过，我首先要谈谈概念本身。

---

① 虽然没有一种文化被世界上所有的共同体接受，但是，一些文化元素、符号和习语比其他文化得到了更广泛的传播。迈耶（Meyer 1997）等人甚至提出了一种与当地文化元素、符号和习语共存的世界文化。世界文化这一概念的前提是：不同文化群体既不是完全不同的，也不是完全孤立的。可以肯定的是，即使技术、自然科学、现代医学、资本主义经济学某些方面的影响跨越了当今世界上大多数政治边界，也没有一个政治共同体是按照一种普遍的文化来运作的。从社会学或人类学的观点来看，某种“普遍文化”的概念只能描述一种可能的、偶然的未来，而不是一种结构上给定的功能性需要（更不用说一种超脱凡俗的真理了）。但它可能有一天会描述一种历史上偶然的、跨越特定文化的、重叠扩展的最终状态。

与规范层面有别的文化认知

我把“规范规则”和“认知规则”区分开来，前者引导人们按照道德原则行事，后者则是规范性规则背后的非规范性规则。某个个体在已被一种或多种文化社会化的基础上，遵循一种特殊的规范规则，在这个过程中，他或她内化了占主导地位的社会规范。① 相比之下，认知规则②是通过模仿获得的。③ 它们涉及一个由行为模板或行动策略的符号、脚本和例程组成的网络，如“对相关形势的共同定义”（Scott 2001：39）或“有待解释的对形势和自身的过滤，从中构建一个行动过程”（Hall and Taylor 1996：947）。④

163 规范规则与认知规则共存并相互作用。人们利用这两种文化资源“以独立于社会结构的方式进行战略行动”（Thornton 2004：40），这一战略过程同时采取了规范和认知两种方式。其一，个体和组织通过文化价值观

---

① 迪尔凯姆（Durkheim 1893）和帕森斯（Parsons 1951）是强调共同规则和规范的社会整合方法的代表。

② 迪马奇奥和鲍威尔（DiMaggio and Powell 1991：63-64）对社会整合的认知方式提出了一个有影响力的解释。在分析组织或机构时，将焦点从“客体关系转移到认知理论，从情感贯注转移到本体论的焦虑，从推论转移到实践理性，从内化转移到模仿，从认同转移到人种学信任，从规范转移到脚本和模式，从确切含义转移到描述，从一致性和集成转移到松散耦合，从角色转移到例程”。这一连词的广度和多样性赋予了规范性和认知性之间的区别以深度和质感。

③ 伯杰和卢克曼（Berger and Luckmann 1966）认为组织在结构上反映了社会建构的现实，这是一个来自模仿或拟态的论证。迪马奇奥和鲍威尔（DiMaggio and Powell 1991：67-77）以他们的观点为基础，提出了通过对组织施压使其适应当地制度环境的类型学。强制力量来自政治或监管机构，来自规范力量，或来自对参与者行为进行规范的职业或专业团体。模仿力是一种认知力，它引导组织制定出自己的政策或方法（可能是因为参与者的社会化无法引导主导规范）。参与者可能会模仿成功的组织。

④ 从人种方法论（Garfinkel 1967）到新制度主义，社会学方法强调行为的认知成分而非规范成分。迪马奇奥和鲍威尔（DiMaggio and Powell 1991：35，n. 10）将认知（有别于情感或评价思维）定义为“推理和理性的前意识基础：分类、表征、脚本、模式、生产系统”。

的社会化，以规范的方式产生这些战略；其二，演员从“文化能力”“工具箱、常备剧目”中选择符号、故事、仪式和世界观来“构建行动路线”，从而以认知的方式产生这些战略（Swidler 1986：277）。①

我用认知规则来阐释规范性规则是如何被解释和运用的。我将认知规则分析为“框架”，它是某种规范性规则（比如人权）“隐含的”或“潜在的”规则②，是个体成为各种文化群体经验中的认知成员的一种模式，将个体对世界的取向与其所在群体的共同取向联系起来。

框架方法是当代认知社会学的一种。欧文·戈夫曼（Erving Goffman 1922—1982）的成果是开创性的③，他将框架描述为“某种对形势的界定”，此界定“根据支配事件（至少是社会事件）的组织原则以及我们对这些事件的主观参与确立”（Goffman 1974：10-11）。通常，参与者可能没有意识到他们正在使用这个或那个框架，他们往往不需要知道：我们“亲自商议生活中的各个方面，但往往一旦都商议好，就自然而然地延续下去，仿佛问题总是已经解决好了的”（Goffman 1974：2）。个体很可能不知道“框架所具有的这种内在架构，如果被问及，可能也无法完整地描述，但这些并不妨碍其轻松而充分地应用框架”（Goffman 1974：21）。

即使如此，个体总可能有意识地应用这些框架，这种可能性对人权事业来说至关重要。他们可以通过有意识的设计来使用框架，就像一个出色的演讲者在不清楚其语法规则的情况下也能讲话一样，个体总是可
以获悉已经潜在掌握了的规章准则。通过框架变革推进人权事业需要参 164
与者的看法，因为这项事业需要参与者的道德操守、自由意志和批判性判断。

① 在这种观点中，文化并不是某种“推动行为朝一致方向发展的统一体系”（Swidler 1986：277）。相反，团体和个体通过使用这些工具包中的不同工具（以及通过不同工具的组合）不断地修正文化。

② 在其他规则后面或下面的规则是“元规则”。

③ 斯特德梅（Strydom 2007：350）认为戈夫曼是“认知社会学中最核心和最有影响力的人物”。我借鉴了两条他认为重要的影响。一条是泽鲁巴维尔（Zerubavel 1997）的“社会思维图谱”概念，这给了戈夫曼关于框架的“解释图式”一个文化上的回旋余地；另一条是埃德（Eder 1996，2007）将框架和“交互顺序”的概念扩展到交际行为理论层面。

我在这里强调的重构方法不是某种被动的内部化。相反，它包含了“某种程度的清晰的话语表达”（Brubaker and Cooper 2000：18）、某种程度的自我意识。任何框架都可以是自反的。

我把框架的概念发展成某种控制认知变化的概念。① 这种变化不是目的论的；事实上，它完全是可逆的。个体可以接受任何一个特定的“思维图谱”②，也可以接受其他思维图谱。③ 这种变化可能是政治上的，因为这样或那样的社会权力领域内会发生思维图谱的介绍、解释或修正。一些思维图谱以强有力的方式制度化，突出地体现在法律、经济和政治制度中。然而，变化是不确定的：它可能会受到各种障碍的阻挠，可能会失败，可能会成功，但成功也只是部分成功。

我将从三个层面解释我所采取的框架概念不是戈夫曼所提的人权。第一，框架是对世界（或至少对一个或多个问题）的独特解释。它影响参与者看待社会现象的方式。相应地，人权框架是对世界的一种独特解释：它有效利用了人权特定的规范性措辞，是一种特定道德观念的**认知**框架。④

第二，框架是透视的。⑤ 当活动中参与者的角色被区分时，某个个体
165 对正在发生的事情的“看法很可能与另一个体截然不同……高尔夫球手会认为自己是给球童提供了工作机会。不同兴趣会产生不同的动机关联性”（Goffman 1974：8）。相应地，任何人权框架都是透视的，关于什么是人权一直存在不同的理解（在第一章和第二章中，我认为其不是“天赋的”，

---

① 戈夫曼并不特别关心超出日常食宿层面的框架**演变**或对不断变化的交互顺序进行的“修复”。我对促进人权思想的认知变化进行了框架分析。

② 思维图谱借用了泽鲁巴维尔（Zerubavel 1997）的术语。

③ 与第六章的论点在结构上相似：文化重构和转译的过程可以朝着两个相反的方向发展。例如，远离文化和规范的狭隘主义，或者向它靠拢。

④ 论述规范和认知方面的区别不需要将两者相互排斥，这只是标志着它们之间分工的不同。

⑤ 透视主义可以只从透视的角度来分析。人权框架是透视的，因为人权主张本身就意味着“视觉上”的相对性或文化上的地方性。这种循环逻辑并没有毁灭认知的可能性：“没有任何悖论或自相矛盾的危险，用语言本身来表达一种语法是可能的，在某种程度上，这取决于所述语言丰富的表达手段”（Carnap 1967：3）。

而是社会建构的)。关于人权基础，总是有不同的说法（例如，在第三至五章中，我认为人权是世俗的，而不是超脱凡俗的)。

第三，在强烈的政治激进主义意识中，框架可以激励和引导行为。它们“提供了事件的背景，这些事件将一个鲜活的智力主体的意志、目标和自控力结合起来……”这样的主体可以被哄骗、抱怨、侮辱和威胁，这些可以被描述为“指导行为”。“这些行为使行动者受到‘标准’的约束，受到社会对其诚实、效率、经济性、安全性、优雅、机智、良好品位等的评价”(Goffman 1974：22)。

相应地，人权框架可以通过个体或集体的行动策略来激励和指导行为。[①] 如果它能改变人们的行为，就可能改变当地社会和政治秩序的各个方面。

使人权内在于群体的自我理解

以这种方式重新解释框架理论，我不仅对戈夫曼进行了再诠释，而且还认为区别于深层道德规范的认知元规则可以产生独立于道德规范的社会秩序，这一点有别于自托马斯·霍布斯[②]（Thomas Hobbes 1588—1679）一直延续到塔尔科特·帕森斯[③]（Talcott Parsons 1902—1979）300 多年的传统。我并不是说没有道德规范的社会秩序是完全可能的。相反，认知规则允许人们理解和使用规范来创建社会秩序。

人权框架本身并不是道德的，相反，可能以促进人权实践的方式使个体在某一群体内获得道义授权。人权的道义授权是一种文化处方，原则上也可能是**任何**文化的处方。人权可以成为内置于任何特定文化的某种道德 166
认同的“语言”，即使不完全局限于某一特定文化——的确，即使它挑战

---

① 参阅卡兰姆、里克和锡金（Khagram，Riker，and Sikkink 2002：12-13）提及的例子。

② 霍布斯（Hobbes 1909）认为共同体是一个自我中心的个体向其他自我中心的个体寻求庇护的产物。于是，政治共同体以政治规范来约束利己主义的个人，从而成为一种人性的避难所。

③ 参阅帕森斯（Parsons 1951）提及的例子。

了某一特定文化的一个或多个方面。[1] 这种道德能力可被认知为社会生活的一种语法：人权逐渐被个体接受并被视为其**自身**社会系统的一部分。

但是，一个人权框架只能通过“让社会系统学习个体无法学习的方式”来为个体赋权（Eder 2007：403）。只要人权能够以任何语言来表达，就能够在任何文化中本土化。也就是说，人权可以被设定为任何特定政治共同体本地的语汇，从某种意义上说，这些政治共同体的社会制度可以学习一种“人权语法”。

本地的在这里意指“后天习得的”，但也是“自由授意的事物”，这是我观点的一个核心特性。成员可以自由授意的文化习俗可能具有**内在于**群体的合法性。人权框架最有力地挑战了作为群体内在思想的内部实践。内在合法性不是在个体层面，而是在社会制度层面被创建出来的，它是一种通过主体间相互作用产生和维持的文化产物。

源于外在的思想通过系统学习就可以变成内在的，这种学习使人权标准成为群体内部的标准。内在于群体的思想可以批评其内部实践，它构成了一种进行社会批判的即时能力：

> 他们的自由是否受到威胁，取决于受害者，而不是外部观察人士。完全有可能的是，那些被西方观察家认为处于受压迫或从属地位的人会试图保持使他们处于这种从属地位的传统权威模式……信徒们可能认为，参与宗教传统使他们能够享有比私密主体的消极自由对其更有价值的归属形式。对人权活动者来说，这可能是侵犯人权的行为，但对那些被人权活动者视为受害者的人可能并不这么认为（Ignatieff 2001：73—74）。

167 某种信奉始于在本土适用的“自然”文化逻辑中阐明人权。此处的“本土”指的是在任何情况下需要建立、推广、加强或保护的场所。将个

① 与任何文化公约一样，可以将人权介绍给他国，或本国少量的文化群体，抑或本国那些意义和做法与他国不同的文化群体。正如假定的“亚洲价值观”（Bell 2006）所述，人权可以是共产主义的，而不是个人主义的。人权最好是在对其有抵触的文化中作为一种自由认同、授权语言而非规定语言而存在，如第四章所主张的那样。

体道德认同和赋权的人权框架引入某个社会体系可能会挑战各种系统性特征。但是，一旦被纳入本土的文化逻辑，人权无须使该逻辑失去总体的合法性。因此，“那些到西方人权机构寻求保护、免受塔利班武装分子侵害的喀布尔妇女不想失去自己穆斯林妻子和母亲的身份；她们希望这些机构将尊重传统与为妇女提供教育和专业健康保健结合起来，她们希望被这些机构保护，使其不会因为要求基本权利而遭殴打和迫害。提出这些主张的人不是外来的人权活动者，而是受害者本身，这一事实加强了这些主张的合法性”（Ignatieff 2001：69-70）。①

然而，一旦以本土文化逻辑为框架——一旦“本土化”——人权肯定会使这些文化群体的**某些**方面失去合法性，有时甚至会产生深远的影响。最重要的是，对人权的接纳可能会挑战威权主义、父权制和其他服从性传统模式。这种基于人权的特殊理解支持个体而非群体的能动性；它反对群体无端地将权利凌驾于个体权利之上。② 这种个体主义理解的人权挑战了传统和专制的社会制度，后者通过“学习”个体的权利来“接纳”内涵更为广泛的个体主义。

但是，如果“学习”意味着采用或接纳③，为什么要选定人权的这种特殊理解呢？为什么把人权解释为个体权利而不是社会权利？一个可能的
答案是：在任何地方，个体比团体更容易受到人权缺失的侵害。④ 人权对 168
个体的吸引力可能大于对群体的吸引力。虽然整个群体也可能受到压迫和迫害，但个体最关心的是身体和精神上的痛苦。此外，当最边缘的个体能够从自身文化和政治背景中利用人权时，人权的实现显得格外有意义。对

① 回想一下第六章的论点。以伊斯兰教为例，我展示了转译者如何借鉴域外思想和实践在本土文化中发展人权，尽管当地文化和人权之间可能存在严重冲突；他们可以在与当地文化产生共鸣的同时挑战当地文化。转译者如果具有外部和本地参与者的“双重意识”，就可以完成这项工作。

② 因此，像新加坡的李光耀这样的威权主义者认为，“亚洲价值观”（Bell 2006）包含的群体权利大于个人权利。

③ 我所想的是群体或个体对人权的借用，而不是强加。借用可能是经过协商并部分地适用，同时受到各种因素的制约，如政治和经济环境。

④ 但并非所有情况都如此。例如，“个体的宗教自由权利显然以加入（宗教）群体为基础，并通过保护群体免受迫害而使自身受益”（Salmon 1997：59）。

于一些群体来说，这需要更广泛的个体主义，它要求个体自由地描述自身及其在社会环境中的体验。

这并不是说人权只有在个体主义情况下才是一致的，这种建议在社会学上是幼稚的，在经验上也是不正确的。因为保障和实现个体人权始终取决于群体和社会制度，而不是个体本身。毕竟，权利关乎认同：某个个体因为社会承认而拥有某种有效的权利。这种意义上的权利是一种“群体性能”，而不是“独角戏”。

的确，准确地从本土文化逻辑理解，对人权的认同只有经集体承认才奏效。即使“侵犯人权的影响只能由个体感受到，其后果只能由个体承受”（Montgomery 2001：85），对人权的遵守也是共同或集体的。从这个意义上说，人权是“非个体的”。个体的公民权利和政治权利可能被认为比群体文化、社会或经济权利更“接近”个体的自我（某种哲学意义上的自我）。① 如此看来，政治或宗教措辞可能比商业言论更密切地关注个体自
169 我。相应地，个体可能在投票站比在购物中心更能深刻地认识自己。（也许正因为如此，自由民主国家对商业言论的监管要比政治、宗教、艺术或学术言论容易得多。）个体主义（公民权利和政治权利）方面的人权似乎更加私人化，群体（文化、社会或经济）权利方面的人权则更加非私人化。

作为认知共同体的人权和作为学习过程的认知共同体

为了在本土实现人权，可以通过内部变革而不是外来强制把人权视为一种学习过程，一种嵌入社会制度本身的学习过程。这一概念的前提是对文化非本质主义的理解。文化是社会建构的，而不是先验的，或在某种超

① 例如，个体从根本上是由其自我决定能力来构想的，无论是在康德或罗尔斯提出的明确的政治形式中，还是在克尔凯郭尔（Kierkegaard 1980：52-53）提出的非政治的、存在主义的形式中，都是如此。克尔凯郭尔开辟了一条绝望之路：“在绝望中不愿做自己。甚至更低：在绝望中甚至连成为一个自我的意愿都没有。”或者是最低级的：对成为别人的意愿也感到绝望。这种绝望来自试图逃避作为一个人的“真实自我”的道德责任（一个人的真实自我和一个人成为真实自我的渴望）。通过意识到这些，一个人可以获得某种形式的“按照自己的意志行事”。

机体意义上被给予的。它的前提是：内在文化是动态的而非静态的、开放的而非封闭的，以内部的差异和紧张而非整齐划一为特征，与权力关系有关而非与权力无涉。

在一个社会系统中，学习过程可被认为是新兴的“认知共同体”。正如我在第一章中所论述的，齐美尔（Georg Simmel 1964）通过个体所属的群体，对个体的认知结构进行了早期且至今仍具洞察力的分析。通过一个复杂的社会、心理网络的群体从属关系，个体同时成为许多不同认知群体的成员，个体的个性恰恰在于他或她独特的、纵横交叉的群体从属关系。然而，个性本身总是一个基于群体的社会建构。[①]

对人权事业很重要的是，每个个体的社会-心理关系网络是即时共有的。网络过滤个体的特殊理解和取向，使之转变为公共认可的。一方面，每个个体的认知过程都是一样的；另一方面，不同个体可能以不同的方式使用相同的认知过程，部分原因可能是特定文化群体、亚文化或认知群体 170
的成员的影响。因此，社会-心理关系既不是普遍主义的，也不是个体主义的。它们发生在异质性的个体层面之上，但又低于人类认知的普遍特征。这是人作为社会存在和一个或多个认知群体的成员的中观层次。

一个世纪以前，卡尔·曼海姆（Karl Mannheim）以这样一种意义来描述群体：“不是总体的人在思考，甚至不是孤立的个体在思考，而是某些群体中的人在发展一种特殊的思维方式”（Mannheim 1936：3）。真正独立思考的个体并不多，因为他“总是融进别人之前就已形成的想法中”（Mannheim 1936：3）。同样地，今天的框架也早被别人采用过。它们不仅由个体携带，而且由整个群体携带。在共享理解这一特定意义上，公共生活指的是群体共享各种框架。人权事业可以通过在任何特定的本土文化中建立“人权共同体”来推进。

“人权共同体”在某些方面与其他共同体相似，从行业到机构、从政治运动到国家：“比个体大，但比整个人类小得多”（Zerubavel 1997：9）。最重要的区别是：与其他群体不同，一个人权群体最终在原则上可以涵盖

---

① 成为“个体主义者”的文化可能性本身就是一个认知共同体成员的问题，就像成为“墨守成规者”的可能性一样。

整个人类。作为一种世俗的社会结构，人权可以用世俗的政治方式加以扩展，有可能不受地域或文化的限制。

这种扩展将取决于齐美尔所捕捉到的那种“交叉”。交叉性取决于我所说的“镜头的多样性”。它发生在任何数量的维度上（远远超过当代分析所青睐的三个维度：种族、阶级和性别），包括年龄群组、种族、宗教信仰、家庭地位、职业群体、地理位置和民族起源等。作为许多相互交叉的认知群体的成员，个体至少与每个共享群体的成员有非私人联系。每种联系都提供了一种观察个体世界的“镜头”。每个个体作为多少个社会群体的一员，他或她就有多少个独特的社会“镜头”。多个相互交叉的认知
171 子集“相遇”，在个体中相交：任一个体都有一个特定的“立场”，在相互交叉的立场网络中，可能折射出每个群体的特性。原则上，这个交集总是可以包括某个人权共同体。

原则上可能的事，通过在社会制度中进行“学习”，即通过增加人权的“节点”使其与各个附属机构相“交叉”成为现实。在这种情况下，“学习”将考虑这样一个事实，即个体通过他或她对他者的认知联系来观察世界（也通过这种认知联系来看待自身：因为个体身份与看待世界的方式有关）。他或她如何认知世界是人权事业的切入点：

> 从客观的角度“看”世界，首先要有一定的认知能力来超越自身的主体性。“视若己出”地接受他者的“观点”……这预设了一些“视觉”社会化的基本过程，在这个过程中，我们学会了以明确无误的社会化方式来“观察”事物……这是一种客观的观点，是人们通过成为某一特定专业群体的成员而获得的（Zerubavel 1997：32-33）。

我把伊维塔·泽鲁巴维尔（Eviatar Zerubavel）所说的“非个体视角”称为“镜头”，它既不是个体的，也不是随机的，而是集体的（因此是非私人的）和模式化的。这是一种广义的世界观。“镜头”是复数的。① 简而言

---

① 认知多样性是“视觉多元化”。长期以来，多样性一直被分析为光学视觉多元化。马克思和恩格斯（Marx and Engels 1998）对每个社会阶层不同利益的关注提供了一个早期的例子；齐美尔（Simmel 1964）对交叉性的讨论提供了一个后来的例子；女权主义社会立场提供了一个更晚近的例子（Hartsock 1983）。

之，我的方法并不是说每个个体都有一个完全独特的、认知有序的世界，也不是说所有个体都以同样的方式认知世界。①

人权作为社会制度层面的学习过程 172

儿童的地位在人权方面特别敏感。作为一个通常不能自我负责、自我决定的群体，孩子们经常需要别人的保护。当然，有些成年人也会需要别人的保护，但这与儿童天生的脆弱和无助不同。

对于我的方法来说，自主权是一个重要的问题。它取决于个体或群体有意识地、自由地采用一种认知框架（人权），而不是其他框架。即使是在实践中已经享有人权的儿童，自主权也不如其父母或监护人。当今世界任何地方的孩子都可能接触并或多或少地采纳其父母或监护人的宗教信仰和政治取向。许多父母把世界观作为身份的核心，并且理所当然地希望孩子也能共享这些观点。甚至在自由民主国家，父母有很大的自主权依据自身的世界观抚养孩子。自主权保证了每个人在达到法定年龄时，接受和表达自己信念的权利。许多人在成年后接受他们儿时所接受的观点。②

---

① 可以预见的是，一些认知“镜头”会与其他“镜头”竞争，还有一些只是重叠。多样性出现在没有重叠的地方，例如在政治和文化群体中，这些群体本身是多样化的，相互之间不同，没有多少共享的认知。戈夫曼指出了原因：“我们认为理所当然的世界是一个认知有序的世界……我们共同行动，假设共享这样一个认知秩序”（Eder 2007：396）。因此，一种“政治冲突”是指团体和个体、不同的文化群体之间因差异而产生的有问题的经验：不同的文化群体由于这些差异而发生冲突。冲突会使参与者的基本假设受到质疑。预设的不同可能对应的是相关文化之间没有重叠。在这里，人权事业失败了。当然，没有重叠可能是良性的，但它往往直接或间接地造成种族冲突或其他多元文化问题。

② 比如，那些拥抱自由民主的州允许每个成年人接受并表达自己的信念（包括可能与父母的信念相冲突的信念）。但是，即使自由民主的国家允许个人享有这种自由，许多个人，不管出于什么原因，都不会利用这种自由使自己与使得他们社会化的信念保持距离。因此，两个非常不同的社会实际上在一个特定的维度是相似的：个人总是倾向于接受那些社会化的信念。自由民主社会允许个人自由；传统的威权社会不允许个人自由。——译者注

因此，即使是自由民主社会，也同传统的专制社会一样有这样一种体验：社会化至少在某种程度上影响了许多人的一生。这种影响的社会和心理后果往往十分严重，以致在许多情况下，对成年人个体自由的法律和政治-文化保障在个体达到多数时可能成为一种不必要的资源（在达到多数时，个体可以自由选择）。即使是像美国这样保障良心和言论自由的以个体主义为导向的宪政共同体，也没有规定儿童社会化是“中立的”或“无偏见的”，即“不受父母取向影响的”。这是西方模式中自由
173 民主宽容的典范。美国宪法第一修正案在很大程度上允许儿童接受其父母或监护人的世界观。① 它既不预设也不要求父母采取任何“不偏不倚”的立场。② 换句话说，它的方法允许父母的个体主义。

然而，正如我早些时候所指出的，人权需要一种“非人格主义”，比如语言。语言本质上是公共的，涉及一种基于概念的方法来认识世界、周遭环境以及自身。概念不同于感性知觉③，前者可以为语言群体中所有具有语言能力的成员所共有，而后者不可能只由任何个体或单个群体所持有。此外，语言表达的概念并不完全由个体思想产生，也不会完全被一个人的想象改变。它们“位于”社会系统中的非个体层面。④

在这个层面上，个体之间的关系产生了新的特性：“由个体行为产生，但不能被简化为”个体参与者的心理补充（Eder 2007：403）。⑤ 同样地，

① 修正案（1789）的部分内容是：“国会不得制定任何法律……剥夺言论或出版自由。”

② 的确，如果公民对任何特定政治认同或宗教信仰完全漠不关心，美国宪法第一修正案关于信仰和言论自由的规定将是无效的。

③ 感性知觉具有“个体主义”性质。例如，没有一个观察者可以根据经验来判断另一个人声称的瘙痒或疼痛的“准确性”或“真实性”。

④ 与此同时，个体可以通过共同的和非个体语言媒介准确地表达他或她自己的经验、信念和要求。的确，个体只有在非个体主义的语言媒介中才能以个体主义的方式把握自己。这样做绝不会损害他或她的独特性。

⑤ 埃德（Eder 2007：404）在社会系统和个人心理之间做了一个富有启发性的类比：“社会系统的‘大脑’是……一个社会的社会关系，存在于它的制度结构中。这些社会系统的思想就是它们的‘文化’，是其结构的语义表征。”

语言是由个别演说者负载，但不能被简化为载体的存在。通过这种方式，语言使不同个体之间的交流甚至理解成为可能。它使他们相互联系，尽管个体生活存在着许多不同之处。认知能力的发展具有“集体效应，并导致一种‘文化’，这种文化超过了具有认知能力的个体的总和”，即使它“取决于个体的属性”（Eder 2007：395）。

只要人权必然是一种集体现象，只要集体现象是非个体的，那么非个 174
体的方法就与人权事业有关。① 个体通过“视觉社会化”获得非个体视角，即通过学习，“构建”世界的特定方式（从框架的获取到持续维护，再到周期调整）。一个不带个体色彩的视角是他者的视角。

要理解他者，尤其是那些遥远的他者，依赖于人权在文化上对当地**内在**合理性的理解。对于人权事业来说，理解就是站在他者的立场来看待这个世界，就好像他者的苦痛就是自己的苦痛一样。② 旁观者用这种方式看世界，就是站在当局者的立场看世界。可以肯定的是，当局者可能不会将这种现象视为一种痛苦。在某些情况下，“苦难”有可能指的是侵犯人权。可以用认知社会学在当地文化和政治群体**内部**推进人权框架。

“站在他者的立场看世界”可能有助于维持个体之间某些政治、道德和文化上的相互关系。文化为正在进行的交流提供了一种相互联系的逻辑。通过个体交流、群体学习，社会系统也在“学习”，但方式不能被简化为基于个体或群体的学习（Eder 2007：403－404）。③ 这里存在着一个社会系统非人格化学习的政治意义：系统可以“学习”许多个体可能无法“学习”的东西，也许部分原因是个体或许无法社会化。这里的“学习”需要采用某种人权框架。

---

① 与所有的社会建构和伦理系统一样，人权是主体间的而非主观的，而主体间的也可以是非个人的。

② 正如我在第五章中提到的 18 世纪下半叶的情感小说，这些小说鼓励了读者对受压迫和被社会边缘化的人的同情，这可能激活了人权概念。

③ 埃德（Eder 2007：404）认为，“社会做出的选择是个人经历的”；这些选择创造了“成功或失败的条件，超出了行动者意图的范围”。这些条件是“社会自组织的新环境”。这种自我参照类似于人权作为一种社会建构：有认知能力的个体创造了人权文化，呈现于其集体创造的文化中，并进一步从中“学习”。

175 认知重构

任何特定个体的能动性总是已经嵌入到各式各样业已存在的规范和文化认同中，这些认同肯定会影响他或她看待人权新规范的方式。这种能力植根于可能影响个体施展能动性的认同中（如果不一定总是以可预测的方式）。孩子们在文化氛围浓厚的地方长大，这些地方常常对他们中的许多人产生持久影响；像其他所有人一样，他们不会在没有文化的真空中施展能动性。不仅是儿童，但尤其对他们而言，受文化环境约束的能动性可能对该环境有强烈认同，无论其规范原则是什么。

人权事业（对儿童和成人）所要求的认知变化的先决条件是个体能动性与文化环境之间存在一定程度的兼容性。个体即使持久地嵌入有着深刻而强大影响的文化环境中，也几乎不会消灭个体能动性。这几乎不会消除个体对其文化、社会和环境各个方面提出质疑的能力，也不会消除个体接受其他政治信仰和认知认同的能力。以人权为导向的社会和政治变革取决于个体和群体、个体主义和群体主义之间某种程度的协调。为了使本土的文化逻辑更有利于人权，客观的社会制度需要与个体层面产生更多的共鸣。

如果要给予儿童人权，就必须就“儿童”问题达成共识。什么样的认知角度能让我们在以下问题上达成共识：“童年”的最佳定义是什么？[①] 大多数对童年的理解是由文化决定的，并且可能在不同的政治团体、法律体系和历史中存在很大的差异。不足为奇的是，对于什么是“正常的”或“理想的”童年，人们一直没有达成全球共识。

此外，目前的人权文书对儿童定义的文化语境不敏感。例如，《儿童权利公约》[②] 一致接受儿童时期的边界是固定的、明确的，它假设了一种
176 “正常”的童年概念，并以之作为衡量需人权纠正童年的尺度。

这类假设意味着，儿童的人权在任何特定群体中都是不容谈判的。鉴

---

① 某些认知问题的答案可能具有明显的规范含义。

② 参阅慕斯科洛夫（Muscroft 1999）提及的公约及其后果。

于对“正常”童年的全球有效的理解，所有儿童的人权必须是相同的。[①] 然而，在每个社会中，儿童的地位和社会身份都与成人不同。简而言之，“儿童”的定义与人权事业高度相关。例如，如果“我们拒绝‘18 岁’这一任意设定的年龄，并接受当地的规范，那么‘所有早婚都是错误的’就站不住脚了。……完全按照传统规范和当地习俗，15 岁在印度结婚与 15 岁在英国结婚的情况是非常不同的”（Montgomery 2001：82）。[②]

在这种情况下，如何改变框架？尤其如何才能避免以本质主义的视角定义当地文化？考虑以下实证研究的例子，它挑战了基本假设。希瑟·蒙哥马利（Montgomery 2001：94）研究了泰国班努阿的儿童卖淫，发现儿童的性剥削同他们与家人、共同体生活的意愿呈负相关。也就是说，孩子们把与家人生活在一起的“权利”看得比免于性剥削的“权利”更重要。从事性交易是保证他们能与家人生活在一起的一种方式，但前提是要有“支持父母的文化信仰和孝顺的责任感”。这并不是说他们的文化要求其卖淫。虽然这种文化环境使她们更有可能成为妓女，但这并不意味着她们成为妓女完全是因为文化的原因（Montgomery 2001：95）。

在这种情况下，人权的存在或缺失显然并非主要与文化相关，而是更多地与贫穷和其他因素相关，因为当事人没有足够的能力采取卖淫以外的其他办法让儿童摆脱这种因贫穷而导致的最坏结果： 177

> 毫无疑问，孩子们从能够养家和履行亲属义务中获得了满足，但他们的能动性很小，在社会和经济上仍然处于边缘地位。他们贫穷、低下的社会地位使其处于社会的边缘，在那里他们没有任何结构上的权力。由于没有福利国家或社会保障安全网，即使能够勉强糊口，他们也没有多少维持生存的选择（Montgomery 2001：95）。

---

① 这种假设无助于解决其他问题。例如，对一项人权的保障可能以牺牲其他人权为代价，或者，实践中对不同人权的排序在文化、时间和空间方面不能是中立的。

② 如果童年并非同质状态，那么“儿童本身”不同成员之间的哪些差异对人权有重大意义？在性别、年龄、共同体或家庭地位等方面，哪些因素对成人的期望有重要影响？几十年前，恩纽（Ennew 1986）和拉方坦（La Fontaine 1990）给出了最初的答案。

因此，儿童卖淫并不是某种文化线索，贫困是人们采取某种行为的“表面”动因。

一项公认不受性剥削的人权显然需要注意**全球经济关系**和**当地文化**的特殊性。① 这一方法并不是简单地假定普遍的规范性立场，即儿童卖淫在任何以人的基本尊严为前提的情况下都是违反道德的。例如，它没有假定妓女把自己的价值降低到身体的物质层面总是低于个体非物质的、以尊严为基础的价值。相反，这种方法关注的事实是，儿童不太可能自主选择卖淫。

自主权在几个方面都存在争议。一是经济方面：如果儿童所在的家庭收入充足，儿童不受性剥削的“权利”就不会同他们与家庭、共同体一起生活的“权利”发生冲突。根除儿童卖淫的最佳途径不是通过文化工程（或惩罚父母），而是“确保他们的家庭能够聚在一起，并获得可持续的收入”（Montgomery 2001：97）。

正如蒙哥马利间接承认的那样，儿童卖淫不仅是当事者经济状况的问题：“孩子及其父母都告诉我，他们自主选择了卖淫，因为报酬比其他工作高，但这种解释并不像他们声称的那样经得起推敲”（Montgomery 2001：95-96）。另一个严重的问题是当事人缺乏自主权。孩子们显然在以下几个方面缺乏自主性：

178 其一是获取信息：“班努阿的人民无法获取更广泛的道德或政治理解。无论孩子们对性工作有何说法，他们都不具完备的知识对此做出一个充分知情的决定”（Montgomery 2001：96）。其二是文化：“父母过分强调自己的文化理解，如此就无法从更广泛的政治背景来看待贩卖儿童的问题”（Montgomery 2001：96）。其三是国际人权相关法案和非政府组织在文化上的一致做法：“《儿童权利公约》和那些愿意不顾一切强制执行第 34 条［关于对儿童的性剥削和性虐待］的非政府组织不允许有文化上的特殊性”（Montgomery 2001：96）。②

① 根据蒙哥马利（Montgomery 2001：98）的研究，泰国国际政治和经济地位对当地的影响“与文化上的特殊性一样重要”。

② 参见蒙丹蓬（Muntarbhorn 2007）对《儿童权利公约》第 34 条的分析。

考虑到本地信息获取、本地文化理解、善意但于本地无益的国际声音等问题，我提出了一种改变认知框架的方法。问题是：我们如何重构人权使其与当地共同体产生共鸣？如何才能使人权或具体人权的思想在当地共同体由内而外产生共鸣？这些问题的答案来自另一个实例。伊丽莎白·博伊尔（Elizabeth Boyle）检视女性割礼（FGC）的做法。① 女性割礼以各种积极的方式在当地得到倡导，这些积极的方式依赖于一个完整的信仰体系而不是单一的解释因素。② 那些单一因素涉及从文化到审美、从卫生到宗教到性等广阔领域。③

女性割礼如何才能按照我前面提到的在儿童人权方面至关重要的自 179
治来促进更大的个体自治呢？个体批判性思考地方规范的能力当然得益于他或她想象这些替代性规范的能力。博伊尔（Boyle 2002：151）发现，获悉可替代的选择有助于女性——通常是女性割礼目标女孩的母亲——以偏离传统或主流社会实践的方式对当地的规范进行认知重构。

我的观点始于对现状的批评。女性割礼可能消极地被重新定义为伤害、疼痛、可能的疾病和性快感的剥夺，作为父权制家庭的特征，或作为

① 女性割礼一词包括三个不同的实践：阴蒂切除术（切除阴蒂的全部或部分），切除（包括阴蒂切除术＋切除小阴唇的全部或部分），封锁（切除阴蒂和小阴唇，然后将大阴唇剪缝在一起）。女性割礼在今天的布基纳法索、乍得、科特迪瓦、吉布提、埃及、厄立特里亚、埃塞俄比亚、冈比亚、几内亚、马里、尼日利亚、塞拉利昂、索马里和苏丹广泛施行。1 亿到 1.4 亿妇女和女童已经接受了这种手术，每年大约有 200 万妇女和女童要做这种手术（世界卫生组织 1999）。

② 这一程序的文化性质立即表现在命名方式上。“女性生殖器切割”一词是假设这种手术会造成伤害（而男性割礼或女性隆胸则不会）；“女性阴蒂切除术”这一说法与有时激烈而有害的外科手术类似，如对男婴进行的小手术；相比之下，“女性割礼”一词既非建立在毫无根据的前提下，也非基于错误的类比上。

③ 包括声称一个女孩如果不切除阴蒂，就不会成为一个成熟的人；妇女的外生殖器有使助产士致盲、致婴儿死亡、使婴儿在身体和精神上变形或致丈夫死亡的力量；女性割礼确保了童贞，这是婚姻的先决条件，也是女性获得土地和安全的保障；可以通过女性割礼来控制女性的性需求；外生殖器又丑又脏，还会继续生长；女性割礼与精神纯洁或某些宗教命令有关。

一种普遍的宗教或政治结构的一部分，系统地将女性置于从属地位。它可能被重新定义为对个体身体完整和决策自主权的侵犯。

也可以从受过割礼的妇女的角度来启动人权程序，然后让她们从与当地主流规范不符的经验中得出结论。与参与者是否愿意接受域外框架有关的一个因素是，女孩的母亲是否接受过这种手术。[①] 接受过割礼手术的女性比没有接受过的女性更不可能改变她们对女性割礼的看法（尤其是对下一代，即她们的女儿）。但是，那些经历过这种手术、后来又拒绝接受当地规范的女性，可能是这种手术最强烈的批评者。[②]

博伊尔（Boyle 2002：147）的研究还表明经历过女性割礼但后来因为女儿而拒绝接受它的女性，比没有经历过的女性更有可能被作为一种认知上自觉抵制地方规范的范例。最重要的地方规范之一涉及妇女的社会和法律地位。反对女性割礼的措施可以被框定为当地妇女赋权，进而延伸到
180 她们的女儿，至少允许她们作为儿童免遭这种手术。[③] “授权”意味着有权和有能力拒绝他们文化环境的某些方面，比如女性割礼。

我认为，在保护和加强个体主体性方面，对妇女社会和法律地位的本

① 参阅博伊尔（Boyle 2002：150）的相关著述。

② 参阅博伊尔（Boyle 2002：151）的相关著述。

③ 重构是一种认知技术，可以服务于任何规范性目的。例如，反女性割礼的努力本身可能被重新定义为伪善。毕竟，富裕社会（尤其是西方）的女性可能会通过隆胸、注射肉毒杆菌素和收腹等方式对文化框架做出回应，特别是年轻女性可能会出现厌食行为。这种文化框架肯定特定的体型和其他特定的外貌特征。此外，在西方，男性婴儿通常要接受割礼，这也是一种“切割”。但是，如果伪善的指责建立在两个方面的比较上，那么这种指责是站不住脚的。首先，女性割礼通常在未经女孩同意的情况下进行；隆胸和注射肉毒杆菌是成年女性的选择。有人可能会认为，这些西方女性和非洲母亲一样，会让自己的女儿接受女性割礼，但前提是，她们都是当地文化中“错误意识”的受害者。但作为文化相对主义者和地方规范主义者，我的立场是：拒绝这种观念，因为第一，它假定了某种普遍有效的、客观的或现实的人类意识。第二，它将男性和女性生殖器进行类比会产生问题，因为它无法对诸如“女性割礼更像男性阉割而不是男性割礼吗?”以及“是否男性包皮环切有益于男性健康（或许也有益于女性性伴侣的健康），而女性割礼只会损害女性的健康?”做出回答。相反的观点参阅阿布·萨赫利赫（Abu-Sahlieh 2006）的相关著述。其他反对女性割礼的观点参阅格伦鲍姆（Gruenbaum 2001）和吉尔曼（Gilman 1999）的相关著述。

土理解可以被个性化重构。这种重构对当地文化群体提出了很高的要求。只有当群体能够接受一种更加个体主义的权利观时，成员们才能自由地接受一种认为女性割礼侵犯了个体身体和决策自主权的认知风格。很明显，那些不支持对自己女儿实行割礼的母亲拒绝当地文化中重要信仰或实践的能力和意愿，使得重构者更倾向于利用域外框架来进行阐释和支持反对意见。①

同样清楚的是，这种人权框架必须首先为女性而“本土化”——但不仅仅是为女性。为了使当地的文化逻辑更有利于人权，重构不能只在个体层面进行而忽视客观的社会制度。根据身体完整的个体权利（这为当地拒绝女性割礼或儿童卖淫提供了依据）重新定义当地妇女的地位，需要运用一种认知规则来修正为女性割礼进行辩护的地方规范。由于以人权为导向 181
的社会和政治变革取决于个体与群体或共同体的某种相容性，对整个共同体来说，另一种框架或多或少需要“本土化”。

针对整个共同体的方法可能是渐进的。人们可以根据经验观察得出，父母因循守旧的程度会影响认知重构的可能性。关键是孩子所处的家庭是否遵循当地的规范。因循守旧的程度越高，程序就越会按照普遍的社会规范来制定。根除地方规范不是问题所在，认知重构会挑战支持女性割礼的旧规范，但也可以支持提倡人权的旧规范。那么，问题是：遵循什么样的地方规范？

当然，规范本身可以以多种方式被重新定义。例如：女性割礼可能被重新定义为一个技术、医疗问题，而不是一个人权问题。② 从医学角度来看，这种手术可能会被拒绝（因为它不会带来任何好处，而且极有可能造成医疗事故）。从医学角度为当地文化减少挑战，相关的信仰或实践可以

---

① 因此，框架理论不是从中立的规范立场出发，无论如何都不是中立的。作为一种政治和社会变革的方法，框架理论同样适用于拥护女性割礼的人。

② 以这种方式进行重构，是对医学科学和程序的文化预设。当然，医学和自然科学本身就是文化建构。但与制度化宗教信仰或民族主义的形而上学意义上的深层文化不同，自然科学和医学诉诸确认或修正，呈现为“稀薄的”规范，比“浓厚的”、深层的文化规范更容易跨越文化和政治的边界。在 2003 年（Gregg 2003b），我提出了“浓厚的规范”和“稀薄的规范”的一般理论。

在当地被重新定义为“狭隘的”或非文化的。[①] 从文化的角度重新定义一个文化问题，就是我所提倡的路径：倡导人权思想的文化特殊性，但不把它或任何其他文化现象精炼化。

我现在谈谈第四部分，该部分考虑人权未来可能按照对人的本性和政
182 治共同体的概念进行社会建构。也许有一天，自然会被解释为文化选择，特别是关于人类基因组的控制方面：在这里，遗传选择取代了遗传机会，从而提出了自身的一系列人权问题（第八章）。以民族国家形式存在的政治共同体可以通过一种可能促进人权事业发展的跨界包容逻辑，被重新设想为人权国家，取代之前确定不移的主权逻辑（第九章）。

---

① 参见博伊尔（Boyle 2002：138）的相关著述。尽管如此，以文化为框架的问题仍可能产生重大的文化后果。相应地，认知方法可以实现规范目标。如果将女性割礼重构为一个医学问题，而且可被修改（减轻甚至根除），那么结果符合人权标准：确保身体完整性或免于性剥削的权利，尤其针对尚缺乏做出明智决定所需知识、信息自主权和心理成熟度的孩子。

第四部分
人权的未来式：人类本性与重构的政治共同体

第八章　作为文化选择并经由人类本性的人权

在第九章中，我将主张人权国家作为我们今天所知的民族国家的替 185
代。民族国家并不是最可能拥有人权的，因为它认为人权是由国家授予的，这种授予取决于主权（例如国家不需要授予非公民权利）。因此，今天的人权实际上依赖于民族国家。根据经验观察，在大多数情况下，民族国家不会让公民自我赋权。相比之下，人权国家将人民理解为文化选择的人权接受者，而不是政治成员（实际上是特定民族国家的成员）。要做出这一选择，或评估其他选择，就必须知道个体在哪一时刻起成为人权的载体。例如，人权始于出生之前的任何生物发展阶段吗？任何回答都将假定存在某种人的概念，这种概念证明仅仅由于人的特性而赋予的人权是正当的。何种人的概念使得人权在某种程度上不依赖民族国家的无条件授权？我将在第九章中介绍的人权国家与什么概念相对应并促进人权国家的发展？

为了回答这些问题，我预先在本章提出了一个完全自然主义的概念，认为人的本性是生物学上可以理解的，从而避开了神学和形而上学的超自然解释。这一概念允许文化选择将人理解为人权的载体。在自然主义概念中，所有权利都是文化建构的，所有的社会制度也是如此，从政治共同体到产权到法定货币，从习俗和道德观念到友谊和婚姻。

“人何时首次作为人权载体？”那么问题就是“在一个发展的连续体
中，政治共同体在哪一节点上可以建构人类？”这个问题将突出一个政治 186
共同体的存在对人类的价值，我认为人类的存在不仅是现实的，而且是潜在的。我分析了潜在的人类存在，援引了当前关于控制人类基因组的争论。在这方面，我要提出以下问题：政治共同体（特别是人权国家）能否在个体出生之前的层面上构建人权？

即使人权国家尚未存在，这个问题也很紧迫，因为人为控制人类基因组的技术可能会在 20 年内出现。而后，20 万年前进化以来的现代人（晚期智人）可能首次开始在基因水平上重塑自身的生物性。基因控制是人类文化对自身天性的干预。**人类文化**①，我指的是规范性解释和科学技术工程；我所说的**人性**是指从生物学角度理解的人类。基因改组涉及一些基因如何控制目标有机体的某些特征，同样涉及引导目标选择的文化维度。对基因改组的利弊进行道德和法律判断本身就是一种文化行为。我所说的**转基因**是指改变植物或动物的 DNA 序列，从而导致有机体相应的生物学特性发生可检测的变化。在自然选择方面，改组是对环境条件变化做出的反应（进化过程的核心方面）。相比之下，人工选择的转基因涉及繁殖隔离，从而产生对人类有吸引力的动植物物种，如生产能力、质量或对目标环境的适应性都很强的物种。②

187 自从詹姆斯·沃森和弗朗西斯·克里克（James Watson and Francis Crick 1953）1952 年发现 DNA 结构以来，相关研究已经确定了一些动植物基因编码的特定表型。人类基因组序列首次刊发于 2001 年，该研究将

---

① **文化**，从更广泛的意义上说，我指的是人类精神的产物。它为自然环境的改造和动态开放的社会自我改造带来了可能性。

② 考虑几个例子：狗作为狼的后裔，是最早被驯化的动物物种，至少在一万两千年前就已被驯化。到目前为止，已经由人工选择产生了 400 多个品种，比任何其他现存动物的品种都多。人类已经根据特定个性特征（如活动性、侵略性和服从）训练相应的动物完成特定的任务，如追踪、放牧、守护、战斗或陪伴。人类也会根据体型、皮毛颜色和外观来选择。被挑选的犬种小到吉娃娃（3 到 6 磅），大到爱尔兰猎狼犬（100 磅甚至更多）。公元前 7 世纪，人类开始驯养家畜（Clutton-Brock 1999：51）。经过数千年对可测量表型（可见特征）的人工选择，农作物和家畜已经成为不断增长的人口的主要食物来源。几千年来，人类通过表型选择改变了农作物和动物的基因。1865 年，孟德尔发现后代的表型遗传具有简单而高度规则的模式，这种模式涉及父母遗传因素的组合。这些后来被确认为基因。基因存在于一个脱氧核糖核酸（DNA）大分子中。沃森和克里克发现了 DNA 的双螺旋结构，开创了基因研究。此后，研究人员在各种动植物物种中发现了大量的遗传标记（“简单序列重复”和“单核苷酸多态性”），这些标记确定了可能对所需性状遗传变异负责的基因组区域。这个过程叫作“数量性状位点定位”，它使研究人员能够在数量上把遗传标记与期望的性状联系起来，识别基因组中与所需性状有因果关系的基因的特定区域。这种“标记辅助选择”（MAS）可以相对准确地选择具有所需属性的种畜，加快了农业物种人工基因改造的步伐。在家畜的经济性状改良方面，最成功的是奶牛的产奶量。MAS 选择那些高产奶量奶牛的后代，通过人工授精产生高产的母牛。到 2009 年，乳制品行业使用的基因选择技术使每头奶牛的产奶量比 1940 年增加了 4.5 倍以上。20 世纪的生物技术也使转基因农作物发生了革命性变化，方法是直接控制与所需性状有因果关系的基因。

人类基因分为两类：一类与医学治疗目标相关，另一类在文化规范意义上可能会“增强”携带者的特征。治疗目标是唐氏综合征、囊性纤维化和阿尔茨海默症（当今工业化世界最常见的神经退行性疾病）等疾病的基因突变。携带者特征是指肤色、眼睛或头发的文化偏好，以及身体外貌或智力。①

但是当以治疗为目的的基因工程开始渗入以“增强”为目的的工程 188
时，就到达了一个临界点。一方面，对于以治疗为目的的基因工程，没有人希望病人在可能得到治愈的情况下继续患病。如果不接受基因治疗就会面临死亡，可能没有哪个共同体会在法律甚至道德上禁止它。因为它可以改变病人的基因使他或她的孩子不会遗传疾病。

另一方面，考虑“补救性增强”。在这种方法中，父母的遗传特征在

① (a) **色素沉着**：在人类最明显和可识别的特征中，皮肤和头发的颜色是由皮肤和毛囊黑色素细胞产生的黑色素种类和数量决定的（Thong et al. 2003；Liu et al. 2005）。研究利用比较遗传学和定点克隆方法，已经确定了控制皮肤、眼睛和头发三者颜色的多个基因（Sturm 2009）。可以通过 DNA 测序或定点基因测试检测这些基因的遗传变异，从而控制这三种性状（Spichenok et al. 2010）。胚胎植入前的基因测试可以预测孩子皮肤、头发和眼睛的颜色。(b) **身高**：很明显，人类社会长期以来都非常重视身高。在后工业化人口中，身高似乎对配偶偏好和配偶选择都有影响（Sear and Marlowe 2009）。根据赫普（Herpin 2005）的一项研究，在同等教育水平下，高个男人通常比矮个男人拥有更好的职业生涯，因为他们倾向于接受更大的责任；身高也是参加各种运动的一个重要因素。人们很可能会得出这样的结论：大多数人更喜欢高个子而不是矮个子。一个被广泛接受的假说认为，人体的身高是由大量遗传因素控制的，每个遗传因素对整体表型变异的影响都很小。全基因组关联分析已经确定了 47 个与成年身高相关的单核苷酸多态性（Lettre 2009），这只能解释 5%的身高变异。目前正在进行更大规模的研究，以寻找更多常见的身高多态性。在 10 年内，研究很可能确定控制人类身高的基因。(c) **智力**：自《遗传与天才》出版以来，基因构成与人类智力的关系一直是一个社会和政治上敏感的话题，不仅限于科学领域。智力的遗传已经被几项大规模的研究证实了。随着 10 多年前人类基因组测序的完成，几项全基因组关联研究已经确定了 6 个不同的染色体区域和 16 个与智商分数有关的候选基因（Rizzi et al. 2010）。虽然这些候选基因中的大多数需要进一步验证，但在确定为注意力缺陷或多动障碍的样本中，智力与两个基因 ATXN1 和 TRIM31 的遗传变异之间的联系已经得到了证实（Rizzi et al. 2010）。随着神经科学技术的加速发展，研究可能会在未来几十年内确定控制人类智力的基因。

某些方面可以归类为“低于正常水平”。如果他们被允许对其胚胎进行修改，在从那样的胚胎①发育而来的人身上显示出“平均”或以上的维度，会怎么样呢？这种情况下，无法把治疗与增强区分开来，或者只能在文化理解而非自然现象方面做出区分。这样，“人性”就只能被看作是一种文
189 化选择。如此，关于转基因的法律和道德规定，或个体何时首次承载人权的问题，在自然界中是找不到答案的。

因此，转基因必须被理解或至少是部分地被理解为一种政治行为。从遗传学层面修改 DNA 序列就是改变个体或整个物种的基因组，其动因可能不仅是健康，而且还有政治、经济和文化其他方面的考虑。举一个常见的例子，技术人员通过选择精子或早期胚胎或操纵胚胎的基因组来修改人类 DNA。基因选择可用于与性别相关的各种疾病，性别分类（sex-sorting）的人类精子技术可以减少相关疾病，同样可以满足父母选择后代性别的偏好，此种情况下健康不再是重点。② 选择允许对胚胎进行异常基因筛选，但同时也允许对其性别或其他文化偏好进行筛选。文化和政治偏好以及认同的风险只会随着生物技术的发展而增加。因此，胚胎植入前基因诊断（PGD）20 年前才被引入，用来筛选无遗传疾病的胚胎。可能对后代造成高风险遗传疾病的夫妇在胚胎植入前需要进行筛选③，没有检测

---

① 路德维希·希普（Ludwig Siep 2002：113）认为，父母被允许对胚胎进行基因控制以进行非补救性增强，这几乎不需要把任何个体的遗传特征作为可购买的商品。

② 人类携带 X 染色体的精子 DNA 含量与携带 Y 染色体的精子 DNA 含量相差 2.8%。DNA 可被荧光染料染色，其含量由荧光强度测定。据染色强度的不同，通过流式细胞术将 X、Y 精子分为不同的组。利用分类后的精子进行授精，父母可以选择想要的孩子性别。这种方法也被用来减少与性别有关的疾病风险以及平衡家庭中儿童的性别分布。1992 年，美国农业部授予遗传与体外受精研究所（Genetics & IVF Institute）开发流式细胞术精子分选技术的独家许可证，并可用于人类身上。1993 年，机构审查委员会批准进行临床研究，将流式细胞术精子分选技术应用于可能生下与性别相关疾病的患儿夫妇。1995 年，这项试验扩大到抱有家庭平衡目的的夫妇。从 1994 年 6 月到 2007 年 1 月，共有 1 125 例怀孕得益于性别分选的精子。943 名新生儿中，X 类贡献了 92%的女性，Y 类贡献了 81.8%的男性（Karabinus 2009）。

③ 该过程包括体外受精（IVF）、胚胎培养和活检，以获得单个细胞，进行遗传检测以及使用标记物检测遗传异常。

到遗传缺陷的胚胎才能成为候选胚胎被移植到母亲子宫内进行妊娠。①

虽然PGD目前已经成为医院的常规检查，但对智力或外貌的选择仍 190
有待探究。② 这样的应用可能很快就会成为常规，只要相关技术能够在当地以合理的成本获得。应否准许接受这种检查的申请，是一个人权问题：人类胚胎在文化上是否可以被理解为拥有不受基因操纵的人权，或者至少不受基因偏好的影响，因为基因偏好与基因治疗是有区别的。

在基因操纵的背景下，我分三步分析了“作为人权载体的个体究竟始
于何时?”（1）我认为，人类的自然本性和文化是一个连续体，在某些点 191

---

① 胚胎植入前基因诊断（PGD）目前用于检测单基因疾病和染色质重排。少数情况下，它被用来选择与孩子白细胞抗原血型匹配的胚胎（未来孩子的兄弟姐妹），这个孩子患有恶性疾病，如白血病或淋巴瘤，患病儿童最有效的医疗选择是从白细胞抗原相同的捐赠者那里进行骨髓移植。为了治疗患儿，一些父母使用PGD来选择与孩子白细胞抗原匹配的胚胎。换句话说，他们想要另一个可以为兄弟姐妹捐献骨髓的孩子。此外，对于单基因疾病，PGD最常用于筛查常染色体显性疾病，如亨廷顿病、I型强直性肌营养不良（DM1）、神经纤维瘤病和腓骨肌萎缩症；也用于筛选常染色体隐性遗传病，如地中海贫血/镰状细胞病（有无HLA分型）、囊性纤维化、脊髓性肌萎缩（SMA）；还用于诊断伴X染色体的隐性疾病（其中PGD用于特定的诊断），比如脆性X染色体综合征、杜氏/贝克尔肌肉萎缩症、A型和B型血友病；在染色质重排或结构异常的情况下也会使用PGD，这种情况通常会导致胚胎发育异常，而PGD允许父母在终止妊娠和生育智障儿童之间做出选择。

② 目前在技术上还不可行，一些处于早期发展阶段的技术可能很快使这种选择成为可能。考虑以下两点：(a) 介导的位点特异性基因重组是一种人工核酸酶，可以在基因组的特定位点引入双链DNA断裂，通过同源重组的方式促进DNA序列的置换。锌指核酸酶（ZFN）能够识别不同的靶向位点，可在体外设计和生产。当一个位点特异性的ZFN连同带有所需序列的DNA片段，一同被注射到小鼠或大鼠胚胎中时，ZNF促进了目标基因组位点的交换，从而产生具有重组基因组的后代。这种在特定位点修改基因组的方法在小鼠和大鼠模型中都取得了成功（Cui et al. 2010）。它还成功地修改了人类干细胞的基因组，但在它可以安全地用于修改人类基因组之前，还有很多工作要做。(b) 大范围归巢核酸内切酶（MNs）（Arnould et al. 2011），也被称为归巢内切酶，可以在特定序列位点上切割双链DNA，从而促进同源重组。它们最初在酵母中被发现，后来被用于几种不同物种哺乳动物细胞的定点基因插入或删除。这些酶包含一个DNA结合域和一个DNA切割域。DNA结合域可以被人工设计来识别特定的DNA序列。这些酶可能会在宿主基因组的特定位置引入DNA断裂，然后允许人工提供的DNA片段替换基因组的DNA片段。目前，像ZFN工程这样的应用科学还处于起步阶段，也许有一天会成为人类基因重组的首选技术。

上，它们彼此交叉。随着人类将生物技术应用到自然本性设计中，它们的交集变得越来越多。人类本性的基因工程导致了一种“第二天性”（我很快就会定义它）。这是因为自然繁殖中的基因机会被技术上的基因选择所取代。在这个未被常规化的领域，政治团体可能面临着引导人类介入人性的文化规范的挑战。如果他们在大自然中找不到指导准则，很可能会倾向于让大自然复魅——努力禁止、阻止或限制基因增强从而赋予自然道德更高的含义。我主张将“第二天性”或者说人性，作为人类的积极产物来重塑。也就是说，我把人性概念化，与其说它限制了我们作为一个物种的选择，毋宁说它本身就是某种文化选择。（2）在我看来，人类本性首先是一种文化选择，在自然漫长的发展演变中，它决定社会建构的界点究竟置于何处。在这个界点上，政治团体可能会承认一个有机体承载着人权。（3）把人性作为一种文化选择，可以得出两种不同的结论：出生前的生命拥有“人性”，或者不是。在后一种情况下，出生前的生命并不是具有人权（诸如反对被基因操纵）意义上的人。

“第二天性”：作为文化选择的人性

转基因的前景并不是政治团体第一次试图通过释放整个物种的文化潜力来提升人性，欧洲启蒙运动“优化”自然和文化的计划就表达了文化凌驾于自然之上的强烈愿望。1751 年至 1772 年出版的《百科全书，科学、艺术和手工艺分类字典》① 捕捉到了这一愿景，它的目的不仅是总结当时所有的知识，而且还进行了批判性评价。用其主编丹尼斯·狄德罗（Denis Diderot）的话来说，它的目标是在文化层面（但不限于此）改变
192 人类思考的方式。② 它认为所有人都有同等的“优化”能力，都和**自然**一样能够发展。有人可能会说人类早在史前时代就已经走过了以文化发展自然的里程碑。因为从文化意义上说，人类通过对自然的控制已经“创造了

① 随着后续补充、修订和翻译，贡献者达 2 250 人。不足为奇的是，整个操作没有传达出单一或统一的愿景。

② 狄德罗和达朗贝尔（Diderot and d'Alembert 1966：642）。

自己”，这种对自然的控制不亚于从工具到规范到信仰体系、从制度到传统的文化创造。然而，人类控制了自己的基因组——尽管《百科全书》几乎没有预料到，获得这种控制当然是其精神所在——确实是一个历史分水岭，一场“哥白尼式的革命”。哥白尼摧毁了古代以地球为中心的世界观；达尔文摧毁了以人类为中心的对动物生命的理解①，从人类经验系统，到地球和太阳的定位，到这个星球上生命形式的“等级”，人类被迫不断地“去中心化”。今天，我们再次面临着将自己从自然界中剥离出来的前景，这一次是通过控制我们自己的基因组。我认为，这种控制必然导致文化对自然的取代：从生物学角度理解，人类本性的重构形成了“第二天性”。

我首先回顾一下关于第二天性的一个传统思想。半个多世纪以前，马克斯·霍克海默（Max Horkheimer）和西奥多·阿多诺（Theodor Adorno）采用了黑格尔所使用的“第二天性”一词，并追随卡尔·马克思，给它一个明显的负面形象：“启蒙的辩证法”。通过回溯政治理论历史，我发展了“第二性”概念。正如通过基因控制所传递的那样，启蒙运动增强人性的努力不必变成启蒙运动的辩证法。

黑格尔把最一般的自然理解为一种特殊的“思想”：外在性实例化（*Aüsserlichkeit*）的思想。因此，自然是“外在于自身”，不是黑格尔意 193
义上的自我意识。也就是说，没有意识到自身是一个概念，没有意识到自己就是概念本身。在黑格尔看来，自然的**真理**就是自然的**概念**。只有人类才能思考这个（或任何其他）概念；一般意义上的自然②永远不能在思想中把握自身。自然总是外在于自然的概念，也就是说，它不能认识自己本来的面目。

在黑格尔看来，思维中**能够**把握自身的东西，即自然的“他者”，是精神或**灵性**（*Geist*）。它们以两种方式将自身生成为“第二天性”。首先，

① 自1995年以来，天文学家每年都能探测到数百颗系外行星，它们围绕太阳以外的普通恒星运行。考虑到其他数千亿个恒星、无处不在的行星以及宇宙中丰富的生命成分，地球以外的生命似乎是可能存在的。如果其中一些被证明是智慧的生命，人类将会经历另一场“哥白尼式的革命”。

② 有别于人类的本能反应。

它可能以一个政治共同体的法律体系的形式实现自身。作为一种司法体系，法律制度构成了一种特定的自反性实际自由领域，即政治共同体成员可能会感受和体验到的自由。① 这样，法律制度就构成了“第二天性”的精神或灵性世界。② 其次，精神或灵性在社会道德教化的本质上表现自身，这是“第二天性”的另一种形式。在这种情况下，它取代了人类意志，成为“纯粹的自然”。③ 这类“第二天性”构成了一个社会习俗的核心。④

马克思重新塑造了黑格尔的观点，分析了人对自然的控制中存在着的一个可怕的悖论。他提出，社会条件只不过是个体之间相互作用的结果。个体以同样“奇怪而无懈可击的力量”来体验这些状况。⑤ 大自然曾经属于他们。在个体经验中，社会条件以一种意识形态的（或系统地扭曲了的）形式构成了“第二天性”。知识和技术对自然的非神秘化力量导致了社会意识形态的“自然化”，思想意识的来源也随之改变：从自然过渡到**社会。**

于是，乔治·卢卡奇发展了马克思提出的人类支配自然的一个意想不到的后果这一观点。他考察了现代资本主义社会中他所认为的被经济体系
194 支配的人的局部物化。根据卢卡奇的观点，对自然的支配反映了当代社会背景下意识形态的生成过程，一个重视科学技术而不重视自然和人造环境的社会。物化、支配、科学和文化一次又一次地打破并超越自然的各种束缚，从这个意义上表面是把人从自然的束缚中“解放”出来。⑥ 然而，政

---

① 黑格尔：“法的体系是实现了的自由王国”（Hegel 1970：§4）。

② 法的体系“是精神自身产生的、作为第二天性的精神世界”（Hegel 1970：§4）。

③ 黑格尔说：“对伦理事物的习惯，成为取代最初纯粹自然意志的第二天性”（Hegel 1970：§ 151）。

④ 即“对伦理事物的习惯，成为取代最初纯粹自然意志的第二天性，它是渗透在习惯中的灵魂”（Hegel 1970：§ 151）。

⑤ 在原始社会，“自然界起初作为一种完全异己的、有无限威力的和不可制服的力量与人们对立，人们同它的关系完全像动物同它的关系”（Marx 1969：21）。

⑥ 资本主义社会的人们“在不断增长的人口中，唯一的‘自然人’日益打碎、摆脱、扔掉了纯自然、非理性和实际存在的桎梏”（Lukács 1968：307）。

治共同体作为一种“第二天性”，使其成员们面临着早先在自然力量中遭遇的同样无情的规律性：人类从自然逃入文明社会，终究是没有自由的。①

阿多诺和霍克海默进一步强化了这一观点，即人类社会内部的支配可以还原为人类对自然的工具性控制。他们首先将其凝练为一种人支配自然的“辩证法”思想，一种反讽；其次凝练了通过劳动实现人的自我支配的概念；最后把它凝练为这样一种说法，即人类社会和文化中所表现的理性实际在无意中破坏了人类群体及个体的生活。

我认为，以这种方式看待启蒙运动的历史进程——（a）本质上是压制性的，（b）导致了散乱思维的压制性——首先破坏了提出这种主张的基础。

（a）如果对自然的控制在某种程度上总是与压迫性的统治相结合，那么它就很难通过理解和操纵自然来将启蒙运动的主张转化为理性的进步和道德的进步。如此理解，对自然的控制揭示了一个危险的逻辑：人类的劳动，在支配性内在动机的驱使下，脱离了启蒙前的神话；然而在启蒙神话的魔力下，又回归了。对自然的更大控制实际上有助于人类通过劳动使自己摆脱罪恶。的确，通过劳动，人类产生了现代社会的“第二天性”。②
即使我认为这种观点是错误的，但也认为它捕捉了人类物种最终控制自己 195
的基因组所带来的困境。③ 然而，为了分析这一困境，首先需要把这个概念从黑格尔到阿多诺的传统所形成的还原主义螺旋中解放出来。

我所说的“还原论”是指霍克海默和阿多诺将启蒙辩证法发挥到了逻辑极致。他们比黑格尔、马克思或卢卡奇更进一步地扩展了“第二天性”

① 卢卡奇认为现代政治共同体中人类生活的束缚（一种“第二天性”），在某种程度上与自然中的类似：“另一方面，又同时在这种‘自己创造的’现实中，建立起一个包围自己的第二自然，并且以同样无情的规律性与其相对立，就像从前非理性的自然力量（正确地说，用这种形式表现出来的社会关系）所做的那样”（Lukács 1968：307）。

② 劳动在它前进的过程中把它也想避免的灾难编织得更加紧密，促成了“已被社会过度发展的第二天性”（Adorno 1966：75）。

③ 这种困境以不协调和反讽为标志，从这个意义上说，是“辩证的”：“在权力的驱使下，人类的劳动总是远离神话；在权力的驱使下，人类的劳动又总是一再地落入神话的符咒之中”（Horkheimer and Adorno 1969：49）。

的概念，认为人类对自然更大的支配回击了人类自身：通过物化和支配外部自然，人带来了自身的物化。也就是说，尽管人类征服自然的程度越来越高，但自身在征服过程中也被压迫性征服，这种压迫性被社会和政治共同体吸收。对自然的控制——包括基因增强，被视为生命的工程，可能被解释为人类有权摆脱外在的操纵——随即呈现出一种不祥的形式：**作为**“第二天性”的控制。[1]

(b) 作为支配产物的“第二天性”观念必然进一步催生支配，造成一种不祥的印象。如此理解的“第二天性”否定了创造它的精神和灵性。**自我否定**意味着第二性本身就是一种压迫过程的产物，从社会成员内部压制人类社会。**自我否定**也意味着：作为“第二天性”，人类的精神或灵性削弱了自身。[2] 对自然进行自我否定式控制的论题，标志着一种无意识的辩证法：通过支配自然实现自我的人类主体，变成了被支配的对象。主体对自然客体的支配力量——比如一个人类胚胎——最终以物化主体自身这种方式来面对这个问题。在“人性”被理解为“自然”的地方，操纵基因
196 意味着对人性的破坏。在文化选择的驱动下，人性是某种容易被侵犯和破坏的东西。在基因工程背景下，人类（作为主体）通过管理和改变其基因组来管理和改变人类物种本身，将人从行使权力的主体转变为被权力贬低或征服的客体。

我不能同意这种观点。以这种方式来解释人类与自然的关系，无论在政治上还是在道德上都是行不通的。但我确实赞同这样一种看法：自然和文化是相互渗透的。首先，这种观点为自然复魅，包括“人性”，就好像它实际上是某种超自然的神学或形而上学的方法。其次，该论点削弱了自身的规范性主张。因为如果所有的文化都是压迫性的，那么从什么样的文化立场才有可能进行这样的批判呢？在这里，我们遇到了任何总合式批判的自我挫败逻辑：当批评家投射出绝对的支配时，它似乎是绝对的。

为了说明自然和文化相互交融的观点（这一观点对我的基因操作分析

---

① 或是“社会凌驾于自然之上的胜利，是把一切都变成自然的胜利”(Horkheimer and Adorno 1969：211)。

② “作为第二天性的精神是对精神自身的否定”(Adorno 1966：350)。

很有帮助），我将用一个非常不同的概念来取代霍克海默和阿多诺关于自然文化统一体这一疑难重重的概念。在人类物种的遗传和自我转化中，我的方法并没有把人的本性归结为文化；并不把人的本性等同于生物技术操纵的结果。我反对还原论，因为只有当一个物种（尤其是人类基因组）能够假定是自然的、不被简化为文化时，我们才能构建一些文化概念作为需要的规范标准。我们必须有一个文化的概念，并通过它来批判地评价我们对自然的操纵。如果要避开玄学和神学的超脱凡俗的方法，我们也需要确立自己的标准。之所以需要这样一个标准，是因为基因操纵在人权问题上造成了一个两难境地：它颠覆了我们对“自然”和“非自然”的理解。有人可能会说，某种意义上人类物种的基因自我改造是“不自然的”。人们可以想象构建一个不受基因操纵的人权；或者有人可能会说，人类的天性就是通过文化手段控制自然环境。这种理解可以延伸我们自己的基因组，因为它是自然的一部分。只要认为对自身有利，我们就可以用任何方式操纵自身的基因组。在这种情况下，物种的基因自我改造似乎是相当“自然”的，不受操纵的人权似乎是不合适的。 197

无论政治共同体做出什么样的选择，这些选择都可能由他们认为基因增强是“自然的”还是“非自然的”来引导。如何看待基因增强，可能反过来取决于如何在胎儿发育的不同阶段进行选择。从一个角度看，那样的基因控制应该显得是“自然的”，而从另一个角度看，它又应该是“非自然的”。胎儿发育不同阶段的区别的确是不确定的，需要同时考虑细胞核融合、胚胎之间、胚胎与胎儿、胎儿发育的不同阶段、无知觉生命与有知觉生命——进而尤其要考虑有知觉生命本身与个性化个体之间的区别。这种区别当然是生物学意义上的，但只是部分的，因为它们同时也是文化上的，尤其在可能以规范方式引导我们之处。

政治团体将根据它如何回答某些问题做出决定：在这个连续统一体中，基因操纵在哪种程度、出于什么原因、为了什么目的仍被允许?① 道

① 我们对从受精卵到有知觉的存在，再到人（无论是出生前还是出生后）的有机生命发展的不同阶段的文化评价是不确定的。关于这一连续体节点的本体论主张似乎是武断的，其中一些可能约束政治共同体对基因的干预或对堕胎的态度。

德上允许和不允许的基因操纵之间的界限究竟在哪里？为什么界限正好位于**那里**？回答这些问题的前提是自然和文化之间存在着某种文化-自然连续体，而不是将其中一个简化为另一个（由黑格尔到阿多诺的传统所犯的错误）。但如果存在一个文化-自然连续体，从哪一端着手是最好的呢？基因操纵的规范性评价可以从文化的角度出发，也可以从自然的角度出发。我将分别加以论述。

将人性理解为某种“神圣的”东西，无论是神学的还是形而上学的，都是从文化-自然连续体的“文化端”出发的。在这里，胚胎似乎是“自然的”。在这种情况下，人们可能会说，既然胚胎的本性是**自然的**，那么它就有某种“自然性”的人权。如果把胚胎解释为未出生的人类生命，人们可能会认为人
198 类的“自然性”容易受到人为因素、技术干预或文化导引工程的破坏。人们可能会认为，干预背离了人的“自然性”和自然的随机性、偶然性。这种方法将人类尊严神圣不可侵犯的说法与人类基因组神圣不可侵犯的说法联系在一起。为了免于技术的进一步干预和操纵，这种方法再次对人性进行“道德化”，使其对人类设计的可用性不如对健康和寿命的人性理解（我在接下来的行文中所持的立场）那么容易。这种思想发展出了新的社会禁忌，阻碍了基因工程的应用。神学或形而上学的禁忌使得基因操纵（最近才通过科学和技术的发展得以实现）无法用于医学实践和科学研究。

相反，如果一个人从健康和长寿的角度来看待人性，他就会从自然-文化连续体的“自然端”出发。人类健康观念可能具有什么样的规范性力量？它能否在道德上可接受和不可接受的人类基因操纵之间提供一个合理的界限？秉持某种启蒙精神，我建议不要构建这样的边界（事实上，甚至在某些时候，基因治疗和基因增强之间的边界也会消融）。因为启蒙运动都是关于越界的。正优生学（基因增强，区别于负优生学或基因疗法）通过“优化”生物本性，使我们的自然命运成为一项启蒙工程——确切地说，是百科全书式的。基因增强就像对待自然界的其他现象那样对待身体：基于某种客体的立场（这可能会被无视：青少年或成人有自我知觉，而胚胎没有自我知觉，尽管它在发展过程中可以变成具有自我知觉的人）。例如，人类的平均预期寿命可能显得“太低”，有缺陷和不足甚至是一种无法治愈的“疾病”。请注意，这种担忧与可能缩短寿命的社会、经济或

文化因素无关。人们担心的是可能限制其寿命的自然、生物甚至基因因素。这样理解的人类生命没有遗传极限。随着人类平均寿命的上限成为当前科学知识及其衍生技术的问题，自然极限变得任意。

如果将人类学的常数重新定义为技术选项，那么我们人类的**天性**就会 199
变成某种由**文化**决定的东西。[①] 启蒙运动“优化了”我们的自然命运，使人性取决于人类的意志、想象力和文化偏好。自然成为人类意志的偶然表达，成为某种社会文化事业。然后，我们作为人类“创造”自己的天性，我们以此跨越不断扩大的边界。特别是在人类胚胎方面，“提升人性的启蒙工程”使其成为医疗干预和技术手段的对象，这个项目把胚胎变成了自然的一部分，让位于文化。胚胎可能很快就会屈服到这样一种程度，即人类作为一个生物有机体，对自己的未来实现了非常重大和越来越大的控制。随着人类文化成为自身技术想象的发生地、工作间和平台，“人性”成为人类理性的设计。当人重新塑造自己的“第二天性”时，人性就变成了人造物。

作为文化选择的人性：人权而不是自然的复魅

“人性变成了人造物”听起来可能令人不安，马克思、卢卡奇、霍克海默和阿多诺的观点似乎也如此。但我不敢苟同，至少在以健康和疾病概念为指导的身体医学方面。医学的治疗目标消解了人性的文化建构，在与健康相关的目标方面克服了对人体技术操作的文化障碍。现代医学是启蒙运动的一部分，神学、形而上学、伦理、政治和科学禁忌迟早都会屈服于医学，而医学治疗可以减轻痛苦、延缓死亡、治愈疾病。[②] 许多情况下，人们最初认为新药物和医疗技术越过了人体可接受和不可接受的治疗之间的界限，有时声称侵入性医疗技术在某种程度上损害了病人的“本质”
200 甚至“神圣”方面。新技术的成功实施通常会平息这种指责，可接受和不可接受的实践之间的界限随之改变。这就是始于 18 世纪晚期的疫苗接种，

---

① 在罗伯特·施佩曼（Spaemann 2002：106）看来：“我们的天性取决于我们的决断。曾经的人类学常数现在成了我们的技术选择”。

② 对照范·登·代尔（van den Daele 2000：25）的相关著述。

从19世纪晚期开始的心脏外科手术（令人惊讶的是，脑外科手术在前现代时代就已经成功实施了），以及20世纪的器官移植（从角膜、肾脏、胰腺、肝脏、心脏、肺、手、膀胱组织工程、脸、下巴、手臂和气管，到通过卵巢移植生下的婴儿）。

在此，我提出两个观点：(a) 在健康和寿命方面接近自然-文化连续体。(b) 将自然视为一种文化选择，然后决定应禁止何种类型的基因操纵，以确立一种以人权为基础的不受这种操纵的自由。

(a) 很可能大多数人把健康排在或接近他们个人价值观的顶端，如此理解的健康几乎具有一种超然的意义：没有它，一切都不重要。[①] 在此基础上，我认为，可接受的基因操纵参数，特别是对基因增强的适当限制，应由健康和长寿的目标来确定，而不是由被复魅的人类天性的概念来确定。我提倡西医非道德化、技术化的态度，它本身就是科学技术的延伸，不同于形而上学的道德化或神学的方法。这种态度并没有赋予身体一种规范，从而使其在医疗环境和医疗目的中易受操纵和控制的侵犯。它注重健康、营养和长寿，这种定位并不认为身体是“神圣的”，不认为它拥有“形而上学的本质”，也不认为它受到某种先验权利的保护，比如自然权利或被理解为自然的人权。然而，这并不是说它没有对任何与健康相关的基因操纵形式提出规范上的反对意见，就像我探讨的那样。

(b) 基因工程的规范性评价涉及对生物现象的文化解释。当从规范的观点出发，考虑是否应将自然视为限制因素时，我对自然采取了一种文化立场：就像被迫接受某些东西一样，人类也被迫接受某些生物上的偶然性，比如因有性繁殖而产生的基因偶然特征。在这种情况下，我们可能认为个人的基因组决定了他或她的“自然命运”。这样的术语就是将生物学
201 与文化进行类比，就像有人说个人的社会化决定了他或她的“文化命运”。我所说的**文化**指的是个人通过社会化被显著地塑造，尽管不是排他性的。我所说的**社会化**是指通过学习和内化，获得文化规范的思维方式、行为方式以及广泛共享的理解和实践。社会化是一个终身的过程，在这个过程中，个体不断塑造自己作为文化存在的个人身份。文化身份的载体永远是

---

① 节选自范·登·代尔（van den Daele 2000：27）的相关著述。

一个自然的存在，即使可能是基因重组的。

相反，如果认为**自然是文化选择**，我们就会对**文化现象**采取一种文化立场，例如父母或其他人可能通过产前基因操纵来选择后代的性别。“自然作为文化选择”是将其并入文化的方式之一。我把它与“将文化并入自然”的方式区分开来，就像各种群体和传统从文化意义上赋予生物学的差异一样。当政治团体从生物差异中得出文化推论时，就会发生这种情况。例如在性别——因为传统上认为男人比女人优越，并据此分配教育和就业等社会福利——或种族之间，肤色差异通常被作为分配社会物品和责任的标准（肤色受人偏爱的人往往享有更高的社会地位）。当生物差异与文化意义的禀赋使一个群体享有社会特权而另一个群体失去特权时，自然命运和文化命运就交织在一起了（比如，某种文化或信仰体系通过在人与人之间灌输一些生物差异或赋予某些生物某种文化意义，并在某种程度上使一个群体比另一个群体享有特权，那么自然命运和文化命运就会交织在一起）。

自然也以另一种方式并入文化：当文化基于物种视所有人平等地拥有人权时。[①] 就人权而言，我们完全可以准确地将人与非人区分开来：人有人权，非人没有。不是从生物学上而是从法理上解释人这个术语（以我所提倡的社会建构主义方式），群体决定什么是“人”以及谁属于这个类别；它采用的标准不是生物学的，而是社会建构主义的。[②] 从社会建构主义的观点来看，人权只有在被授予的情况下才存在（即使是个体自我赋权[③]，仍然需要得到他人的认可才能生效），这里没有某种形而上学或神学意义上的道德权利。[④] 202

① 或者当政治共同体视所有成员都有能力拥有同样的权利时，特别是反对民族国家的权利。

② 约翰·洛克在 300 多年前就提出了以司法鉴定的方式来看待“人”和个人身份，即遵守法律规范和对自己的行为承担法律责任的能力（Locke 1975：bk. 2，chap. 27，para. 26）。这些能力不是生物学上的，而是社会建构并取决于其他成员承认的。

③ 第四章提出了自我赋权的理论。

④ 胚胎不一定没有法律权利，只是因为它不被视为一个法人。它的使用可能受到法律的管制，特别是如果这种使用在科学洞察力或医学治疗方面有益于人类。或者，它可能会被给予法律保护，以“功利主义考虑有益结果，反对道德情感，即人类细胞，虽然与人类不同，但需要与其他任何生命物质区别对待”（Warnock 1987：13）。

在任何情况下，特定**类别**的政治共同体都是最重要的，因为不同类型的政治共同体赋予的权利各不相同，至少在当今世界几乎不可能授予某种千篇一律的人权。但是，如果某个共同体要赋予人权，又该赋予何种权利呢？从胚胎能被识别的那一刻起？或者也许只能授予一个明确无误的具身化的“人”？有人可能会和约翰·瑟尔（John Searle）一样认为，“婴儿和幼儿有权利得到照顾、喂养、住房等等。同样，那些因受伤、衰老、疾病或其他原因而丧失行为能力的人也有得到照顾的权利。”人们可能会想象，权利是“维持任何形式的人类生活所必需的”，在这样的情况下，无助者有获得他人帮助的权利（Searle 2010：193）。然而，也只有在社会建构的情况下，某种生活方式才被认为是持有权利的。

社会建构的人权理念认为，除政治共同体给予的权利外，孕期或出生前（甚至出生后）的胎儿没有任何无条件的权利，出生前的生命据此才能享有保护生命和身体完整的权利。胚胎在任何先天意义上都不是法人；在某个政治共同体做出这方面的决定之前，它在法律上不具有“人的尊严”。如果胚胎不被视为人，它们就没有权利——因此就可以操纵其基因吗？不一定，胚胎没有人权并不意味着父母或其他人可以因此对其自由处置，那么，也不可以进行基因操纵。而且，即使与人权无涉，也并不意味着胚胎的优势可以适当地与其他竞争性优势进行权衡，似乎每一个都是可比较
203 的，或好像每一个都如同放在相同秤盘被称量的物质那样，其中一个重量未知，而另一个的有效重量不停地在已知数量上增加，直到两端的秤盘处于水平状态，由此称得某种道德等价商品的重量。① 毕竟，仅仅因为他人偏好而采取的法律保护会有风险。类推一下：如果捐精者和捐卵者有同样的意愿，儿科医生是否应该尝试让新生儿存活？这一标准是否可能适用于婴儿、依赖他人的成年人、老年人或残疾人？这里的意思是，任何人都不想要的人不是人。然而，没有人支持这个观点。个体很可能都会给每个人定一个“重量”，一个与任何其他重量不可比较的重量，这样就会排除任

① 一个政治共同体可能选择为一个胚胎提供尊严不受侵犯的法律地位，其中包括胚胎的身体完整。这样，它将避免一个法律当事人必须权衡与另一个法律当事人的利弊。有人可能会反对这种做法，因为它使一方权益的有效性依赖于另一方，从而剥夺了一方的自主权。

何竞争商品的无限称量。但是，如果父母（或其他“想要孩子的人”）不被允许决定新生儿是否存活，他们是否应该被允许决定新生儿的一些基因特征？还是应该给新生儿一些道德上的“分量”，即使不是某种类型的“人”的权重？只有当“人的尊严”（人权意义上的）可以准确无误地适用于人类生活时，人们才能回答“是”。如果从道德或法律的角度来看，在某些情况下可以操纵个体的生命而在另一些情况下则不能，那么这种方法可能是合理的。但是人类胚胎是这样的吗？它应该被建构成这里所讨论的“人”吗？

如果我们试图通过询问被操纵者的意愿和规划，就会面对这样一个事实：目标客体在胚胎阶段没有此类意愿或规划。但如果胚胎沿着人格发展的道路前进，它最终将拥有这些。潜在的人格是否使个体拥有人权载体的身份？康德对儿童权利而非胚胎权利的论述在此具有启发意义，他认为父母对孩子的义务不是社会建构的：父母有义务尊重孩子的自主权，不是因为他们决定这么做，而是因为这是孩子内在固有的权利。康德认为“生育 204
行为是一种我们未经他人同意而主动将其带入世界的行为，父母有义务尽其所能让孩子满意”（Kant 1996：281）。父母“从生育开始”就承担了相应的义务，“子女作为人，通过生育享有一种与生俱来的（不是后天获得的）得到父母抚养的权利”（Kant 1996：280）。但是，一个尚未出生的孩子拥有何种权利呢？是胎儿拥有还是胚胎拥有权利呢？康德没有论述精子和卵子结合形成一个胚胎的发育过程，无论在何种意义上，胚胎发育好几个月后，才有可能被视为人类。在这一过程的起始阶段，刚刚受精的卵或囊胚还不是胚胎，无法与辅助的胚胎组织区分开。① 康德只论及这一过程的另一端，在此没有困扰人类身份的生物问题（尽管一些群体可能将一部分人只视为近似的人类，虽然没有生物学理论支撑，但这是基于人权把人的天性作为文化选择来对待却不能把自然归结为文化的某种原因）。这个连续体两端之间的空间是广泛和复杂的（只要想想那里发生的复杂的生物

① 在受孕的前两周，身份认同也会出现严重问题，因为有可能是“孪生”（一次产生两个孩子）、“嵌合体”（指生物体有两个或两个以上不同种群、不同基因的细胞，这些细胞来自有性生殖的不同受精卵）和“镶嵌体”（指来自同一受精卵的不同细胞）。

生命进程即可知）。

康德的论证无法解释这样一个事实：当性交或体外受精最终带入一个新的个体进入这个世界时，它只是处在发展道路的一个点上。这样或那样的行为开始了一系列自然事件，首先成为受精卵，然后胚胎、胎儿，最后是一个明确无误的人类个体，即在这一连续体的某一时刻，成为人权的承担者——它明显地从自然走向文化，并在政治共同体中得到认可。我认为，得到承认的法律地位仍然是一种社会建构，并不遵循任何生物学路径。因此，康德所假设的父母对孩子的义务与发育过程的早期阶段没有任何关系，特别是他也没有论及从哪一节点开始这个有机体才会被赋予人权。对此，我并不感到惊讶。那一节点并非确定不移，它无法由对自然的科学理解来裁决。这依然是一个只能由政治共同体的偶然观点和信念来回
205 答的文化问题。从人权观点来看，这里呈现的是人权国家层面发展一个政治共同体最重要的意义，我将在第九章中介绍这一点。

我曾说过，一个棘手的文化问题不能通过提及尚未出生的生命有潜力发展成一个个体来解答。发展的连续统一体中，人的自我在保护个体生命、呈现个体法律和道德地位的人权意义上，何时以及在哪一界点第一次呈现。我指的是不受生物技术操纵或不被“优化”的人权。同样的理由也可以用在其他方面。精子的潜能取决于它能否植入卵子并获得受精；卵子的潜能在于受精和着床。精子和卵子在融合后的某一时刻**成为**一个明确无误的人的道路几乎**不可能**畅通无阻（比如获得法律或道德规范的承认）。为什么要对胚胎甚至胎儿有不同的看法呢？因为除非植入子宫，否则胚胎（或可存活的胎儿）将会死亡。这种情况与活的胎儿或婴儿非常不同。简而言之，生物学的发展路径取决于它所处的环境，这种环境包括人类决定将在体外培育胚胎，然后植入子宫里。环境的发展取决于文化。

就其本身而言，文化——作为一种承载人权的能力——预设了某种可以承载人权的东西的存在，某种可以通过自然繁殖产生的东西。在这个特殊的意义上，文化“依赖”于自然，而不意味着在发展的连续统一体中有一个点，在这个点上自然“变成”文化，或文化变成自然。身处政治共同体的成员试图对基因操纵的问题和前景进行规范的评估，自然和文化似乎是同根同源的，总会一个汇入另一个。这一结论促成了替代传统的非还原

论，导致从黑格尔到阿多诺对“第二天性”的思考。

结论是一个分析性的建议：不要区分“人性”的不同程度；不要区分“部分的”和“完整的”人（因此，“部分的”较低层次的人可能被认为远远不是“完整的”人，从承担人权的能力意义上说，它不可能被当作人）。[①] 这样做就把阿多诺所说的“盲目的自然魔力”[②] 变成了盲目的文 206
化魔力。因为它把自然现象当作文化现象来解释——仿佛“人”的社会学、哲学或法律意义可以由自然赋予。它允许对基因操纵进行道德评估，即在发展的最后阶段：一个明确无误的人类。也就是说，如果一个胚胎变成了明确的生命体的人，那么从复魅的人性的角度来看，胚胎本身就必须被视为一个人。这就是康德形而上学的结论，他认为人在出生前的生命本身就是目的（某种目的本身）。从神学的观点来看，我们同样可以得出类似的结论：出生之前的生命是“神圣的”，是由超然或超脱世俗的意义和价值神圣化的。就形而上学和神学而言，出生之前的人类生命被一种“道德化”的本性赋予了不受人为干预的、基因遗传的人权；它拥有作为自然、物质化身的不可侵犯性；“作为生命本身”；“不得用作研究材料”；“有权被植入子宫，得以发育”（Warnock 1987：1）；“从而被给予……成为（人类）生命体的机会”（Warnock 1987：5）。

针对出生之前的生命的文化选择

因此，我反对对人性进行自然复魅，即赋予胚胎生命某种形而上学或神学的“本质”。也许是自然法的一部分，或者是一种容易受到亵渎的本体论秩序。[③] 我拒绝本质主义者的主张，即胎儿生命包含一些“真实的”

---

① 因此，据我所知，关于基因操纵的辩论不同于关于堕胎的辩论。前者关注什么样的操纵，而后者聚焦始于哪一节点。因此，问题不在于操纵**何时**发生，而在于会带来**哪一类型**的变化。

② 某种“大自然的魔力”（Adorno 1966：350）。

③ 此外，如果试管胚胎拥有基本的法律权利，那么这些权利就会与父母改组其后代基因的权利发生冲突，即使是在胚胎发育的最初阶段。如果从文化上把胚胎理解为拥有基本权利的法人，就可以得出这个结论。

“实际的”“明确无误的”“最终的”“基本的”或“原始的”天命、目的或品质。这种观点把“人的天性”或人的“自然性”看成一种**被给予、随时**
207 **间推移发展而来**、区别于**被制造**出来的东西。事实上，它赋予自然以社会建构的意义，否定了其自身的社会建构性，赋予社会建构一种“自然”的色彩。如果人性被解释为形而上学的或神圣的（对于出生之前的生命进行的基因操纵只能从形而上学或神学角度来评价），那么基因操纵（无论是治疗病人还是改善尚未出生的生命）就成了人类对自然环境，特别是与人的天性打交道时，所能容许做出的某种神圣的或基本的限制性触犯。

我主张采用不同的方法，并认为有两种不同的实现路径。其中之一是：如果政治团体没有给予自然独特的伦理地位，那么胚胎作为一种自然的东西，即使处在一个发展的连续体、某个给予和承认其个人权利的政治共同体中，也没有特殊的道德地位。这个观点并不认为受精卵是一个可以自我调节的生物过程的开始，此处生物过程是指“编程”为一个明确无误的人的过程。它不认为受精卵从受精的那一刻起就开始了进化，这一进化过程会形成一个潜在的人，进而成为一个拥有人权的主体。相反，它只把任何有机体的法律和道德自主看作是社会的产物，并不认为胚胎或囊胚是自主的，因为它们不受来自外部的人权保护。

对胚胎的外来判定在政治上是有意义的，因为它关系到**最终从胚胎发育而来的人**。哈贝马斯（Habermas 2003a：87）试图以自己的方式重建从阿多诺到黑格尔的哲学传统，通过避免他们的困境来实现目标。一个“根据自己喜好行事的基因设计师，在决定另一个人的生活和身份方面扮演了不可逆转的角色，却仍然无法假定设计对象会同意”。在此假定“我们有能力视自己为自己生命史的剧作者，并承认彼此为自主的人”（Habermas 2003a：25）。这一预设导致了人性的**规范性身份**，这种身份可以追溯到出生前的人类谓词（即使政治共同体成员可能无法就人与非人之间的界限达成一致）。我所说的“规范身份”是指人与人之间一种关系上的对称：人与人之间平等的道德和法律意义上的**对称**以及人与人之间的
208 相互尊重。这种对称意味着只要是法人，其基因组就不可侵犯，因此无须一直追溯到胚胎的发育过程，因为胚胎不能被视为法人。人与人之间的对

称、法律上的平等和相互尊重是可能的，但不可能存在于个体出生前的形态中。

虽然实现我观点的第一种方法回避了在非人权的前人格和人权的人之间寻找某种界限，但第二种方法并非如此。它根本没有设置门槛；相反，它将一个人的身体主题化，将“拥有”与“成为”区分开来。[①] 它将**拥有一个身体**的自主权与**成为一个身体**的自主权区分开来：个体总是拥有一个身体，但不一定总是赋予它某种确切的身份。

有两种不同的“拥有身体”的理解。一种理解是，在反思之前先**拥有一个身体**。事实上，这样的反思是以拥有一个身体为前提的。也就是说，一个人的主体性是以他或她客观存在的身体为前提的，意识以身体的具体呈现为前提。另一种理解是：承认自己的身体是“真正的”自己。例如，一个人可能认为自己的身体是属于自身的，如果它不由其他人（如父母或让医生修改胚胎基因组的监护人）决定（通过基因操纵）。如此理解涉及人格同一性的文化偶然性。人类文化身份的一个方面是个体与自己身体的关系。一个人，不管出于什么原因，如果不能认同自己的身体，则很可能在他或她的身份认同中受到全面的干扰。因为一个人的身体是其身份的拓扑结构，据此，个体表达自身并在空间中基于所有事物定位自身，以及划定内心世界、心理世界和环境之间的分界线。也许就像区分什么是“自我”和“他者”一样，我的行为与你的行为也有区别。即使一个人没有为 209
自己的身体确立某种身份，仍然可以做所有这些事情，但可能总是会让人想到他或她对自己身体的不承认。一个更重要的问题是，能否认同自己的身体是一个人的自主权，甚至某种意义上是个人自由的条件。也就是说，更重要的问题是个体在政治共同体中的自由是否以这样的假设为前提：一

---

① 在普莱斯纳（Plessner）看来：每位个体的身体将“是”和“拥有”这两种特性交织在一起。一方面，某一个体就是自己的身体（他将自己等同于身体）；另一方面，某一个体拥有自己的身体（个体不能化约为身体，同时必须呈现为身体）。换句话说，一方面，每位个体就是他的身体（从这个角度看，每位个体是一个主体，亦即一个行动的生物）；另一方面，每位个体有一个身体（从这个角度看，每位个体是一个客体，也就是说，自身、他人、物理定律或疾病都可以对其身体施加影响）（Plessner 1981：250）。

个人认为自己是“成长的”而不是“被制造的”，或者一个人认为自己是染色体的机缘巧合而不是生物技术设计的产物。①

对这些问题只能进行一些说明性的解答，在任何特定情况下，答案将取决于应答者如何解释社会和自然世界。如果一个人的身体是由改造后的基因组发展而来，他或她会不会认为自己“拥有”某种外在于自身的身体呢？他或她会认为自己承载着一个不讨喜的躯体或一个自己无法确认的躯体，而觉得身不由己吗？如果一个拥有经基因改造身体的人**确实**认同自身，并未将其视为外在于自身的事物，那么，会有何种不同呢？在这种情况下，反对胚胎基因操纵只能是反对用技术进行选择。这种反对的理由是什么呢？一个“成熟”的人比一个“被制造”的人在道德上更可取吗？康德暗示了一个区别：“后代是一个通过物理操作被赋予自由存在无法形成的生殖概念的个体”（Kant 1996：280）。但这种区别并不依赖于任何可能被基因操纵的前人格的自主权，它的遗传因素不受他人控制，也不依赖有性繁殖中亲代染色体的融合和分裂。

这取决于阐释。纵观历史记录（注意，人的文化能力是人类创造历史记录的前提），人类已经对自然和社会环境做出了阐释，并针对意义提出
210 了质疑，或思考何谓最好的个体生活、如何最好地组织集体生活。设想一套特定的规范——从一个小群体的规范到普遍有效的人权——就是用某种文化来解释人类的生物归属。（特别是人权，它是从文化建构角度来解释生物物种的归属。）通过他人是我们的同类这一事实来引导我们对他人的行为，是在生物范畴中构建文化资格。通过这种方式，我们为自然的一部分（即我们所处的进化有机体）提供了规范的指导。在寻求规范来指导我们对自然的行为时，文化与自然相遇了。所以任何关于人性的问题都是关于人类文化的问题。即使人类是自然的一部分，即使人类生活在各式各样不同的自然环境中，情况都是如此，在成千上万年的时间里，人类通过文化成果和生活方式超越了单纯的生物存在。

---

① 哈贝马斯（Habermas 2003a：57—58）也提出了其中的一些问题；我不同意他的结论，他的结论认为不认同自己的身体会使一个人功能失调，甚至可能无法在政治共同体中享有充分的自由。

因此，“仅仅”拥有身体和“真正”拥有身体之间的区别，涉及个体出生之前的文化选择，而不涉及形而上学或神学的真理及原则。那么，假设有一天法律上享有特权的人（也许首先是父母）很快就会为法律上没有特权的人（他们未出生的后代）做出基因选择。只有通过特定的社会、文化和政治定义，当且仅当受体被承认为法人，才能说父母因此侵犯了受体的自主权，其后果不可更改。而且只有通过特定的社会、文化和政治定义，这种认知才有可能。这些是群体公共领域的问题，因为它们是政治性的。如果自然，尤其是人性，被赋予超自然、超脱尘世、形而上学或神学的属性，从而将政治共同体的立场与之联系起来，那么政治性就会被取而代之。

这两种方式都可以实现我对人性复魅的替代，且都同意这一点：那种政治共同体绝不能替代政治。他们一致认为，政治共同体应该承担起对如下问题进行社会建构的政治任务，“什么是法人、它在什么时候第一次呈现、我们何以知晓、什么样的基因操纵应该被允许或禁止、基于何种缘由?”如果个人自主权没有自然这样的谓词，如果它不是某种人类生活的自然特性，如果它只是文化特性，那么一个群体不应试图通过禁止以假定 211
的，而不是社会构建的、潜在接受者的个人自治名义进行基因操纵来保持生物偶然性。作为一种文化选择，人权国家所采取的方法是对“人类天性”做出政治上而非形而上学或神学上的决定，这是我在第九章中将要阐述的。

第九章　人权国家

212 在本书的第二部分我提出了作为社会建构的人权的两种不同理论资源，一种是文化资源，另一种是生物资源。第四部分在重塑人权的两个核心要素时，也采取了双重路径。第八章循着生物学轨迹中人天性的生物属性展开论述。本章将探讨民族国家的文化轨迹。

民族国家以国籍为前提，这是联合国《世界人权宣言》第 15 条的主题："每个人都有获得国籍的权利。"这是因为民族国家是社会和政治成员的基本组织形式吗？人权的可能性是否取决于此？有替代的选择吗？康德在他 1795 年《论永久和平》的纲要中考虑了相关问题。他区分了法律地位的三种愿景（"宪政的不同类型"）。第一种和第三种关注的是个体；第二种关注的是国家。尽管有这种区别，我们依旧可以认为它们是相互嵌套的，就像同心圆一样，核心是个体的法律地位，基于"一个国家内个人的**公民权利**"。迈出一个圆环，我们观察到多个和平共处的国家："国家间相互关系的**国际权利**"。移步外层空间，我们就会发现一个假定的"世界公民"的"世界性权利"（Kant 1997：98n）。在这些圆环里，今天世界上任意地方的个体，会接受他或她的政治身份吗？几个世纪以来，有些人有幸生活在第一个圆环里，在那里他们至少享有一些公民权利；有些人生活在第二个圆环里，在这里，拥有政治上"强势"护照的人比拥有"弱势"护照的人更容易跨越国际边界。但后者通常也或多或少能自由行动。今天，
213 所有国家都希望所有人，无论是公民还是外国人，都居住在第一个圆环里。理想的情况是，所有人都居住在第二个圆环里成为威斯特伐利亚体系的公民，每个国家都承认其他国家的主权。但是，在我们今天的世界里，有谁生活在这个神圣的外层圆环里呢？谁能说生活在人类的普遍状态中意味着什么？今天，数以亿计的人生活在第一和第二个圆环的体制和政治实践中。然而，第三个问题在意义上仍然含混不清、在实践中难以想象，仍

然是一种散发着持久魅力的观念。

我分析了第三个圆环，一个普遍的政治身份，它最突出的版本之一：人权。与前几章一样，我将剥离人权概念中的乌托邦主义，并通过将人权建构为最初仅在本土有效的观念，与日常生活习惯联系起来。我所说的**“本土”**是指以国家为基础的人权，有别于那种先验的、普遍有效的人权。在这方面，人权可以是被国家视为人权的任何事物，但考虑到人权的思想史和政治史，许多国家将关注个体的公民权利、经济权利和团体权利三种人权概念中一种或多种的组合，这并非不合情理，因为每个国家都想要开发自己的组合。

以经验为导向的人权学术研究常常将“地方的”与“国家的”“联邦的”或“民族的”区分开来。我更灵活地使用“地方的”概念。这里的“地方的”变成了以国家为基础的实证法权，但这是一种不同寻常的以国家为基础的人权。“地方的”不仅仅是“全球的”的反义词。从这个意义上说，美国是地方的，但小于国家的加州则不是。欧盟的每个成员国都是地方的，因为每个成员国都是一个国家，而欧盟本身也可以被认为是地方的，因为它是一种超级国家。

我所说的“有效”是指在某种文化中，成员以某种程度上认同的方式来标记一种思想、信仰或实践。本章将根据以下直觉进行深入分析：如果地方政治文化被赋予了保护人权的职责，那么就会比任何非本土文化更有可能在保护人权方面保持警惕。假设它现在不支持人权，但如果人权建立在当地已经存在的特性之上，它可能转变为一种支持性的力量，就像我在第三章、第六章和第七章中所论述的那样。为此，我提出一个国家概念， 214
将人权建立在地方一级切实可行的法律制度上。与前几章一样，我拒绝将人权建立在“人的尊严”之上，因为它属于某种形而上学的、不可信的、在制度上无能为力的尝试。这种尝试是徒劳的，原因我在第一章和第二章中有所阐述。

相反，我信奉源于地方的普遍有效的权利，并认为它们有一天可能获得普遍认可，如果所有群体在某种程度上自由地接受的话。我并不是说世界各地的政治团体有一天会简单明了地认识到其“确实”支持人权，因为毕竟这是基于本土的考虑。作为一个人权国家，我的观点的价值就在于提出：“如果侵犯人权的人能够在自己的传统中找到改变自身立场以支持人权的资源，那不是很好吗?”我的建议的优点在于向人们展示了地方主义替代方案是如何创造一种目前不存在的普遍政治条件，而这种替代方案又是如何处理承认、观察和保护人权等实际问题的。

这个建议既不是空想也不是幻想，它不需要废除现有的民族国家，而通过五个步骤进行自我完善：（1）我认为，人权只存在于政治共同体，（2）而不是我们所知的民族国家模式中。基于人权的考量，民族国家是不充分的，这一点源于其“排他逻辑”。（3）我通过解决汉娜·阿伦特论及的“拥有权利的权利”难题，（4）为国家提供了另一种选择；人权国家有一种超越国界的包容逻辑。（5）然后，我将说明这样一个国家如何保障可能的三种类型的个人自治。

人权只存在于政治共同体之中

1947 年起草联合国《世界人权宣言》的委员会认为自己起草的是普
215 遍有效的提议。[①] 基于何种理由？也许当来自不同智力、精神和政治背景的受访者都从各自的传统共同指向“人的尊严”时，他们在自我认知中感到安心（UNESCO 1949）。尽管尊严的概念可能被认为是该文件每一条款的核心，但《世界人权宣言》没有对其下定义。[②] 汉娜·阿伦特知道，她讨论了不可剥夺的人权，这些权利在美国《独立宣言》和法国《人权宣言》中都有阐述。人权被理解为“独立于历史的历史赋予社会某些阶层的特权”，它构成了一种“性质相当模糊”的人的尊严：一种“对人性的信仰……从中可以推出权利和法律”（Arendt 1994：298）。但是，权利并不是人类的本质特征。毕竟，人“可以在不丧失核心特性（即人的尊严）的情

---

① 主要起草者是加拿大的约翰·汉弗莱（John Humphrey）、法国的勒内·卡森（Rene Cassin）和美国人权委员会代表埃莉诺·罗斯福（Eleanor Roosevelt）。委员会没有征求穆斯林或土著代表的意见，或者更广泛地说，没有征求以其名义起草《世界人权宣言》的数十亿人的意见。

② 在没有定义“尊严”的情况下，《联合国宪章》的序言提到“人类大家庭的全体成员认知到了其固有的尊严”，“联合国成员国重申了对人权的信念”。

况下丧失所有所谓的人的权利”（Arendt 1994：297）。这是因为权利只能是本土共同体成员认可的社会建构。如果“人类的核心特性”是政治共同体，那么“失去某个政治共同体本身就意味着把”个体“驱逐出人类”（Arendt 1994：297）。

但是，“如果某个个体被驱逐出人类社会”，权利就不可能是有效的，因为权利的来源不是人类的成员资格，而是政治共同体的成员资格（Arendt 1994：297－298）。对阿伦特来说，“拥有权利的权利”必须在政治上得到保障，而且只能由“人类自身”来保障。在哲学人类学中，阿伦特将人与政治结合起来，认为政治共同体是“人类的核心特性”，将政治组织的成员资格等同于人类的成员资格。但她的人类学与非人类学主张相矛盾，即只有全球政治共同体存在，才能把人权归于全人类。我把后一种观点从阿伦特的哲学人类学中分离出来，这是一种政治属性很强的观点。因此，我只采用前者，并极力主张如果人权源于偶然的和特殊的共同体，那么人权本身是偶然的并具有特殊的文化属性：它们既不能存在于政治之前，也不能存在于政治之外。

但是，如果某个个体承认权利可以在政治共同体内得到承认并安全执 216
行，而又坚持区分潜在权利和实际权利，那该怎么办呢？如果有人争辩说，个体可能失去人权植根的社会和政治环境，而不一定失去享受人权的潜力，那么应该恢复这种环境吗？某个个体是否仍然属于某种“一般意义上的人类”，有人权却没有实现人权的社会和政治背景？事实上，这一反对意见强化了我的主张，即人权是偶然的：没有得到承认和执行的社会和政治背景，人权就不可能存在。即使有人对阿伦特的方法提出质疑，认为失去的不是人性，而是成为完整的人的机会，但人们仍然承认“完整的人性”不是被给予的，而是政治建构的。例如，将无国籍的难民视为同样具有公民权利的人，他们不过失去了国籍，人权仍然是潜在的，这等于承认人权始终依照政治的具体情况而定。那些潜在的权利对持有者来说是没有意义的，重要的是实现这些目标的政治策略。如果潜在的权利只能在政治共同体中实现，那么共同体之外的人就没有权利（如果未实现的权利实际上与不存在的权利没有区别）。因此，无论某个个体是否属于人权政治共同体的成员，他都有人权。这一常见论断从“没有实际效果”的意义上说，是“与政治无涉的”。某个个体失去自身在政治共同体的成员资格，不仅失去了其在一国之内的权利，而且失去了人权。

是人权的政治共同体而不是民族国家

我并不是说所有政治共同体都应该生成某些基本权利，也不是说所有政治共同体都有能力并承诺专门促进人权。我的问题是：什么样的政治共同体和成员资格才能如我在第八章中定义的那样，为人们创造人权？我的回答是重新认知民族国家。从《世界人权宣言》开始，作为全球人权政治中一个特别突出的元素，人权是如何把民族国家视为理所当然，甚至通过
217 假设一些明显不具有普遍性的机构和各种以国家为基础的文化偏好来支持它的：

● 生命、自由和个人安全的权利要求**现代民族国家**作为执行者。

● 其他权利意味着某种特殊类型的**法律制度**，一种承认个体在法律上平等的制度，例如，有权通过有管辖权的法庭进行补救并获得公正公开的听证，或无罪推定的权利。

● 其他权利只能通过允许和平集会和结社、自由选举和参与治理的**政治参与机制**来获得实现。

● 还有一些权利需要各种各样的**经济体制**，如拥有财产的权利、社会保障的权利、工会成员的权利、维持适当生活水平的权利、获得休息和休假的权利。

● 有些权利具有独特的**文化认同**，无论是缘于某些机构（婚姻和家庭、教育）还是共享的文化形式（某种参与相关共同体文化生活的权利）。

● 自由出入任何国家或在其他国家避难以免遭迫害的权利，意味着存在某种由自由国家组成的自由国际秩序。《世界人权宣言》对个体自主权的构建排除了等级社会的政治文化，那些社会系统地偏袒某些群体，如某一宗教、种族、语言群体或家庭成员、男性或长辈。

简而言之，《世界人权宣言》关于普遍有效的人权愿景因其对权利的描述而蒙上阴影，其中一些权利仅适用于某些文化，而另一些则适用于民族国家。国家是一个由不同权力和正式程序组成的合法组织，从政治代表到公共

政策，一切由它决定。民族国家欢迎促进政治团结的血缘、种族、语言、宗教或共同命运信仰等因素。这些因素是否真实并不重要，重要的是，共同的政治身份被规范意义上的“浓厚的”条款（比如说，区别于规范意义上自由民主宪法的“稀薄的”条款）构想出来。即使是像美国这样的移民国家，也 218
在其神话中拥抱政治之外的团结，如“人人生而平等”的“山巅之城”，在“天命”的指引下，由“渴望自由呼吸的芸芸众生”发展而来。

《世界人权宣言》将民族与国家交织在一起，其中 29 项基本权利都以民族国家为前提。拥有人权不仅意味着拥有一个国家的成员资格，而且意味着成为一个不受外力支配的民族的成员。① 如果一个人不属于任何民族国家，他或她就没有这种权利。至少阿伦特的结论是这样。

阿伦特所说的“政治共同体成员资格是权利得以实现的唯一途径”究竟是什么意思？她提出了两种理解，一种是人类学的，一种是政治的。后者是切实可行的，而前者在形而上学的层面是有问题的。她说，成为一个“人”意味着对自己的政治共同体负有责任。任何政治共同体之外的人都只是“一般的人”，一个在地位、权利和尊严方面被削弱的人：“没有某种职业、公民地位、主张和行为来表明自己的身份”（Arendt 1994：302）。阿伦特反复强调这一点：被削弱到“除拥有自身绝对独特的个性之外……什么都不是”。这等于“在一个共同的世界里被剥夺了表达和行动的权利”（Arendt 1994：302）。一个“只不过抽象存在的人，已经失去了使其他人能够把他当作一个同伴的品质”（Arendt 1994：300）。

简而言之，缺乏政治共同体就是缺乏人权的可能性。因为只有在政治共同体中才有人权，并且只有这样的人权才是有效的。阿伦特似乎同意政治共同体只能是具体的和本土的，她认为“对人权的基本剥夺是显而易见的……在世界上失去了一个使意见重要和行动有效的地方”（Arendt 1994：296）。这样的地方只能是具体和特定的；很少人的意见和行动是举足轻重的（哪怕他们在本土之外也有影响）。一个“以行动来判断个人的框架”（Arendt 1994：296）、一个个人被他人认可的地方，是一种特殊的

---

① 因此，当阿伦特（Arendt 1994：288，n. 44a）说“每个人生来就拥有不可剥夺的国籍权”时，我认为她指的是民族国家。

219 风俗、传统、理解、文化和历史。今天，这个地方就是国家（以及国家内部的领域：家庭、社区、职业等等）。

因此，最基本的权利与普遍或抽象的政治共同体无关，而与公共行为的特定环境相关，这种环境就是国家。最为基本的是在政治环境下对特定共同体负责（但可能不对其他共同体负责）并在该共同体内获得认可（但可能不在其他共同体内获得认可）的权利。因此，无国籍就是无权利，在某种意义上说，就是无权拥有权利。显然，所有各种具体的个体人权都可归结为一种原始权利：作为享有权利的人的权利。这种情况意味着成为国家成员和公民的某种人权不是出于原则或形而上的理由，而是完全出于实际。在所有可能涉及个人意见和行动产生举足轻重影响的场合中，由国家成员组成的共同体是最重要的。原则上，在提供人权方面，它比任何其他场所都处于更有利的地位。这意味着某个国家可以遵守人权，尽管今天只有部分国家这样做。事实上，当今许多国家是其公民享有人权的最大障碍。至于那些不接受人权的国家，有人可能会说，它们没有成为国家的标准潜力：提供和保护人权。它们没有权利的标准。但这一标准在今天是否普遍适用呢？如果没有一个可以作为其基础的普遍政治共同体（如世界国家或国家联盟），人权就不可能存在。

因此，拥有权利的概念是一个谜：它是一种自我悖反的普遍主义，一种使自身受到质疑的普遍主义。阿伦特（Arendt 1994：298）认为，“每个人都有属于人类的权利，这种权利应该由人类自身来保障”，因为人类已经“承担起了先前赋予自然或历史的角色”。然而，由于不能保证这些权利，我们又面临一个难题：一种既普遍又特殊的对待人权的方法，作为一个国家成员公认的普遍权利，它只能是特殊的。

解决“拥有权利的权利”的难题：民族国家的另一种选择

如果采取不同的策略，基于道德和合法性的区别，我们可能会打破这一僵局。如果缺乏一个以立法手段保障人类**合法**权利的世界国家，这种权利
220 只能是**道德**层面的。相比之下，公民权只能是一种法律权利，因为边界管制和国籍限制是国内法的问题，而一个边界开放、没有在公民与非公民之间界

定权限的国家，将很快不再是一个国家。但道德和法律（虽然是以一种奇怪的方式）交织在权利的概念中。在谈到“某种拥有权利的权利”时，让我们称第一种用法为“人类成员权”，第二种用法为“国家成员权”。人类成员权是一种独立于国家道义上的义务：必须把所有人都看作有权得到保护的人类社会成员。作为一项道德义务，它要求所有人承认每个个体都是“人类”这一普遍道德共同体的成员。相比之下，国家成员权至多是公民权利。公民权利可以从某些法律团体的成员资格中获得，在团体成员之间产生法律义务：成员之间通过相互的权利和义务联系在一起。① 与道德义务不同，法律义务可以在一国之内强制执行。

此外，人类成员权可以成为抽象人权原则的载体。相比之下，国家成员权却始终是一个管辖权问题，涉及特定国家的领土主权。没有人知道假定的人类成员权从何而来，这种权利的理论是多元的、不可通约的，其有效性或合法性也不确定。相比之下，国家成员权的来源是显而易见的：国家立法机关。

阿伦特认为，个体的人类成员权使他或她有权获得国家成员权。尽管如此，我认为国家成员权并不赋予任何个体人类成员权。当然，一个人如果不是人类的一员，就不可能成为某个特定国家的成员，但是因为国家成员权适用于生物学意义上的人，几乎不包含人类成员权。人类成员权不仅仅是生物范畴的成员资格，还是特定文化范畴的成员权，是社会建构的人权。人权不需要包括所有国家成员，甚至所有人，因为正如我在前一章中所指出的，“人”本身就是一个有争议的术语。它是否适用于出生前的个 221
体，例如胚胎？某个个体无法仅仅因为是生物学意义上的人就获得人类成员权，除非“人”被理解为“人类”—— 这样不可避免地需要考虑那些始于受精卵的漫长发育过程中的候选者。

有人可能会与康德争论说，“个体内在的人权”意味着个体有义务进入公民社会，与其他同样享有公民权利的个体联合。② 但即便如此，公民

① 想想古希腊城邦和公民的平等权利。

② 与康德的道德法则一致：“因此，你的行为中要使用人性，无论是对自己还是对他人，总是同时作为目的，而不是仅仅作为手段”（Kant 1998：38）。

社会的法律平等也很难带来平等的人类成员权。国家成员资格的各种特性或权利不能是普遍的，因为国家只能是特殊的；没有一个国家有义务给予外来者成员资格，更不用说给每个人。但是，如果国家的一员享有权利，可假定每个人都会享有。而且，即使世界主义准则（比如某种人类成员权）超越国家边界，没有各个国家的支持和合作，这些规范也难以在世界范围内奏效。

可以肯定的是，无国籍人士有时也会获得某些被强制执行的（假定的）人权，但这种情况是例外的，它们更像权宜之计，而不是我在这里所寻求的：在当地自由地接受人权，使之成为日常生活的一部分。这个结论否定了世界主义准则的可能性，即不以国家为基础的准则。一方面，世界主义准则否定了必须是某个特定国家的成员才能享有世界主义权利的观点；另一方面，一个人的世界性人权并不意味着作为某一特定政治共同体成员的权利。如果一个人享有在没有正当法律程序的情况下不被剥夺生命、自由或财产的权利，那也得益于立法并实行法律程序主义的国家。

我在康德《论永久和平》著名的第三项“确定条款”中找到了对我关于世界主义准则主张的支持：“世界公民法应依据普遍受到友善对待的条件加以限制。”友善（*Wirtbarkeit*）一词，康德指的是“陌生人在到达他
222 国领土时不受敌意对待的权利”（Kant 1997：105）。这种意义上的友善并不用来规范国内的公民社会，它不规范公民之间的关系。相反，个人作为一个潜在的参与者享受到友善的对待不存在于东道国，而存在于一个想象中的世界共和国。根据我对阿伦特“拥有权利的权利”的分析，友善对待权是一种**人类成员权**，而不是国家成员权。它可以在狭窄的范围内规范局内人与局外人、成员与非成员的关系，例如，从东道国获得临时友善对待的权利并不意味着获得移民的权利。

就人类成员权而言，如果它被理解为具有**法律**后果的道德要求，即拒绝者将侵犯被拒绝者的法律权利，则友善对待权就不能被无视。但这里有一个问题：在这种情况下，道德权利和法律后果的概念是不连贯的。因为，即使有建立在人性基础上的互惠道德义务，也不是一个在主权民族国家内具有法律强制性的行为规范。即使友善对待外来之客是一项国际义务，违反这项义务对主权国家也几乎是不可制裁的（或者至少从来没有一

个政治共同体因为拒绝接待外来者而受到另一个主权国家或某些国际组织的制裁）。友善对待权只能是一种道德权利，不具有国内法律后果。（什么样的国际法可以在这里执行?）如果国家真的遵守友善待客之道，那么它只是作为一种对客人的免费赠予，一种恩惠——一个人能成为被接受者是幸运的，而这种对幸运的强烈需求标志着任何其他权利的缺失。简而言之，即使阿伦特将某种人类成员权与国家成员权联系在一起，二者之间也会相互排斥。

民族国家的未来式：人权国家

我在这里看到了一种替代办法，一种比联合国或国际刑事法院等各种机构更可能有效促进当地对人权接受的方法。尽管这些机构在很大程度上是基于对人权普遍主义的理解，但我认为，人权需要在地方一级作为本土有效的规范得到确立和执行。只有当阿伦特关于权利的假设能够相应以一种非普遍形式存在时，这些权利才可能在当地建立和实施。[1] 223

这是一个令人惊讶的结论？毕竟，正是民族国家制造了那些涉及人权的问题：被驱逐出家园的难民、被剥夺国家权利的无国籍人士、流离失所者、不被任何国家接纳的难民或无国籍人士以及某些少数群体（包括寻求庇护者、外来工人和移民），民族国家认为他们是共同体内的“异质群体”。在这方面，我们需要更密切地审视那些应被东道国友善相待的人的政治状况。以无国籍人士为例，他们不享有“那些被界定为不可剥夺的权利，即人权”（Arendt 1994：268）。具有讽刺意味的是，只有作为违法者，无国籍人士才能得到法律保护。也就是说，只有作为违法者，无国籍人士才能最终触发东道国法律和政治“雷达”。他们缺乏的不仅是拥有任何假定权利（包括拥有权利的权利）的路径，而且是所有权利。结果呢?

---

① 正如个人自治不是人类生活的自然特征而是某种文化产物（我在第八章中论述的），拥有权利也不是自然的，而是文化的。正如不能从形而上学或神学上假定个人自治，必须从政治上加以建构一样，拥有权利的权利也必须如此。人权国家作为一种社会建构，其权利也是由社会建构而成的，是一种完全自然主义的人的概念。

那是假定的“避难权，唯一的权利……曾在国际关系领域被视为人权的象征……继续在一个由民族国家组成的世界中发挥作用”——即使“与国家的国际权利相冲突。因此，它无法出现在成文法、宪法或国际协议中……它共享……人的权利的命运，也从来没有成为法律，但导致了一种有点模糊的、正常法律机构不能满足个例要求的呼吁”（Arendt 1994：280－281）。换句话说，如果避难是一项人权，那么它的源头只能在收容国之内。入籍也是如此，只能是主权国家的行为。即使由联合国或非政府组织进行遣返，也只有在目标国同意的情况下才能成功。这同样适用于无国籍者：由特定的国家引发，并且只有特定的国家才可以处理它。“只有两种
224 办法可以解决这个问题：遣返或入籍”（Arendt 1994：281）。这两种解决方案都是基于国家的；更准确地说，两者都以民族国家为基础。

但为什么当代民族国家应该是最后的依靠？考虑一种替代方案，它可以兑现当地有效规范的承诺。缺乏体制化的普遍机制来定期和一贯地执行，如果阿特以国家为基础的“拥有权利的权利”概念以一种相应的非普遍形式实现，那么人权在地方层面根据当地准则建立和执行是可能的。关于“拥有权利的权利”，我在前面提出：拥有人类成员权的先决条件是拥有国家成员权。但是，“拥有权利的权利”也意味着剥夺人们成为国家成员的权利，从而剥夺他们成为人类成员的权利。因此，一个经验主义的观点是：“拥有权利的权利”从来就不是单一民族国家成员的特质，它从不依赖于人性在每个成员身上的普遍融合。

那么，想想某种将个体“人性”与属地化法律地位联系起来的国家：我称之为“人权国家”。一个人权国家将把普遍性融入特殊性，把被排除性囊括在“普遍性的接受者范围之内”（Benhabib 2004：182）。它将在国家成员权中登记人类成员权，把主权领土以外国家的地位从一种道德地位（一种人类成员权）转变为法律地位（一种国家成员权）。它将通过原本只作为道德原则的人权纳入以国家为基础的法律来做到这一点。它将使那些原本在民族国家中只是某种道义的建议产生法律效力，即个人的人性或尊严应在某一特定政治共同体的法律框架内得到承认。因为一个人是否拥有权利“取决于其是否得到一种特定的社会承认和接受，也就是说，取决于其在某一特定政治共同体中的法律地位。‘拥有权利的权利’这一概念产生

于现代国家主义，相当于难民或其他无国籍人士在某些颁布法律的国家社会范围内对公民身份或者至少是法律人格的道德要求”（Michelman 1996：203）。

当一个国家为其公民提供人权时，它就实现了我之前所说的“国家的规范潜力”。这样做，国家就限制了自己的主权。人权国家所做的甚至更多：它抛弃了民族国家的民族主义——它的排他性逻辑——代之以一种不同的政治团结。所有人，不论在国家边界内还是边界外，基于国家的人权原则，在法律上都应得到平等的对待。那么，有人可能会反对，为什么首先要有一个国家？毕竟，国家的排他性逻辑不是有令人信服的理由吗？不同政治组织对权利的性质、含义和范围的认知存在着分歧。虽然不同民族国家都有政治参与、担任公职和投票的权利，但如果这种政体的成员可以在所有政体中平等地行使这些权利，难道不会损害国家主权吗？ 225

如果针对单一民族国家，这种反对是有道理的。但人权国家则不同。它将约翰·瑟尔所称的“身份功能”赋予任何一位明确无误的人类（我在第八章中介绍过）。某种身份功能是一种社会建构，一种集体意向性工作，并非天赋的，它既不需要神学也不需要形而上学的依据或支撑。人类可以“将功能强加于客体和人，而客体和人仅凭其物理结构无法运作这些功能”（Searle 2010：7）。“功能的运作需要客体或人具备一种集体认同”[1]。因此，法定货币和私有财产、制度化婚姻和各种权利、公民身份和国家主权以及总理或警察的职位都是身份功能。

身份功能承载着瑟尔所称的“道义权力”：“它们承载着权限、职责、义务、要求、许可、授权、权利等等”（Searle 2010：8-9）。“道义权力”作为权利是“积极的”，作为义务是“消极的”。它们对社会生活至关重要：道义权力一旦得到承认，就会“为我们提供独立于个人意愿和欲望之外的行动理由”（Searle 2010：8-9）。当我们出生在一个特定的社区，我们就已置身于许多已存在的社会制度，这些制度具有社会地位功能，并具有道义上的权力。

---

① 对地位的集体认同不一定是认可：“接受……从热情的支持到勉强的承认，甚至承认一个人对自己所处的制度无能为力，或者拒绝它”（Searle 2010：8）。

226 人权可被认为源于指定身份的“道义权力”。从生物学角度看，人本身是没有身份功能的，任何生物学上的事实都不能自然而然地赋予人某种身份功能。但从政治上理解，人的身份可以成为一种制度事实，并承载着社会赋予的任何身份功能。这种身份可能带来相关机构所证明的权利，由此，否定人权就等于否定其身份功能和所具有的道义权力。但是这个相关机构是什么呢？不是《世界人权宣言》。后者提供了一套强加给所有人的基本的消极道义权力。《世界人权宣言》从未克服民族国家的排他性逻辑，因为人权国家不以排他性逻辑为基础，其运作方式不同于民族国家，也不同于《世界人权宣言》，它声称世界各地的每个人都有权承认始终存在的人权。相比之下，人权国家敦促世界各地的每个人都为自己制定阿伦特所提的“拥有权利的权利”。也就是去构建权利，以及当今世界大多数地方都不存在、也从来没有存在过的权利认同机制。

就人权国家而言，人权权利（同时也是“人权义务”）与个人在机构内的地位或身份以及界定这些地位或身份的规则有关。身份、制度和规则都由社会建构，它们可以产生“制度事实”，比如某人拥有权利或公民身份。这些事实只有在该机构内部才能获得。之所以拥有人权，是因为个体在制度上依附于自己在该机构中的地位或身份。与胚胎（更不用说树或无生命物体）不同的“明确无误的人”的身份，与第四章中的内容相结合，我将其发展成为一个“认同领域”（例如一个机构），为承载人权的生命体（同时也是承担责任和义务的生命体，例如尊重人权的其他具有相同地位的生命体）提供身份。

人权国家不同于传统的民族国家，它通过包容性逻辑取代民族国家的排他性逻辑来约束自己的主权，从而实现“国家的规范潜力”。它赋予所有生物人类“明确无误的人”的身份，然而现在只能从政治意义上说，每个人都有权享有权利，特别是享有人权。人权国家作为一种构成性制度，
227 有利于在自身内部集体地认可所有人的身份功能，无论是公民还是外国人，无论是居民还是非居民，都承载着人权的身份功能。对所有人来说，积极和消极的“道义权力”都来自这种身份，不论是在国家边界之内还是之外的人。站在人权国家的立场，所有人在法律上都应被平等对待。

一个由人权国家组成的共同体将类似于欧盟在各个成员国边界共享

的权利区域——但仅限于人权国家组成的共同体。社会建构主义认为，人权只有得到承认才能存在：人权的身份功能需要获得承认；如果没有获得承认，身份功能就不存在。当然，对于当事人来说，保留不被承认的权利和不享有这些权利之间并没有实际的区别。因此，声称人权的“要点”恰恰甚至特别适用于不承认人权的民族国家，这主要是对这些国家进行单方面的、可能的军事干预的理由。单方面的谴责只有在改变了谴责对象时才有效，因此历史经验并不令人感到鼓舞。马克思（Marx 1976）《关于费尔巴哈的提纲》的第九个论题①切中肯綮：问题的关键不是解释世界，而是如何改变世界。

正如我在本书中所说，人权事业有两个主要任务：第一，将一些现存的民族国家转变为人权国家；第二，通过越来越多民族国家的转变逐步扩大人权国家共同体。从一国到另一国，不同国家所制定的人权方案可能在某些方面会有所不同。我将在两个国家各自**互不重叠之处**观察管辖权问题。即使存在重叠（例如，都承认政治参与的人权），只要每个成员国对这一权利的解释有所不同，就会出现其他问题。其中一些问题将在短期内得到解决，例如，跨界政治参与至少在较低的地方政治层面不会削弱人权国家；另一些问题是无法解决的，至少在短期内无法解决，例如，一个人权国家可能承认胚胎具有人权，而另一个国家不承认。因此，前者将禁止基因操纵而后者则不然。但这些分歧不一定会破坏其他领域的共识和重叠。毕竟，任何国内政治团体总是存在着分歧斗争，有时甚至是重大分 228
歧，但并不会导致国家陷于严重危险或面临瘫痪的境地。即使是最具权威的政权，如今天的伊朗，也不会压制所有的分歧。自由民主社会虽然能够更好或更坏地应对分歧，但可能在任何时候都必须面对许多重大议题无法达成共识的问题。人权国家几乎无法超越政治经验这一显著特性：如何最好地理解和解决具有重大社会意义的问题，往往充其量只是完成了部分的任务。

从乐观的一面看，在重叠之处，甚至以每个国家的具体做法为基础的人权对社会所有成员的效果也是一样的。即使是一定程度上有重叠而总体

① 此处应为第十一个论题。——编者注

比较矛盾的社会，如果实践了我的建议，也将会取得许多成就。因为任何重叠都将表明同样的权利在人权国家共同体内得到普遍接受——这是偶然的、历史的普遍主义。以神学或形而上学为基础的普遍主义没有任何这样的承诺。我所提倡的是越来越多的国家成为人权国家，这一前景有许多复杂的因素，而且随时可能失败。

通过个体自主权的“稀薄的规范”来保障人权

人权国家将能够很好地保护个体自主权，使其不受可能危及人权的文化、政治和体制的影响。它将作为一种地方政治文化来保护个体自主权，而不是作为一种单边干预或国际精英的宣言。人权国家是寻求自治和自我决定的政治共同体。因此，国际宣言所提供的权利或外国干预所保障的权利将根本不是权利，特别是当这些权利的做法、传统和信仰侵犯了地方自治时。

相反，其中一些做法、传统和信仰可能违反当地人所理解的人权。因为人权只有在个人对家庭、社会和国家享有自主权的情况下才能实现。有人可能会说，从人权的角度来看，为了确保个人自主权，侵犯地方群体自治的行为在任何必要之时都是强制性的。从政治而非形而上学或神学角度
229 解释人类尊严，将人权纳入政治共同体和社会公认的权利持有者的圈子，意味着必须承认每个人都是平等的权利主体，即使面对当地生成的人权和公民权之间的紧张关系也是如此。①

这种包容的道德意义是人权政治与人类尊严政治之间的内在联系。只有在成为政治共同体的强制准则的情况下，尊严政治才能通过权利政治得到保障。这意味着所有成员——特别是处于边缘地位和不利境地的群体成员——只有在政治共同体内部和反对政治共同体的情况下，才享有人权。如果所有人首先作为个体受到尊重，进而（如果有的话）受到集体尊重，

---

① 尽管人权拥护者并不主要关注已经支持通过跨国机构实施人权的国家——加拿大总是可以做得更好，但是，真正令人担忧的是刚果——即使在民主宪政国家，人权和公民权利之间的紧张关系也不可避免。

那么在他或她看来，由当地生成的、在当地执行的人权才是合法的。诚然，对个体人权的承认可以通过集体努力、地方社会运动和政治斗争来获得。在国际刑事法院、欧洲人权法院和战争罪行法庭中，这种或那种人权概念的制度化可以增强地方认同。它也可以通过各种媒体的存在，例如在评价个别国家人权遵守情况的年度报告中得到加强。对个体人权的承认可能会在未来与“诸如贵族和威权国家传统特权群体的斗争中获得。这些传统特权群体还包括害怕人权解放精神会破坏基督教社会道德结构和神职人员等级结构的教会代表”（Bielefeldt 2000：97）。对压迫和屈辱的集体抵抗可以服务于个体权利，即使个体权利可能受到某些集体权利的威胁。

但是，实现个体人权最可靠的途径是集体的，即通过主权国家，但现在被重新建构为人权国家。人权国家是“规范性极简主义”或“规范性稀薄”，下面我将对此进行解释。① 它将使个体获得最基本的“平衡”：保护他或她的身体健康（不被杀害的权利，不必承受无端苦痛的权利，在食物、住房或基本医疗方面得到基本满足的权利）。它将保护他或她的心理 230
健康（言论、结社和良知的个体自由）。② 这样一份最紧迫的人权清单不能归结为一种源自西方的根深蒂固的文化偏见，也不能归结为政治自由主义的特别偏好。这正是约翰·罗尔斯在他自己的清单中所主张的：“生存权（获得生存和安全的手段）；自由权（从奴隶制、农奴制和强迫占领中获得自由，并获得足够程度的良知自由，以确保宗教和思想自由）；财产权（个人财产）；自然正义原则所表达的形式平等权（即相似的情况应该得到相似的对待）”（Rawls 1999b：65）。虽然人权国家并不遵循罗尔斯的方式，但我和他一样，省略了《世界人权宣言》的许多权利，包括所有人在法律上完全平等，言论、集会和就业自由，同工同酬，受教育权平等。

在这种情况下，规范性极简主义有两个原因。第一，使清单尽可能简短，有助于确定所有可能的人权中最基本的人权。第二，一份清单越能避免《世界人权宣言》中带有明显自由主义色彩的西方元素，包括法律与道

① 参阅“浓厚的规范”和“稀薄的规范”的一般理论（Gregg 2003b）。

② 而在这些基本权利之外，例如：受教育权、自由选择职业权和同工同酬权。

德之间的泾渭分明，就越有可能推动建立一个人权国家；男性与女性、所有宗教与非宗教人士之间的彻底平等；公民和政治权利优先于社会、经济和文化权利。可以肯定的是，我的方法几乎不可能是反文化的或泛文化的；它接受了《世界人权宣言》对个体主义法律秩序的强调，这种秩序优先强调个体权利，强调权利先于义务（这些特点通常被认为是西方特有的）。① 对人权国家而言，这种接受源于自主权的必要性。这种道德动力是显而易见的：如果当地的政治和文化秩序是压迫性的，个体“应该”能
231 够运用防御的方式构想人权。② 现在我将从三类自主权的角度来捍卫这种“应该”的权利。

第一种自主权：第一波人权是指个体免于各种罪恶的权利，如歧视、奴役、酷刑和有辱人格、任意逮捕和流放，以及隐私、家庭和家园免受干扰。这些自由来自国家、第三方和其他外部的力量，构成了**外在自主权**。这种自主权并不排斥共同体。相反，它限定了共同体对其成员的行为。通过限定共同体，外在的自主权在成员集体地给予自身规范的意义上接纳了共同体。第二种自主权：作为一个主权政治共同体的公民所拥有的公共自主权。第一种自主权（外在自主权）加上第二种自主权（公共自主权）赋予个体高于群体或共同体的特权。第三种自主权：个体的**内在**自主权，即他或她以自己最好的方式思考和行动的自由（当然是在一定范围内，比如不伤害他人的尺度内）。

在人权国家，三种类型的自主权可能同时存在。个体公共自主权保障了他或她的内在自主权，这是基于国家的人权的一个特征。某个个体的内在自主权——追求自己生活方式的自由——必须不仅仅是实现外在自主权的手段。事实上，内部形式和外部形式的自主权是相互假定和相互促进的。如果每位公民的内在自主权不是同样安全的，那么他或她就无法追求他们的外在自主权。同时，每位公民的内在自主权是通过全体公民对其外

① 尽管如此，这类规范性个人主义并不必然导致对自由个人主义或政治自由主义的偏爱，而是某些形式的社群主义。

② 个体可能会欢迎外部强加的权利——无论基于什么基础。我是指，尽管国家为人权提供了最现实的基础，但也可以通过跨国家、准国家、国家间和次国家机构的做法。

在自主权的合理行使而实现的。通过保障个体的内在自主权和外在自主权，人权国家可以在没有民族、种族、宗教、语言或国家等负载的情况下提供政治的平等。这种保障防止了个人、信仰、习俗和制度各种持久的背景差异，在国家内部行使个体内在自主权。

这个结论回到了我的出发点。我认为康德关于政治生活的第一种和第二种设想——国家内部的公民权利和国家间的国际权利——都是以国家为基础的。我认为，第三种设想——人权——只有在不形变为世界性的，而是以国家为基础的情况下，才有可能兑现。康德的“人类普遍国家的公民”只能是这个或那个主权国家的公民。我认为，今天，国家仍然是各种 232
权利，包括人权，最合理的场所——尽管不是任何一种国家，而只可能是人权国家。

为了与我所提倡的规范性极简主义保持一致，我要补充一点：从理查德·罗蒂和汉娜·阿伦特这两个截然不同的角度出发，人权国家除自身之外没有任何其他基础。如果一个人的道德信念如罗蒂所言完全是其自身文化、社会和传统的产物，那么除了如下事实之外，“这种忠诚和信念是没有‘根据’的。事实上，支持他们的信念、欲望和情感与我们在道德或政治讨论中认同的群体成员的信念、欲望和情感是重叠的”（Rorty 1991：200）。阿伦特所说的“公共世界”，文化上“对我们所有人来说是共有的，区别于私人拥有的空间”，但不是普遍主义的政治共同体，而是某种具有局部规范和随机基础的偶然共同体（Arendt 1958：52）。正如阿伦特的反问：“一个人怎么能从一个既不知此也不知彼的宇宙中推断出法律和权利呢?”（Arendt 1994：298）。人权国家的概念提供了一个实际的答案：以一种完全自然主义的方式理解的人类对人权进行社会建构，然后国家以包容的逻辑在其疆域内承认这些人权，也承认主权疆界之外自行授予和社会建构的人权。

结语　作为社会建构之人权的得与失

233 本书提出了一种完全基于自然主义概念的人权研究方法。如果人类是完全自然的，那么其道德也会是自然的，因为自然的生命不太可能产生超自然之外的能力。“自然道德”是指以生物学为基础的认知和情感机制的总汇。[①] 在个体的一生中，“自然道德”始终保持开放，可以通过经验以及对经验的推理在社会化、文化和政治中学习（即使很小的孩子也已经表现出一些道德认知和行为迹象，尽管他们很少有个体经验和文化学习经历）。[②]“自然道德”是进化的产物，某种意义上是一个人类学常数，它描述了所有人类个体的特征，横贯个体和群体的历史、文化偏好和规范信念。这种关于人类的完全自然主义的概念与本书所采用的社会建构主义方法是一致的。作为社会建构的人权很可能建立在“自然道德”方面。

然而，有人想知道：从这些角度看待人权是否有所缺失？例如，人类是否想要或者甚至需要人权成为某种无法企及的神学和形而上学实体？这种需求不足为奇，毕竟我们无法回避宪政的弱点和局限性，年轻的马克思很好地抓住了这一点：“**宗教**里的苦难既是现实的苦难的表现，又是对这
234 种现实的苦难的抗议。宗教是被压迫生灵的叹息，是无情世界的情感，正像它是无精神活力的制度的精神一样。”（Marx 1967：250）。神学和形而上学的超凡魅力反映了某些内在贫困和敏感的人类在一生中因遭受大大小小的悲剧和失望、个人和体制上的失败、不公正和漠视而产生的心理脆弱，最后任由“我们微小的生命/被睡眠包围”[③]。从这个角度来看，我的方法肯定会带来多重损失：信仰超自然的根源或基础所带来的心理安全感

---

① 正如我在第五章中所论述的，认知机制和情感机制之间的区别是人为的，但在分析上是有用的。

② 正如托马塞罗（Tomasello 2009）等人的经验所表明的那样。

③ 莎士比亚《暴风雨》，第 4 幕第 1 场，第 157－158 行。

的丧失；从人性的所有弱点和人类理解的所有局限中失去自由的印记；失去正义终将胜利的信念。

但我的做法并非对“被压迫生灵的叹息”充耳不闻。失去所有玄学和神学的可疑根基，它邀请人们把自己看作对生命意义的产生负有最终责任的人，这些意义对公共生活和私人生活都很重要；它促使人们用这种世俗的意义来代替超自然的意义。当然，自己承担全部的道德责任是一种沉重的负担。然而，这样做将使这些政治共同体成为我们命运的“剧作者”——如果不总是“主人”的话。因为我们很难掌握一种取决于特定价值的命运，对于命运的意义和重要性，以及如何最好地面对它，人们总是各执一词。相应地，即使是深思熟虑、通情达理的人，也可能永远不会就人权的一般含义达成一致，也无法对如下疑问的答案达成共识：有限的核心列表权限如何读取，或如何在特定情况下最好地实现这一点或那一点权利，或当两种权利发生不可避免的冲突时，何者优先？这一点也不足为奇，因为即使深思熟虑、通情达理的人，也不总能在何谓美好生活，或者某种没有虚度的生命，或者政治共同体中正义和自由的必要组成部分等问题上达成共识。

如果我们假定自己是命运的积极“生产者”，而不是来自另一个世界的被动“消费者”，那么神学和形而上学的损失的心理体验也可能使我们在道德上高尚起来。这样，我们自己就可以成为“无情世界的感情”的剧作者，“没有精神制度的精神”的源泉，尤其是“抗议真实痛苦”的剧作者。采取我的方法可以收获这么多。在把人权作为社会建构的论点中，我 235
的每一章都支持这些收获。每一种观点都以自己的方式论述，作为政治成就的人权并不是从形而上学或神学角度构想出来的、人性所固有的。每个人都将人权构建为生物学意义上人本身可以创造的东西。我们可以承担起在地方社区中产生人权有效性并将其范围扩大的任务，渴望最终实现一种普遍的有效性，并自由地接受它。

第一，关于地方性而非普遍性的规范：在第一章中我拒绝将人权作为一种超自然领域的神学表述，而是作为一种有限但可扩展的地方有效性建构。这种方法为个人权利承担者提供了更大的道德能动性。接受人权反映了一种发挥个体能动性的政治，而不是发号施令的政治。这也是第二章所论述的，用自然主义替代形而上学的人格：作为政治成就的个人尊严和通过社会整合的个体身份仍然被允许有差异。第三章即使在人权存在的情况下也多样化扩大了范围，使从不屈服于某种形式的文化帝国主义人权思想得以传播。

第二，第四章和第五章提供了实际的成果：作为社会建构的人权的世俗资源。第四章通过一个自我肯定的人格结构将人权建构为自我赋权。这一章在某些方面敏感地注意到人与人之间的不平等，包括个人的心理倾向和他或她所依附的特定政治共同体的性质。第五章显示了与虚构亲属关系相关的情绪可能有利他动机，从而有利于对人权思想进行自由接受而不操纵个体。

第三，第六章和第七章提供了另一种意义上的实际收获：作为一种维护文化完整的方式推进人权理念的世俗手段。第六章阐明本土与非本土人权之间的转换，以人权友好的方式完善本土文化。第七章通过认知重构当地文化视角和实践，将人权作为一个学习过程来推进。

第四，关于长远的未来，第八章和第九章把人的天性和政治共同体作为开放的，而不是静止的，从而促进人权的政治事业，使自然和共同体和
236 谐一致。第八章通过探究自然繁殖到基因选择的趋势，说明了我们如何才能最好地看待人性：不要把它看作一种限制，而应把它本身看作一种文化选择。第九章重申了我在整本书中提出的主张：即使有人权，也只有在政治共同体中才能获得。同时表明，考虑到“排他性逻辑”，民族国家模式下的人权不太可能在政治共同体中被广泛获得。更有可能的是，人权将在某种**人类共同体**即人权国家里出现，它的包容性逻辑将跨越自身的边界。人类通过适当的方式调和人性和政治共同体，从而在对人权的命运承担责任的过程中获益。具体内容在这两章里得到了详细描述，但更多内容贯穿于整本书之中。

参考文献

Abu-Sahlieh, Sami Aldeeb. 2006. "Male and Female Circumcision: The Myth of the Difference," in *Female Circumcision: Multicultural Perspectives*, ed. R. M. Abusharaf, 47–72. Philadelphia: University of Pennsylvania.

Adorno, Theodor W. 1966. *Negative Dialektik*. Frankfurt am Main: Suhrkamp Verlag.

Agamben, Giorgio. 2005. *Homo sacer: il potere sovrano e la nuda vita*. Torino: Einaudi.

Ali, Tariq. 2002. "Theological Distractions," in Khaled Abou El Fadl, *The Place of Tolerance in Islam*, ed. J. Cohen and I. Lague, 37–41. Boston: Beacon Press.

Amanat, Abbas, and Frank Griffel, eds. 2007. *Shari'a: Islamic Law in the Contemporary Context*. Stanford: Stanford University Press.

American Anthropological Association. 1947. "Statement on Human Rights." *American Anthropologist* 49:539–543.

American Anthropological Association. 1999. "Declaration on Anthropology and Human Rights, Committee for Human Rights, American Anthropological Association," at http://www.aaanet.org/stmts/humanrts.htm

Anderson, Benedict. 1991. *Imagined Communities: Reflections on the Origin and Spread of Nationalism*. London: Verso.

An-Na'im, Abdullahi Ahmed. 1990. "Problems of Universal Cultural Legitimacy for Human Rights," in *Human Rights in Africa: Cross-Cultural Perspectives*, ed. A. A. An-Na'im and F. Deng, 331–367. Washington, D.C.: Brookings Institution.

An-Na'im, Abdullahi Ahmed. 1992a. "Introduction," in *Human Rights in Cross-Cultural Perspectives: A Quest for Consensus*, ed. A. A. An-Na'im, 1–18. Philadelphia: University of Philadelphia Press.

An-Na'im, Abdullahi Ahmed. 1992b. "Toward a Cross-Cultural Approach to Defining International Standards of Human Rights: The Meaning of Cruel, Inhuman, or Degrading Treatment or Punishment," in *Human Rights in Cross-Cultural Perspectives: A Quest for Consensus*, ed. A. A. An-Na'im, 167–188. Philadelphia: University of Pennsylvania Press.

An-Na'im, Abdullahi Ahmed. 2003. "Introduction: 'Area Expressions' and the Universality of Human Rights: Mediating a Contingent Relationship," in *Human Rights and Diversity*, ed. D. Forsythe and P. McMahon, 1–21. Lincoln: University of Nebraska Press.

Arendt, Hannah. 1953. "A Reply." *The Review of Politics* 15:76–85.
Arendt, Hannah. 1958. *The Human Condition.* Chicago: University of Chicago Press.
Arendt, Hannah. 1965. *On Revolution.* New York: Viking Press.
Arendt, Hannah. [1951] 1994. *The Origins of Totalitarianism.* New York: Harcourt Brace Jovanovich.
Arnett, Jeffrey. 1995. "Broad and Narrow Socialization: The Family in the Context of a Cultural Theory." *Journal of Marriage and the Family* 57:617–628.
Arnould, S., C. Delenda, S. Grizot, C. Desseaux, F. Pâques, G. H. Silva, and J. Smith. 2011. "The I-CreI Meganuclease and Its Engineered Derivatives: Applications from Cell Modification to Gene Therapy." *Protein Engineering, Design and Selection* 24:27–31.
Balibar, Étienne. 1994. *Masses, Classes, Ideas.* London: Routledge.
Bastian, Jean-Pierre. 1994. *Le protestantisme en Amérique latine: Une approache socio-historique.* Geneva: Editions Labor et Fides.
Baynes, Kenneth. 2009. "Discourse Ethics and the Political Conception of Human Rights." *Ethics and Global Politics* 2:1–21.
Bell, Daniel. 1996. "The East Asian Challenge to Human Rights: Reflections on an East-West Dialogue." *Human Rights Quarterly* 18:641–667.
Bell, Daniel. 2006. *Beyond Liberal Democracy: Political Thinking for an East Asian Context.* Princeton: Princeton University Press.
Benhabib, Seyla. 2002a. *The Claims of Culture: Equality and Diversity in the Global Era.* Princeton: Princeton University Press.
Benhabib, Seyla. 2002b. "Political Geographies in a Global World: Arendtian Reflections." *Social Research* 69:539–566.
Benhabib, Seyla. 2004. "Kantian Questions, Arendtian Answers," in *Pragmatism, Critique, Judgment. Essays for Richard Bernstein,* ed. S. Benhabib and N. Fraser, 171–196. Cambridge: MIT.
Bentham, Jeremy. 1843. *Anarchical Fallacies; Being an Examination of the Declarations of Rights Issued During the French Revolution.* Vol. 2 of *The Works of Jeremy Bentham.* Edinburgh: William Tait.
Berger, Peter, and Thomas Luckmann. 1966. *The Social Construction of Reality.* New York: Doubleday.
Bielefeldt, Heiner. 2000. "'Western' Versus 'Islamic' Human Rights Conceptions? A Critique of Cultural Essentialism in the Discussion on Human Rights." *Political Theory* 28:90–121.
Bilgrami, Akeel. 2002. "The Importance of Democracy," in Khaled Abou El Fadl, *The Place of Tolerance in Islam,* ed. J. Cohen and I. Lague, 61–66. Boston: Beacon Press.
Blau, Peter. 1964. *Exchange and Power in Social Life.* New York: Wiley.
Blaydes, Lisa, and Drew Linzer. 2006. "The Political Economy of Women's Support for Fundamentalist Islam." Paper presented at the Annual Meeting of the Midwest Political Science Association, 20–23 April, Chicago, Illinois.
Borutta, Manuel, and Nina Verheyen, eds. *Die Präsenz der Gefühle. Männlichkeit und Emotion in der Moderne.* Bielefeld: Transcript Verlag.
Boyle, Elizabeth Heger. 2002. *Female Genital Cutting: Cultural Conflict in the Global Community.* Baltimore: Johns Hopkins Press.

Brubaker, Rogers, and Frederick Cooper. 2000. "Beyond 'Identity.'" *Theory and Society* 29:1–47.
Buijs, Frank, and Jan Rath. 2002. "Muslims in Europe: The State of Research." Essay prepared for the Russell Sage Foundation, New York.
Bunch, Charlotte. 1990. "Women's Rights as Human Rights: Toward a Re-Vision of Human Rights." *Human Rights Quarterly* 12:489–498.
Burke, Edmund. [1790] 1999. *Reflections on the Revolution in France.* Oxford: Oxford University.
Burn, Shawn, and Julia Busso. 2005. "Ambivalent Sexism, Scriptural Literalism, and Religiosity." *Psychology of Women Quarterly* 29:412–418.
Campbell, Tom. 1986. "The Rights of the Mentally Ill," in *Human Rights: From Rhetoric to Reality*, ed. T. Campbell, D. Goldberg, S. McLean, and T. Mullen, 123–147. Oxford: Basil Blackwell.
Carens, Joseph. 2000. *Culture, Community and Citizenship: A Contextual Exploration of Justice as Evenhandedness.* Oxford: Oxford University Press.
Carnap, Rudolf. [1937] 1967. *The Logical Syntax of Language*, trans. A. Smeaton. London: Routledge and Kegan Paul.
Carozza, Paolo. 2003. "Subsidiarity as a Structuralist Principle of International Human Rights Law." *American Journal of International Law* 97:38–79.
Chabal, Patrick. 2002. "The Quest for Good Governance and Development in Africa: Is NEPAD the Answer?" *International Affairs* 78:447–462.
Cheah, Pheng, and Bruce Robbins, eds. 1998. *Cosmopolitics: Thinking and Feeling beyond the Nation.* Minneapolis: University of Minnesota Press.
Clore, Gerald, and Karen Gasper. 2000. "Feeling Is Believing: Some Affective Influences on Belief," in *Emotions and Beliefs. How Feelings Influence Thoughts*, ed. N. Frijda, A. Manstead, and S. Bem, 10–44. Cambridge: Cambridge University Press.
Clutton-Brock, J. 1999. *A Natural History of Domesticated Mammals.* Cambridge: Cambridge University Press.
Cohen, Ronald, Goran Hyden, and Winston Nagen, eds. 1993. *Human Rights and Governance in Africa.* Gainesville: University Press of Florida.
Coomaraswamy, Radhika. 1994. "To Bellow like a Cow: Women, Ethnicity, and the Discourse of Rights," in *Human Rights of Women: National and International Perspectives*, ed. R. Cook, 39–57. Philadelphia: University of Pennsylvania Press.
Copelon, Rhonda. 1994. "Intimate Terror: Understanding Domestic Violence as Torture," in *Human Rights of Women: National and International Perspectives*, ed. R. Cook, 116–152. Philadelphia: University of Pennsylvania Press.
Cui, X., D. Ji, D. A. Fisher, Y. Wu, D. M. Briner, and E. J. Weinstein. 2011. "Targeted Integration in Rat and Mouse Embryos with Zinc-Finger Nucleases." *Nature Biotechnology* 29:64–67.
Damasio, Antonio. 1994. *Descartes' Error. Emotion, Reason, and the Human Brain.* New York: Grosset/Putnam.
Darby, Derrick. 2009. *Rights, Race, and Recognition.* New York: Cambridge University Press.
Davidson, Donald. 2001. "On the Very Idea of a Conceptual Scheme," in *Inquiries into Truth and Interpretation*, 2d ed., ed. D. Davidson, 183–198. Oxford: Clarendon Press.

De Sousa, Ronald. 1987. *The Rationality of Emotion.* Cambridge: MIT Press.

Dewey, John. [1925] 1981. "Experience and Nature," in *John Dewey: The Later Works, 1925–1953*, vol. 1, ed. J. A. Boydston. Carbondale: Southern Illinois University Press.

Diderot, Denis, and Jean-Baptiste le Rond d'Alembert, eds. [1751] 1966. *Encyclopédie, ou Dictionnaire raisonné des sciences, des arts et des métiers, par une société de gens de lettres, mis en ordre par M. Diderot de l'Académie des Sciences et Belles-Lettres de Prusse, et quant à la partie mathématique, par M. d'Alembert de l'Académie royale des Sciences de Paris, de celle de Prusse et de la Société royale de Londres.* Stuttgart: Frommann.

DiMaggio, Paul, and Walter Powell. 1991. *The New Institutionalism in Organizational Analysis.* Chicago: University of Chicago Press.

Donnelly, Jack. 1999. "Human Rights and Asian Values: A Defense of 'Western' Universalism," in *The East Asian Challenge for Human Rights*, ed. J. Bauer and D. Bell, 60–87. Cambridge: Cambridge University Press.

Donnelly, Jack. 2003. *Universal Human Rights in Theory and Practice*, 2d ed. Ithaca: Cornell University Press.

Donnelly, Jack. 2007. "The West and Economic Rights," in *Economic Rights. Conceptual, Measurement, and Policy Issues*, ed. S. Hertel and L. Minkler, 37–55. New York: Cambridge University Press.

Donohue, John, and John Esposito, eds. 2007. *Islam in Transition: Muslim Perspectives*, 2d ed. New York: Oxford University Press.

Drzewicki, Krzysztof. 1995. "The Right to Work and Rights in Work," in *Economic, Social and Cultural Rights: A Textbook*, ed. A. Eide, C. Krause, and A. Rosas. Dordrecht: Martinus Nijhoff.

Durkheim, Émile. 1893. *De la division du travail social.* Paris: Félix Alcan.

Dworkin, Ronald. 1977. *Taking Rights Seriously.* Cambridge: Harvard University Press.

Eckel, Jan. 2009. "Utopie der Moral, Kalkül der Macht. Menschenrechte in der globalen Politik nach 1945." *Archiv für Sozialgeschichte* 49:437–484.

Eder, Klaus. 1996. *The Social Construction of Nature.* London: Sage.

Eder, Klaus. 2007. "Cognitive Sociology and the Theory of Communicative Action: The Role of Communication and Language in the Making of the Social Bond." *European Journal of Social Theory* 10:389–408.

Eide, Asbjørn. 1999. "Article 28," in *The Universal Declaration of Human Rights: A Common Standard of Achievement*, ed. G. Alfredsson and A. Eide. The Hague: Martinus Nijhoff.

Elster, Jon. 1999. *Alchemies of the Mind: Rationality and the Emotions.* New York: Cambridge University Press.

Emon, Anver. 2004–2005. "Natural Law and Natural Rights in Islamic Law." *Journal of Law and Religion* 20:351–395.

Ennew, Judith. 1986. *The Sexual Exploitation of Children.* Cambridge, England: Polity Press.

Esedebe, P. Olisanwuche. 1994. *Pan-Africanism: The Idea and Movement, 1776–1991.* Washington, D.C.: Howard University Press.

Esposito, John. 2004. "Practice and Theory," in Khaled Abou El Fadl, *Islam and the Challenge of Democracy*, ed. J. Cohen and D. Chasman, 93–100. Princeton: Princeton University Press.

Fadel, Mohammed. 2004. "Too Far from Tradition," in Khaled Abou El Fadl, *Islam and the Challenge of Democracy*, ed. J. Cohen and D. Chasman, 81–86. Princeton: Princeton University Press.

Feldman, Noah. 2004. "The Best Hope," in Khaled Abou El Fadl, *Islam and the Challenge of Democracy*, ed. J. Cohen and D. Chasman, 59–62. Princeton: Princeton University Press.

Fetzer, Joel, and Christopher Soper. 2005. *Muslims and the State in Britain, France and Germany*. Cambridge: Cambridge University Press.

Finnis, John. 1993. *Natural Law and Natural Rights*. Oxford: Oxford University Press.

Fish, Steven. 2002. "Islam and Authoritarianism." *World Politics* 55:4–37.

Frijda, Nico, Antony Manstead, and Sacha Bem. 2000. "The Influence of Emotions on Beliefs," in *Emotions and Beliefs: How Feelings Influence Thoughts*, ed. N. Frijda, A. Manstead, and S. Bem, 1–9. Cambridge: Cambridge University Press.

Frijda, Nico, and Betja Mesquita. 2000. "Beliefs Through Emotions," in *Emotions and Beliefs. How Feelings Influence Thoughts*, ed. N. Frijda, A. Manstead, and S. Bem, 45–77. Cambridge: Cambridge University Press.

Gaita, Raimond. 1991. *Good and Evil: An Absolute Conception*. Basingstoke: Macmillan.

Garfinkel, Harold. 1967. *Studies in Ethnomethodology*. Englewood Cliffs, N.J.: Prentice-Hall.

Ghai, Yash. 1994. "Human Rights and Governance: The Asia Debate." *Australian Yearbook of International Law* 15:1–34.

Giddens, Anthony. 1990. *The Consequences of Modernity*. Stanford: Stanford University Press.

Giddens, Anthony. 1991. *Modernity and Self-Identity: Self and Society in the Late Modern Age*. Cambridge, England: Polity Press.

Gilman, Sander. 1999. "'Barbaric' Rituals?," in *Is Multiculturalism Bad for Women?*, ed. J. Cohen, M. Howard, and M. Nussbaum, 53–58. Princeton: Princeton University Press.

Glendon, Mary Ann. 2001. *A World Made New: Eleanor Roosevelt and the Universal Declaration of Human Rights*. New York: Random House.

Goffman, Erving. 1974. *Frame Analysis: An Essay on the Organization of Experience*. Cambridge: Harvard University Press.

Gregg, Benjamin. 1998. "Jurisprudence in an Indeterminate World: Pragmatist Not Postmodern." *Ratio Juris* 11:382–398.

Gregg, Benjamin. 2003a. *Coping in Politics with Indeterminate Norms: A Theory of Enlightened Localism*. Albany: State University of New York Press.

Gregg, Benjamin. 2003b. *Thick Moralities, Thin Politics: Social Integration Across Communities of Belief*. Durham: Duke University Press.

Gruenbaum, Ellen. 2001. *The Female Circumcision Controversy: An Anthropological Perspective*. Philadelphia: University of Pennsylvania Press.

Gutiérrez, Kris, and Barbara Rogoff. 2003. "Cultural Ways of Learning: Individual or Repertoires of Practice." *Educational Researcher* 32:19–25.

Habermas, Jürgen. 1994. "Human Rights and Popular Sovereignty." *Ratio Juris* 7:1–13.

Habermas, Jürgen. 1999. *Between Facts and Norms. Contributions to a Discourse Theory of Law and Democracy.* Cambridge: MIT Press.

Habermas, Jürgen. 2003a. *The Future of Human Nature.* Cambridge, England: Polity Press.

Habermas, Jürgen. 2003b. "Fundamentalism and Terror: A Dialogue with Jürgen Habermas," in Giovanna Borradori, *Philosophy in a Time of Terror. Dialogues with Jürgen Habermas and Jacques Derrida,* 25–43. Chicago: University of Chicago Press.

Habermas, Jürgen. 2010. "The Concept of Human Dignity and the Realistic Utopia of Human Rights." *Metaphilosophy* 41:464–480.

Hall, Peter, and Rosemary Taylor. 1996. "Political Science and the Three New Institutionalisms." *Political Studies* 44:936–957.

Hampton, Jean. 1998. *The Authority of Reason.* New York: Cambridge University Press.

Handwerker, W. Penn. 1997. "Universal Human Rights and the Problem of Unbounded Cultural Meanings." *American Anthropologist* 99:799–810.

Hartsock, Nancy. "The Feminist Standpoint," in *Discovering Reality. Feminist Perspectives on Epistemology, Metaphysics, Methodology, and Philosophy of Science,* ed. S. Harding and M. Hintikka, 283–310. Dordrecht: Kluwer.

Hashemi, Nader. 2004. "Change from Within," in Khaled Abou El Fadl, *Islam and the Challenge of Democracy,* ed. J. Cohen and D. Chasman, 49–54. Princeton: Princeton University Press.

Hashmi, Sohail. 2002. "A Conservative Legacy," in Khaled Abou El Fadl, *The Place of Tolerance in Islam,* ed. J. Cohen and I. Lague, 31–36. Boston: Beacon Press.

Hathaway, Oona. 2002. "Do Human Rights Treaties Make a Difference?" *Yale Law Journal* 111:1935–2042.

Hegel, Georg W. F. [1817] 1964. "The Proceedings of the Estates Assembly in the Kingdom of Würtemberg, 1815–1816," in *Hegel's Political Writings,* trans. T. M. Knox. Oxford: Clarendon Press.

Hegel, Georg W. F. [1821] 1970. *Grundlinien der Philosophie des Rechts,* in *Werke in zwänzig Bänden,* vol. 7, Frankfurt am Main: Suhrkamp Verlag.

Herpin, N. 2005. "Love, Careers, and Heights in France." *Economics and Human Biology* 3:420–49.

Hobbes, Thomas. [1651] 1909. *Leviathan.* Oxford: Clarendon Press.

Hogg, Michael, Deborah Terry, and Katherine White. 1995. "A Tale of Two Theories: A Critical Comparison of Identity Theory with Social Identity Theory." *Social Psychology Quarterly* 58:255–269.

Hollenbach, David. 1982. "Human Rights and Religious Faith in the Middle East: Reflections of a Christian Theologian." *Human Rights Quarterly* 4:94–109.

Horkheimer, Max, and Theodor Adorno. 1969. *Dialektik der Aufklärung.* Frankfurt am Main: S. Fischer Verlag.

Hume, David. [1751] 1966. *An Enquiry Concerning the Principles of Morals.* LaSalle: Open Court.
Hume, David. [1739–1740] 1968. *A Treatise of Human Nature,* ed. L. A. Selby-Bigge. Oxford: Clarendon.
Hunt, Lynn. 2007. *Inventing Human Rights.* New York: W.W. Norton.
Ibhawoh, Bonny. 2007. *Imperialism and Human Rights: Colonial Discourses of Rights and Liberties in African History.* Albany: State University of New York Press.
Ignatieff, Michael. 2001. *Human Rights as Politics and Idolatry.* Princeton: Princeton University Press.
Inglehart, Ronald, and Pippa Norris. 2003a. *Rising Tide: Gender Equality and Cultural Change Around the World.* Cambridge: Cambridge University Press.
Inglehart, Ronald, and Pippa Norris. 2003b. "The True Clash of Civilizations." *Foreign Affairs* 135:63–70.
Ingram, James. 2008. "What Is a 'Right to Have Rights'? Three Images of the Politics of Human Rights." *American Political Science Review* 102: 401–416.
Jackson, Jean. 1995. "Culture, Genuine and Spurious: The Politics of Indianness in the Vaupés, Columbia." *American Ethnologist* 22:3–28.
Jenkins, Richard. 1996. *Social Identity.* New York: Routledge.
Jennings, Theodore. 2005. *Reading Derrida/Thinking Paul: On Justice.* Stanford: Stanford University Press.
John XXIII (Pope). [1961] 1976. *Mater et magistra,* in *The Gospel of Peace and Justice: Catholic Social Teaching Since Pope John,* ed. J. Gremillion. Maryknoll, N.Y.: Orbis Books.
Kant, Immanuel. [1797] 1996. *The Metaphysics of Morals.* New York: Cambridge University Press.
Kant, Immanuel. [1795] 1997. *Perpetual Peace. A Philosophical Sketch,* trans. H. B. Nisbet, in *Kant: Political Writings,* ed. H. Reiss. Cambridge: Cambridge University Press.
Kant, Immanuel. [1785] 1998. *Groundwork of the Metaphysics of Morals,* trans. M. Gregor. New York: Cambridge University Press.
Karabinus, D. S. 2009. "Flow Cytometric Sorting of Human Sperm: MicroSort Clinical Trial Update." *Theriogenology* 71:74–79.
Kennedy, David. 2004. *The Dark Sides of Virtue: Reassessing International Humanitarianism.* Princeton: Princeton University Press.
Khagram, Sanjeev, James Riker, and Kathryn Sikkink. 2002. *Restructuring World Politics: Transnational Social Movements, Networks, and Norms.* Minneapolis: University of Minnesota Press.
Kierkegaard, Søren. [1849] 1980. *The Sickness unto Death,* trans. H. V. Hong and E. H. Hong. Vol. 19 of *Kierkegaard's Writings.* Princeton: Princeton University Press.
King, Martin Luther. 1967. *Where Do We Go from Here: Chaos or Community?* New York: Harper and Row.
Kohen, Ari. 2007. *In Defense of Human Rights: A Non-Religious Grounding in a Pluralistic World.* New York: Routledge.

Konstan, David. 2007. *The Emotions of the Ancient Greeks.* Toronto: University of Toronto Press.

Koskenniemi, Martti. 1991. "The Future of Statehood." *Harvard International Law Journal* 32:397–410.

Krause, Sharon. 2008. *Civil Passions: Moral Sentiment and Democratic Deliberation.* Princeton: Princeton University Press.

Kuhn, Thomas. 1970. *The Structure of Scientific Revolutions.* Chicago: University of Chicago Press.

Kurtz, Stanley. 2002. "Text and Context," in Khaled Abou El Fadl, *The Place of Tolerance in Islam,* ed. J. Cohen and I. Lague, 51–55. Boston: Beacon Press.

Kurzman, Charles, ed. 1998. *Liberal Islam: A Source Book.* New York: Oxford University Press.

La Fontaine, Jean. 1990. *Child Sexual Abuse.* Cambridge, Mass.: Basil Blackwell.

Lakoff, George. 2009. *The Political Mind.* New York: Penguin.

Landweer, Hilge. 2004. "Phänomenologie und die Grenzen des Kognitivismus." *Deutsche Zeitschrift für Philosophie* 52:467–486.

Launay, Robert. 1992. *Beyond the Stream: Islam and Society in a West African Town.* Berkeley: University of California Press.

Lefort, Claude. 1986. *The Political Forms of Modern Society: Bureaucracy, Democracy, Totalitarianism.* Cambridge, England: Polity Press.

Lettre, G. 2009. "Genetic Regulation of Adult Stature." *Current Opinion in Pediatrics* 21:515–522.

Lévi-Strauss, Claude. 1983. *Structural Anthropology,* vol. 2. New York: Basic Books.

Levine, Donald. 1991. "Simmel and Persons Reconsidered." *American Journal of Sociology* 96:1097–1116.

Liu, Y., L. Hong, K. Wakamatsu, S. Ito, B. Adhyaru, C. Y. Cheng, C. R. Bowers, and J. D. Simon. 2005. "Comparison of Structural and Chemical Properties of Black and Red Human Hair Melanosomes." *Photochemical and Photobiological Sciences* 81:135–144.

Locke, John. [1690] 1975. *An Essay Concerning Human Understanding.* Oxford: Oxford University Press.

Locke, John. [1690] 2005. *Two Treatises of Government.* Cambridge: Cambridge University Press.

Lukács, Georg. [1923] 1968. *Geschichte und Klassenbewusstsein. Studien über marxistische Dialektik.* Neuwied: Luchterhand Verlag.

Macpherson, C. B. 1962. *The Political Theory of Possessive Individualism: Hobbes to Locke.* Oxford: Clarendon Press.

Mahmood, Saba. 2004. "Is Liberalism Islam's Only Answer?," in Khaled Abou El Fadl, *Islam and the Challenge of Democracy,* ed. J. Cohen and D. Chasman, 74–77. Princeton: Princeton University Press.

Maier, Hans. 1965. *Revolution und Kirche: Studien zur Frühgeschichte der christlichen Demokratie, 1789–1901,* 2d ed. Freiburg im Breisgau: Rombach Verlag.

Mannheim, Karl. [1929] 1936. *Ideology and Utopia: An Introduction to the Sociology of Knowledge.* New York: Harvest.

Marcus, George. 2002. *The Sentimental Citizen: Emotion in Democratic Politics.* University Park: Pennsylvania State University Press.

Maritain, Jacques. 1949. "Introduction," in *Human Rights: Comments and Interpretations*, ed. UNESCO. New York: Columbia University Press.
Marx, Karl. [1843] 1967. "Toward the Critique of Hegel's Philosophy of Law," in *Writings of the Young Marx on Philosophy and Society*, ed. L. D. Easton and K. H. Guddat. Garden City, N.Y.: Doubleday.
Marx, Karl. [1845–1847] 1969. *Die Deutsche Ideologie, in Marx-Engels-Werke*, vol. 1. Berlin: Dietz Verlag.
Marx, Karl. [1852] 1975. *Der achtzehnte Brumaire des Louis Bonaparte*, in Karl Marx and Friedrich Engels, *Ausgewählte Schriften in zwei Bänden*, vol. 1. Berlin: Dietz Verlag.
Marx, Karl. [1845] 1976. "Thesen über Feuerbach," in Karl Marx and Friedrich Engels, *Ausgewählte Schriften in zwei Bänden*, vol. 2. Berlin: Dietz Verlag.
Marx, Karl, and Friedrich Engels. [1932] 1998. *The German Ideology*. Amherst: Prometheus Books.
Masters, Roger. 1994. "From Duality to Complexity in the Study of Human Nature." *Politics and the Life Sciences* 13:112–115.
Maul, Daniel. 2007. *Menschenrechte, Sozialpolitik und Dekolonisation: Die Internationale Arbetisorganisation (IAO) 1940–1970*. Essen: Klartext Verlag.
M'Baye, Kéba. 1972/1973. "Le droit au développement comme un droit de l'homme." *Revue des Droits de l'Homme* 5:505–534.
McKeon, Richard. 1949. "The Philosophic Bases and Material Circumstances of the Rights of Man," in *Human Rights: Comments and Interpretations*, ed. UNESCO. New York: Columbia University Press.
Mead, George Herbert. [1934] 1967. *Mind, Self, and Society*. Chicago: University of Chicago Press.
Merry, Sally Engle. 2001. "Changing Rights, Changing Culture," in *Culture and Rights: Anthropological Perspectives*, ed. J. Cowan, M. Dembour, and R. Wilson, 31–55. Cambridge: Cambridge University Press.
Merry, Sally Engle. 2006. *Human Rights and Gender Violence: Translating International Law into Local Justice*. Chicago: University of Chicago Press.
Merton, Robert. 1973. "The Perspectives of Insiders and Outsiders," in Robert Merton, *The Sociology of Science. Theoretical Empirical Investigations*. Chicago: University of Chicago Press.
Meyer, John, John Boli, George Thomas, and Francisco Ramirez. 1997. "World Society and the Nation-State." *American Journal of Sociology* 103:144–181.
Meyers, Diana. 1985. *Inalienable Rights: A Defense*. New York: Columbia University Press.
Michelman, Frank. 1996. "Parsing 'A Right to Have Rights.'" *Constellations* 3:200–208.
Mill, John Stuart. [1859] 1984. "A Few Words on Non-Intervention," in *Collected Works of John Stuart Mill*, ed. J. Robson, 109–124. Toronto: University of Toronto Press.
Miller, David. 2007. *National Responsibility and Global Justice*. Oxford: Oxford University Press.
Miller, Trudi. 1993. "The Duality of Human Nature." *Politics and the Life Sciences* 12:221–241.

Moghadam, Valentine. 2003. *Modernizing Women: Gender and Social Change in the Middle East.* Boulder: Lynne Rienner.
Moltmann, Jürgen. 1977. *The Church in the Power of the Spirit: A Contribution to Messianic Ecclesiology*, trans. M. Kohl. New York: Harper & Row.
Montgomery, Heather. 2001. "Imposing Rights? A Case Study of Child Prostitution in Thailand," in *Culture and Rights: Anthropological Perspectives*, ed. J. Cowan, M. Dembour and R. Wilson, 80–101. Cambridge: Cambridge University Press.
Monroe, Kristen. 2003. "How Identity and Perspective Constrain Moral Choice." *International Political Science Review* 24:405–425.
Morsink, Johannes. 2009. *Inherent Human Rights: Philosophical Roots of the Universal Declaration.* Philadelphia: University of Pennsylvania Press.
Muntarbhorn, Vitit. 2007. *Article 34: Sexual Exploitation and Sexual Abuse of Children.* Leiden: Nijhoff Publishers.
Murphy, Jeffrie. 1988. "Afterword: Constitutionalism, Moral Skepticism, and Belief," in *Constitutionalism: The Philosophical Dimension*, ed. A. Rosenbaum. New York: Greenwood Press.
Murray, Rachel. 2004. *Human Rights in Africa: From the OAU to the African Union.* Cambridge: Cambridge University Press.
Muscroft, Sarah, ed. 1999. *Children's Rights: Reality or Rhetoric? The UN Convention on the Rights of the Child: The First Ten Years.* London: International Save the Children Alliance.
Mutua, Makau wa. 1996. "The Politics of Human Rights: Beyond the Abolitionist Paradigm in Africa." *Michigan Journal of International Law* 17:591–613.
Nickel, James. 1987. *Making Sense of Human Rights. Philosophical Reflections on the Universal Declaration of Human Rights.* Berkeley: University of California Press.
Nozick, Robert. 1974. *Anarchy, State, and Utopia.* New York: Basic Books.
Nussbaum, Martha. 1992. "Human Functioning and Social Justice: In Defense of Aristotelian Essentialism." *Political Theory* 20:202–246.
Nussbaum, Martha. 2006. *Frontiers of Justice. Disability, Nationality, Species Membership.* Cambridge: Harvard University Press.
Nylan, Michael. 2003. Review of Stephen Angle, *Human Rights and Chinese Thought. Perspectives on Politics* 1:579.
Pagden, Anthony. 2003. "Human Rights, Natural Rights, and Europe's Imperial Legacy." *Political Theory* 31:171–199.
Panksepp, Jaak. 1994. "The Role of Brain Emotional Systems in the Construction of Social Systems." *Politics and the Life Sciences* 13:116–119.
Parekh, Bhikhu. 2000. *Rethinking Multiculturalism.* Houndsmills: Macmillan.
Parkinson, Charles. 2007. *Bills of Rights and Decolonization: The Emergence of Domestic Human Rights Instruments in Britain's Overseas Territories.* New York: Oxford University Press.
Parsons, Talcott. 1951. *The Social System.* Glencoe: Free Press.
Paxton, Pamela, and Melanie Hughes. 2007. *Women, Politics and Power.* Los Angeles: Pine Forge Press.
Peek, Charles, George Lowe, and L. Susan Williams. 1991. "Gender and God's Word: Another Look at Religious Fundamentalism and Sexism." *Social Forces* 69:1205–1221.

Peirce, Charles S. 1986. "Toward a Logic Book, 1872–73," in *Writings of Charles S. Peirce. A Chronological Edition*, vol. 3, ed. C. Kloesel, 14–108. Bloomington: Indiana University Press.

Perry, James. 1997. "Antecedents of Public Service Motivation." *Journal of Public Administration Research and Theory* 7:181–197.

Perry, Michael. 2007. *Toward a Theory of Human Rights: Religion, Law, Courts.* New York. Cambridge University Press.

Pescosolido, Bernice, and Beth Rubin. 2000. "The Web of Group Affiliations Revisited." *American Sociological Review* 65:52–76.

Plessner, Helmuth. [1928] 1981. Die Stufen des Organischen und der Mensch. Einleitung in die philosophische Anthropologie, in Helmuth Plessner. *Gesammelte Schriften*, vol. 4. Frankfurt am Main: Suhrkamp Verlag.

Posner, Richard. 1999. "Emotion Versus Emotionalism in Law," in *The Passions of Law*, ed. S. Bandes, 309–329. New York: New York University Press.

Prager, Dennis, and Jonathan Glover. 1993. "Can We Be Good Without God? A Debate between Dennis Prager and Jonathan Glover at Oxford University." *Ultimate Issues* 9:3–22.

Quataert, Jean. 2009. *Advocating Dignity. Human Rights Mobilizations in Global Politics.* Philadelphia: University of Pennsylvania Press.

Quine, Willard Van Orman. 1992. *Pursuit of Truth*, rev. ed. Cambridge: Harvard University Press.

Rajagopal, Balakrishnan. 2003. *International Law from Below.* Cambridge: Cambridge University Press.

Ramadan, Tariq. 2004. *Western Muslims and the Future of Islam.* New York: Oxford University Press.

Rancière, Jacques. 2004. "Who Is the Subject of the Rights of Man?" *The South Atlantic Quarterly* 103:297–310.

Rancière, Jacques. 2006. *Hatred of Democracy*, trans. S. Corcoran. London: Verso.

Rawls, John. 1993. *Political Liberalism.* New York: Columbia University Press.

Rawls, John. 1999a. *A Theory of Justice*, rev. ed. Cambridge: Harvard University Press.

Rawls, John. 1999b. *The Law of Peoples.* Cambridge: Harvard University Press.

Renan, Ernst. 1882. *Qu'est-ce qu'une nation? Conférence faite en Sorbonne, le 11 mars 1882.* Paris: Calmann Lévy.

Renteln, Alison. 1988. "Relativism and the Search for Human Rights." *American Anthropologist* 90:56–72.

Renteln, Alison. 1990. *International Human Rights: Universalism Versus Relativism.* Newbury Park: Sage Publications.

Ricoeur, Paul. 1969. *Le conflit des interprétations; essais d'herméneutique.* Paris: Éditions du Seuil.

Rieff, David. 2002. *A Bed for the Night: Humanitarianism in Crisis.* New York: Simon & Schuster.

Rizzi, T. S., et al. 2010. "The ATXN1 and TRIM31 Genes Are Related to Intelligence in an ADHD Background: Evidence from a Large Collaborative Study Totaling 4,963 Subjects." *American Journal of Medical Genetics, Part B: Neuropsychiatric* 156:145–157.

Roberts, Dorothy. 1998. "The Meaning of Blacks' Fidelity to the Constitution," in *Constitutional Stupidities, Constitutional Tragedies*, ed. W. Eskridge and S. Levinson, 226–234. New York: New York University Press.

Rorty, Richard. 1989. *Contingency, Irony, and Solidarity*. Cambridge: Cambridge University Press.

Rorty, Richard. 1991. *Objectivity, Relativism, and Truth*. Cambridge: Cambridge University Press.

Rorty, Richard. 1993. "Human Rights, Rationality, and Sentimentality," in *On Human Rights. The Oxford Amnesty Lectures 1993*, ed. S. Shute and S. Hurley, 112–134. New York: Basic Books.

Ross, Michael. 2008. "Oil, Islam and Women." *American Political Science Review* 102:107–123.

Roth, Kenneth. 1994. "Domestic Violence as an International Human Rights Issue," in *Human Rights of Women: National and International Perspectives*, ed. R. Cook, 326–339. Philadelphia: University of Pennsylvania Press.

Runciman, W. G. 1978. "Introduction" to "The Methodology of the Social Sciences," in *Max Weber. Selections in Translation*, ed. W. G. Runciman. Cambridge: Cambridge University Press.

Said, Abdul Aziz, and Meena Sharify-Funk, eds. 2003. *Cultural Diversity and Islam*. Lanham: University Press of America.

Said, Edward. 1994. *Orientalism*. New York: Random House.

Salmon, Merrilee. 1997. "Ethical Considerations in Anthropology and Archaeology, or Relativism and Justice for All." *Journal of Anthropological Research* 53:47–63.

Sear, R., and F. W. Marlowe. 2009. "How Universal Are Human Mate Choices? Size Does Not Matter When Hadza Foragers Are Choosing a Mate." *Biology Letters* 23:606–609.

Searle, John. 1995. *The Construction of Social Reality*. New York: Free Press.

Searle, John. 2010. *Making the Social World: The Structure of Human Civilization*. Oxford: Oxford University Press.

Sen, Amartya. 1992. *Inequality Reexamined*. Cambridge: Harvard University Press.

Scanlon, Thomas. 1979. "Human Rights as a Neutral Concern," in *Human Rights and U.S. Foreign Policy*, ed. P. Brown and D. MacLean. Lexington: D.C. Heath.

Scott, W. Richard. 2001. *Institutions and Organizations*, 2d ed. Thousand Oaks: Sage Publications.

Shweder, Richard, and Jonathan Haidt. 2000. "The Culturual Psychology of the Emotions: Ancient and New," in *Handbook of Emotions*, 2d ed., eds. M. Lewis and J. Haviland-Jones, 397–416. New York: Guilford Press.

Shue, Henry. 1980. *Basic Rights. Subsistence, Affluence, and U.S. Foreign Policy*. Princeton: Princeton University Press.

Siep, Ludwig. 2002. "Moral und Gattungsethik." *Deutsche Zeitschrift für Philosophie* 50:111–120.

Simmel, Georg. 1896. "Zur Methodik der Socialwissenschaft." *Jahrbuch für Gesetzgebung, Verwaltung und Volkswirtschaft im Deutschen Reich* 20:575–585.

Simmel, Georg. [1922] 1964. *Conflict & The Web of Group-Affiliations*, ed. K. Wolff and R. Bendix. New York: Free Press.

Simmel, Georg. [1922] 1989. "Über sociale Differenzierung," in *Georg Simmel Gesamtausgabe*, vol. 2. Frankfurt am Main: Suhrkamp Verlag. Translated in Simmel (1964).

Simpson, A. W. 2001. *Human Rights and the End of Empire. Britain and the Genesis of the European Convention.* Oxford: Oxford University Press.

Sinha, Surya Prakash. 1981. "Human Rights: A Non-Western Viewpoint." *Archiv für Rechts- und Sozialphilosophie* 67:76–91.

Solomon, Robert. 1995. *A Passion for Justice: Emotions and the Origins of the Social Contract.* Lanham: Rowman & Littlefield.

Solomon, Robert. 1999. "Justice v. Vengeance: On Law and the Satisfaction of Emotion," in *Passions of Law*, ed. S. Bandes, 123–148. New York: New York University Press.

Sousa Santos, Boaventura de. 2002. "Toward a Multicultural Conception of Human Rights," in *Moral Imperialism. A Critical Anthology*, ed. B. Hernánez-Truyol. New York: New York University Press.

Spaemann, Robert. 2002. "Habermas über Bioethik." *Deutsche Zeitschrift für Philosophie* 50:105–109.

Spichenok, O., Z. M. Budimlija, A. A. Mitchell, A. Jenny, L. Kovacevic, D. Marjanovic, T. Caragine, M. Prinz, and E. Wurmbach. 2010. "Prediction of Eye and Skin Color in Diverse Populations Using Seven SNPs." *Forensic Science International: Genetics* (November 1).

Stark, Rodney. 2004. *Exploring the Religious Life.* Baltimore: Johns Hopkins Press.

Stark, Rodney, and Roger Finke. 2000. *Acts of Faith: Explaining the Human Side of Religion.* Berkeley: University of California Press.

Stout, Jeffrey. 1988. *Ethics After Babel: The Language of Morals and Their Discontents.* Boston: Beacon Press.

Strydom, Piet. 2007. "A Cartography of Contemporary Cognitive Social Theory." *European Journal of Social Theory* 10:339–356.

Sturm, R. A. 2009. "Molecular Genetics of Human Pigmentation Diversity." *Human Molecular Genetics* 18(R1):R9–R17.

Sullins, D. Paul. 2006. "Gender and Religion: Deconstructing Universality, Constructing Complexity." *American Journal of Sociology* 112:838–880.

Swidler, Ann. 1986. "Culture in Action: Symbols and Strategies." *American Sociological Review* 51:273–286.

Taylor, Charles. 1999. "Conditions for an Unforced Consensus on Human Rights," in J. Bauer and D. Bell, *The East Asian Challenge for Human Rights.* Cambridge: Cambridge University Press.

Thompson, Elizabeth. 2000. *Colonial Citizens: Republican Rights, Paternal Privilege and Gender in French Syria and Lebanon.* New York: Columbia University Press.

Thong, H. Y., S. H. Jee, C. C. Sun, and R. E. Boissy. 2003. "The Patterns of Melanosome Distribution in Keratinocytes of Human Skin as One Determining Factor of Skin Colour." *British Journal of Dermatology* 149:498–505.

Thornton, Patricia. 2004. *Markets from Culture.* Stanford: Stanford University Press.

Tomasello, Michael. 2009. *Why We Cooperate.* Cambridge: MIT Press.

Turner, Terence. 1997. "Human Rights, Human Difference." *Journal of Anthropological Research* 53:273–291.

UNESCO. 1949. *Human Rights: Comments and Interpretations: A Symposium.* Introduction by Jacques Maritain. New York: Columbia University Press.

Valadez, Jorge. 2001. *Deliberative Democracy, Political Legitimacy and Self-Determination in Multicultural Societies.* Boulder: Westview.

van den Daele, Wolfgang. 2000. "Die Natürlichkeit des Menschen als Kriterium und Schranke technischer Eingriffe." *WechselWirkung. Naturwissenchaft, Technik, Gesellschaft & Philosophie* 103–104:24–31.

Walzer, Michael. 1994. *Thick and Thin. Moral Argument at Home and Abroad.* Notre Dame: University of Notre Dame Press.

Warnock, Mary. 1987. "Do Human Cells Have Rights?" *Bioethics* 1:1–14.

Watson, J. D., and F. H. Crick. 1953. "The Structure of DNA." *Cold Spring Harbor Symposia on Quantitative Biology* 18:123–131.

Weber, Max. [1919] 1958. "Science as a Vocation," in *From Max Weber: Essays in Sociology*, ed. H. Gerth and C. W. Mills. New York: Oxford University Press.

Welzel, Christian, and Amy Alexander. 2009. "Islam's Patriarchal Effect: Spurious or Substantive?" Paper presented at the Annual Meeting of the Midwest Political Science Association, 2–5 April, Chicago, Illinois.

Westen, Drew. 2008. *The Political Brain.* New York: Public Affairs.

Wilson, Richard. 1997. "Introduction: Human Rights, Culture and Context," in *Human Rights, Culture and Context: Anthropological Perspectives*, ed. R. Wilson. London: Pluto Press.

Witkin, Herman. 1967. "A Cognitive-Style Approach to Cross-Cultural Research." *International Journal of Psychology* 2:233–250.

World Health Organization. 1999. *Female Genital Mutilation Programmes to Date: What Works and What Doesn't: A Review.* Geneva: WHO.

Young, Liane, Fiery Cushman, Marc Hauser, and Rebecca Saxe. 2007. "The Neural Basis of the Interaction Between Theory of Mind and Moral Judgment." *Proceedings of the National Academy of Sciences* 104:8235–8240.

Zerubavel, Eviatar. 1997. *Social Mindscapes: An Invitation to Cognitive Sociology.* Cambridge: Harvard University Press.

索　引

守望者书目

001　正义的前沿

［美］玛莎·C. 纳斯鲍姆（Martha C. Nussbaum）/著

陈文娟　谢惠媛　朱慧玲/译

002　寻求有尊严的生活——正义的能力理论

［美］玛莎·C. 纳斯鲍姆（Martha C. Nussbaum）/著　田雷/译

003　教育与公共价值的危机

［美］亨利·A. 吉鲁（Henry A. Giroux）/著　吴万伟/译

004　康德的自由学说

卢雪崑/著

005　康德的形而上学

卢雪崑/著

006　客居忆往

洪汉鼎/著

007　西方思想的起源

聂敏里/著

008　现象学：一部历史的和批评的导论

［爱尔兰］德尔默·莫兰（Dermot Moran）/著　李幼蒸/译

009　自身关系

［德］迪特尔·亨利希（Dieter Henrich）/著　郑辟瑞/译

010　佛之主事们——殖民主义下的佛教研究

［美］唐纳德·S. 洛佩兹（Donald S. Lopez，Jr.）/编

中国人民大学国学院西域历史语言研究所/译

011　10个道德悖论

［以］索尔·史密兰斯基（Saul Smilansky）/著　王习胜/译

012　现代性与主体的命运

杨大春/著

013　认识的价值与我们所在意的东西

［美］琳达·扎格泽博斯基（Linda Zagzebski）/著　方环非/译

014　众生家园：捍卫大地伦理与生态文明

［美］J. 贝尔德·卡利科特（J. Baird Callicott）/著

薛富兴/译　卢风　陈杨/校

015　判断与能动性

［美］厄内斯特·索萨（Ernest Sosa）/著　方红庆/译

016　知识论

［美］理查德·费尔德曼（Richard Feldman）/著　文学平　盈俐/译

017　含混性

［英］蒂莫西·威廉姆森（Timothy Williamson）/著　苏庆辉/译

018　德国观念论的终结——谢林晚期哲学研究

［德］瓦尔特·舒尔茨（Walter Schulz）/著　韩隽/译

019　奢望：社会生物学与人性的探求

［英］菲利普·基切尔（Philip Kitcher）/著　郝苑/译

020　德国哲学 1760—1860：观念论的遗产

［美］特里·平卡德（Terry Pinkard）/著　侯振武/译

021　对话、交往、参与——走进国际哲学共同体

陈波/著

022　找回民主的未来——青年的力量

［美］亨利·A. 吉鲁（Henry A. Giroux）/著　吴万伟/译

023　康德的道德宗教

［美］艾伦·W. 伍德（Allen W. Wood）/著　李科政/译

024　悖论（第 3 版）

［英］R. M. 塞恩斯伯里（R. M. Sainsbury）/著

刘叶涛　雒自新　冯立荣/译

025　严复与福泽谕吉——中日启蒙思想比较（修订版）

王中江/著

026　女性与人类发展——能力进路的研究

［美］玛莎·C. 努斯鲍姆（Martha C. Nussbaum）/著　左稀/译

027　信念悖论与策略合理性

［美］罗伯特·C. 孔斯（Robert C. Koons）/著　张建军/等译

028　康德的遗产与哥白尼式革命：费希特、柯恩、海德格尔

［法］朱尔·维耶曼（Jules Vuillemin）/著　安靖/译

029　悖论：根源、范围及其消解

［美］尼古拉斯·雷歇尔（Nicholas Rescher）/著　赵震　徐召清/译

030　作为社会建构的人权——从乌托邦到人类解放

［美］本杰明·格雷格（Benjamin Gregg）/著　李仙飞/译

图书在版编目（CIP）数据

作为社会建构的人权：从乌托邦到人类解放 /（美）本杰明·格雷格（Benjamin Gregg）著；李仙飞译. --北京：中国人民大学出版社，2020.12

ISBN 978-7-300-28961-8

Ⅰ. ①作… Ⅱ. ①本… ②李… Ⅲ. ①人权-研究 Ⅳ. ①D082

中国版本图书馆 CIP 数据核字（2021）第 032038 号

作为社会建构的人权

从乌托邦到人类解放

[美] 本杰明·格雷格（Benjamin Gregg） 著

李仙飞 译

Zuowei Shehui Jiangou De Renquan

出版发行	中国人民大学出版社		
社　　址	北京中关村大街 31 号	**邮政编码**	100080
电　　话	010－62511242（总编室）		010－62511770（质管部）
	010－82501766（邮购部）		010－62514148（门市部）
	010－62515195（发行公司）		010－62515275（盗版举报）
网　　址	http://www.crup.com.cn		
经　　销	新华书店		
印　　刷	北京联兴盛业印刷股份有限公司		
规　　格	160 mm×230 mm　16 开本	**版　　次**	2020 年 12 月第 1 版
印　　张	17 插页 2	**印　　次**	2020 年 12 月第 1 次印刷
字　　数	242 000	**定　　价**	78.00 元